国家自然科学基金委员会(项目批准号:70773037)

中国牛奶生产全要素生产率及科技政策研究

马恒运 等 著

中国农业出版社

序　言

随着收入增长和人民生活质量提高，我国奶制品供给和需求发生显著变化。奶牛头数不断膨胀、牛奶产量迅速增加。牛奶生产决定于奶牛头数和每头奶牛的产奶量，牛奶产量增加是二者共同作用的结果。1990—2000年，我国奶牛由64万头迅速增加到488万头，年均增长11%；同期，我国牛奶产量由114万吨增至827万吨，年均增长11%；二者保持同步增长。2001—2009年，我国奶牛头数由566万迅速增加到1 260万，年均增长9.3%，仍保持匀速增长；同期，我国牛奶产量由1 025万吨增至3 519万吨，年均增长高达14.7%。可见，本世纪以来，我国的牛奶产量增长明显快于奶牛头数增长。相应的，人均奶品消费增加，导致奶品需求激增。尽管我国奶牛头数和牛奶产量迅速增加，但国内牛奶生产仍供不应求，导致奶产品缺口较大、进口迅速增加。我国的牛奶消费主要集中在城镇地区，1990—2000年，我国城镇居民奶制品人均消费量从5.3千克增加到15.4千克，十年间增加了两倍。2001—2009年，我国城镇居民奶制品人均消费量从17.7千克增加到23.0千克，十年间仍然人均增加了5.3千克。如此迅速增加的奶制品人均消费量，再加上庞大的人口基数，即便是我国的牛奶生产迅速增加，也很难满足国内市场迅速增长需求，因此，导致我国奶制品进口迅速增加。1990—2000年，我国奶制品进口总额从7 874万美元增加到22 125万美元，年均增加10.9%；而2001—2009年，我国奶制品进口总额从22 169万美元猛增到57 968万美元，年均增长高达12.8%。

为了满足地区奶品市场需要，我国奶牛饲养已经呈现出明显的区域移动和集中趋势。在自给自足的自然经济条件下，畜产品的生产布局主要受饲养环境、饲料资源、社会需求等因素的影响，这也是我国奶牛饲养自古以来主要分布在大城市郊区和牧区地带的基本原因。在20世纪80年代初期，内蒙古、西藏和新疆等牧区以及黑龙江半农半牧区，这四个省区的奶牛饲养总数几乎占到全国一半以上，我国奶牛饲养的集中态势是非常明显的。在大规模的商品化生产来临以前，以农户散养为主要饲养形式情况下，我国的奶牛饲养主要分布在牧区和半农半牧区，奶牛饲养与饲料资源的相关度比较高，奶牛饲养的布局主要受农业自然条件的影响。然而，近年来奶牛饲养的生产区域布局发生了明显的变化。尽管内蒙古和新疆的奶牛饲养在全国仍然保持较高的份额，但西藏的奶牛饲养占全国的比例已经由1980年的15.5%下降到2008年的不足3个百分点。同时，内地农区有些省份的奶牛饲养有显著增长，已经成为我国奶牛饲养主产区。1980年河北省奶牛饲养头数只占全国的3.9%，而在2008年河北省奶牛饲养量占全国比例增加到11.6%；另外，山东和河南两省的奶牛饲养正处在迅速上升阶段，其奶牛饲养量占全国的比例由1980年的0.9%和1.1%，分别上升到2008年的6.6%和4.7%。同时，由于城市规模迅速扩张和土地机会成本攀升，大城市奶牛饲养明显萎缩。例如，1980年北京和上海奶牛饲养量占全国的比例分别为2.7%和3.6%，而到2008年这一比例分别下降到1.4%和0.5%。奶牛饲养的区域集中和区位移动是自然历史和社会生产力发展综合作用的结果。观察和分析我国奶牛饲养区域集中和区位移动规律，对于充分认识我国奶牛饲养的区域发展历史和现状、协调资源环境，生产发展和社会需求三者的关系，指导我国奶牛饲养的发展，有着深远的历史和现实意义。

随着市场经济发展，我国奶牛饲养方式经历了多元化的变化。根据新的农产品成本收益调查分类系统，我国目前牛奶生产可分为农户散养奶牛、小规模奶牛饲养、中规模奶牛饲养和大规模奶牛饲养等四种饲养方式。在2004—2008年，我国农户散养奶牛的总产量份额从50%减少到35%；相反，小规模饲养方式的总产量份额从24.9%上升28.3%，中规模饲养方式的总产量份额从18.6%上升23.0%；值得注意的是，大规模奶牛饲养的总产量份额由7.5%增加13.3%，四年间产量份额增加了77.3%。我国奶牛饲养方式正在经历着深刻的变化，简言之，农户散养方式正在逐渐萎缩，伴随着奶牛饲养优化组合和环境保护要求提高，中规模和大规模奶牛饲养方式正在迅速扩大。按照当前饲养方式演化速度，我国奶牛饲养结构大体上为：农户散养奶牛占30%，小规模奶牛饲养占30%，中规模奶牛饲养占25%，大规模奶牛饲养占15%。然而，随着奶牛饲养规模的扩大，饲料投入强度逐渐增大；随着要素投入强度增加，不同饲养方式的奶牛单产和饲料转化率出现明显差异。

可见，我国牛奶生产正处在一个迅速发展的过渡时期，有许多问题需要研究探讨。例如，有些研究认为，90年代我国牛奶生产量迅速增长，主要由于奶牛头数增加，而不是每头奶牛产奶量提高（Yang et al.，2004；李胜利，2002）；而有些研究则认为，我国牛奶生产规模狭小、分散经营以及产业化程度低下，使小生产和大市场的矛盾尤为突出（庹国柱，1999；农业部，2003）。新世纪以来，我国牛奶生产发展很快，仍不能满足国内消费者对奶制品需求增长，导致乳品进口量迅速增加和国内乳品企业对奶源的激烈竞争，许多学者和业内人士已经认识到奶源基地建设的重要性（廖建平，2003；佚名，2004；农业部，2003）。同世界发达国家牛奶生产相比，我国牛奶生产技术水平、生产规模和全要素生产率都较低。但是，我国牛奶生产技术进步率有多大？技术效率水平有多高？牛奶生产全要素生产率增长方式是什么？我国奶牛生产规模狭小，但规模不经济程度有多大？对牛奶生产力增长影响程度有多大？是否值得决策部门的重视？这些具体经济计量问题和隐含的技术经济政策缺乏系统的研究。同时，如何增加我国牛奶生产供给、满足日益增长的人民生活对奶制品的需求和节约外汇支出、减少我国奶制品对国际市场的依赖性、创造更多的农村就业机会增加农民收入，是政策制定者目前面临的基本问题，而增加我国原料奶生产和供给是解决这一问题的基本出路。

实际上，有关这些我国畜牧业经济问题，2000年我在中国农业科学院做博士研究生期间就已经开始研究了。那时，我的博士论文题目是《在外饮食、畜产品需求和食品消费方式变化研究》。2001年去美国加州大学（戴维斯）做博士后，继续从事这方面的研究，并发表了三篇我国畜产品消费的学术研究论文，分别发表在 Economic Development and Cultural Change（2004），Australian Journal of Agricultural and Resource Economics（2004），Canadian Journal of Agricultural Economics（2006）。2002年去新西兰梅西大学做高级研究员，又进行了我国畜牧业全要素生产率研究，分别在 American Journal of Agricultural Economics（2006）和 Agricultural Economics（2007）发表了两篇学术研究论文。

为了更加深入地研究这些问题，在国家自然科学基金的支持下，课题组试图探索和构建我国牛奶生产全要素生产率模型，测算我国牛奶生产全要素生产率水平，搞清我国牛奶生产能力增长的主要来源，找出制约我国牛奶生产的主要影响因素，为制定我国牛奶生产技术投资发展政策提供基本依据。为此，对如下具体科学问题进行研究：

第一，我国牛奶生产的全要素生产率增长理论和经济计量估计方法。估计全要素生产率增长方法很多，如生产函数、成本函数等。但是，在简单的全要素生产率框架下，全要素生产率通常简单解释为技术进步率，但这里需要几个严格的假定。例如，存在常数规模效果，资源分配和生产技术是有效率的，显然这些假定条件在我国牛奶生产过程中是不成立的。因此，选择一个什么样的估计方法就显得特别重要。距离函数目前是一个比较新的估计全要素生产率方法，特别是多投入多产出距离函数更能全面地反映农业生产的实践——农业生产是一个多投入多产出的系统。而且，距离函数可以免除一般的增长理论的局限性，估计生产率增长的各个成分。更重要的是，距离函数方法不需要任何生产行为假设，即不管这些生产行为假设是否成立，都可以应用距离函数方法来估计全要素生产率。我国的牛奶生产仍处于一个发展阶段，市场环境可能对生产行为有较大影响。因此，用多投入多产出的距离函数来分析我国的牛奶生产可能会更加有效。

第二，我国牛奶生产区域移动和集中机理、盈亏损益点状况。我国牛奶生产分布比较广泛，从东北的黑龙江到西部的新疆；从农区的河北、河南到半农区的内蒙古、宁夏，生产条件和气候环境存在较大差异，因此，需要系统地研究近十年来我国牛奶生产的区域移动和集中机理、它们的盈亏损益点状况，分析目前我国牛奶生产存在的基本问题，加深对我国牛奶生产状况的了解，为进一步研究全要素生产率奠定基础。

第三，估计我国牛奶生产全要素生产率增长方式。根据估计的方法将我国牛奶生产增长分解为技术进步、技术效率和规模经济效果，研究我国牛奶全要素生产率增长的主要来源和制约因素。比较分析各地区全要素生产率增长存在的差异以及具体的影响因素，分析我国牛奶生产的技术效率和规模效率与其他国家的差异，研究我国不同类型的牛奶生产的规模经济，确定我国不同经营类型牛奶生产最佳的经济规模和投入水平。

第四，分析我国主要牛奶产区（如黑龙江、河北、新疆等地）全要素生产率增长方式或限制因素，分析各主要产区牛奶生产的资源潜力与生产率增长之间的关系，为推动我国主要牛奶产区的生产和制订合理的政策提供依据。

第五，深化我国牛奶生产的科技投资体制改革的对策、运行机制和制度保障研究。在上述研究的基础上，研究实现深化我国牛奶生产科技体制改革的对策及其运行机制和制度保障，并对其可操作性与操作方法进行研究，提出加快我国牛奶生产具体的实施建议。

本研究总目标在于揭示我国牛奶生产增长的来源和制约因素，分析我国牛奶生产的发展趋势，提出开拓我国牛奶生产的具体政策和措施，为加快我国牛奶生产增长，提高我国牛奶生产的全要素生产率，推动整个农村畜牧业生产的全面发展，保证我国牛奶供给，最大限度地满足国内对牛奶的消费需求，制订合理的科技投资政策提供科学依据。

参加课题研究的其他人员有：河南农业大学吴一平教授、唐华仓教授、郭善民副教授、贠鸿琬副教授、任晓静博士、刘威博士、李文高级实验师、阮元实验师、陈书章高级经济师、宋宇博士，王艳青硕士研究生；北京市财政局农业处范存会博士。

最后，感谢国家自然基金委员会的支持，使得我们的课题研究能顺利完成。感谢我的各位导师，中国科学院研究员黄季焜博士、美国 Stanford 大学教授 Scott Rozelle 博士、新西兰 Massey 大学教授 Allan Rae 博士、新西兰 Canterbury 大学教授 Les Oxley 博士，多年来在科学研究和论文写作上的耐心指导。同时，感谢河南农业大学各级领导的大力支持。

尽管该研究课题已经结项，但由于课题结项时间要求，目前的研究结果受到一定限制，特别在数据资料更新方面，研究结果难免有不当之处，敬请专家读者批评指正。然而，我们的研究仍然继续进行，而且在后续的研究中，我们将会进一步完善我们的研究方法和研究结果，并将我们的研究结果以研究论文的形式正式发表。所以，有兴趣的读者敬请关注该课题的后续研究成果。

马恒运

河南农业大学经济与管理学院

2001 年 7 月 26 日于郑州

目　　录

第1章 研究意义、内容及解决问题

1 研究意义

1.1 我国奶制品供求形势严峻

（1）我国牛奶的生产和供给——奶牛头数膨胀、牛奶产量迅速增加。牛奶生产决定于奶牛头数和每头奶牛的产奶量，牛奶产量增加是二者共同作用的结果。截至目前我国牛奶生产的增长主要来自于奶牛头数的增加。1980—2000年，我国奶牛由64万头迅速增加到488万头，年均增长11%，同期，我国牛奶产量由114万吨增至827万吨，年均增长11%，二者呈同步增长。2008年我国奶牛头数达1 233.5万头，是1980年的19.3倍，仍然保持年均11%的增长；2008年我国牛奶产量达3 555.8万吨，是1980年的31.2倍，年均增长速度达到13%，明显高于奶牛头数增长，说明我国牛奶单产有显著的提高。

（2）我国牛奶的消费和进口——奶产品消费迅速增加、进口增大。尽管我国奶牛头数和牛奶产量迅速增加，但国内牛奶生产仍供不应求，导致奶产品缺口较大、进口迅速增加。我国的牛奶消费主要集中在城镇地区，1985—1994年城镇居民奶制品消费人均约5千克，1995年以后城镇居民的奶制品消费迅速增加。就鲜奶消费来说，2000年城镇居民人均鲜奶消费仅有9.9千克，而2006年城镇居民鲜奶消费就达到18.3千克以上，年均增长率高达10.8%。如此迅速增加的奶产品消费量，即便是我国的牛奶生产迅速增加，也满足不了国内的需求，结果我国的奶产品进口迅速增加。1980年我国奶制品进口总额为1 170万美元，2002年增加到27 394万美元，增加了近22倍；2007年则达83 804万美元，是2002年的3倍，五年间年均增长率提高到25%。

综上所述，如何解决我国牛奶生产供给不足，满足日益增长的人民生活对奶制品的需求和节约外汇支出，减少我国奶制品对国际市场的依赖性，创造更多的农村就业机会，增加农民收入，是政策制定者目前面临的基本问题，而增加我国牛奶生产和供给可能是解决这一问题的基本出路。因此，探索和构建我国牛奶生产全要素生产率模型，测算我国牛奶生产全要素生产率水平，搞清我国牛奶生产能力的主要来源，找出制约我国牛奶生产的主要影响因素，是制定我国牛奶生产技术投资发展政策的基本依据。

1.2 国内外研究现状

最近国内外出现了许多中国乳业经济的研究文献，这些研究文献大致上可以分为两类。第一类偏重于中国奶产品消费行为研究（例如，Shono，Suzuki and Kaiser，2000；Ma and Rae，2004；Fuller，Beghin and Rozelle，2004；Ma，Rae，Huang and Rozelle，2004；胡定寰等，2004），他们大部分利用中国住户收入支出调查资料或一些专门住户调查资料，用经济计量方法进行估计。第二类对中国整个乳业经济发展进行一般的或更广泛的研究，从中国牛奶生产、消费到进出口贸易（赵玉田，2001；Zhou，Tian and Zhou，2002；Yang，MacAulay and Shen，2004；沈文华、李兴稼和杨静，2006a，b），这些研究是利用中国统计年鉴上的资料，不进行任何经济计量分析，只是进行基本的统计描述。

Fuller et al.（2004）的研究进了一步，2001年美国依阿华大学农业与农村经济研究中心和中国农业科学院农经所在上海和北京几家大型牛奶生产场进行了实地调查，提供了有价值的牛奶生产日常饲料投入结构和主要生产成本形成的信息，他们的研究仍然没有使用经济计量分析方法来估计基本的经济参数。《我国奶业发展战略研究》（农业部软科学20019号课题）第六部分谈到中国牛奶生产的“优化布局、促进技术进步”问题，但对未来中国牛奶生产增长影响因素和技术投资方向分析缺乏数据支持和论证。曹暕、孙顶强和谭向勇（2005）对农户奶牛生产技术效率和影响因素进行了严密的经济计量分析，但由于他们只对黑龙江、天津、四川和山西4省市的158户农户进行了调查，其估计结果、结论和政策性含义很难用来解释全国农户牛奶生产的状况。

我国乳业刚刚起步，是个朝阳产业，因此有很多问题需要探讨，这些问题基本上在已有研究文献中得到充分描述并且已经达成共识。有些研究认为近 10 年中国牛奶生产量迅速增长，主要由于奶牛头数增加而不是每头奶牛产奶量提高（Yang，MacAulay and Shen，2004；李胜利，2002）。有些研究认为中国奶牛饲养规模狭小、分散经营以及产业化程度低下，使小生产和市场的矛盾尤为突出（庹国柱，1999；农业部，2003；佚名，2005）。最近十年来，我国奶牛饲养发展很快，但仍不能满足国内消费者对奶制品需求的快速增长，导致乳品进口量迅速增加和国内乳品企业对奶源的激烈竞争。因此，许多学者和业内人士已经认识到奶源基地建设的重要性（廖建平，2003；佚名，2004；农业部，2003）。与世界发达国家奶牛饲养相比，我国的奶牛饲养技术水平、生产规模和生产力都较低，但是，我国奶牛饲养的技术进步速度有多快？技术效率水平有多高？奶牛饲养的全要素生产率增长方式是什么？我国奶牛饲养规模狭小，但规模不经济程度有多大？对奶牛饲养全要素生产率增长的影响程度多大？是否值得决策部门的重视？这些具体的计量经济问题和隐含的技术经济政策，目前缺乏比较系统的分析研究。

2　研究内容

2.1　全要素生产率增长理论和方法

估计全要素生产率增长方法很多，如边界生产函数、边界成本函数等。但是，在简单的全要素生产率框架下，全要素生产率通常就简单解释为技术进步率，但这里需要几个严格的假定。例如，存在常数规模效果，资源分配和生产技术是有效率的，显然这些假定条件在我国牛奶生产过程中是不成立的。因此选择一个什么样的估计方法就显得特别重要。距离函数是目前一个比较新的全要素生产率方法，特别是多投入多产出距离函数更能全面地反映农业生产的实践——农业生产是一个多投入多产出的系统。而且，距离函数可以免除一般的增长理论的局限性，估计生产率增长的各个成分。更重要的是，距离函数方法不需要任何生产行为假设，即不管这些生产行为假设是否成立，都可以应用距离函数方法来估计全要素生产率。我国的牛奶生产仍处于一个发展阶段，市场环境可能对生产行为有较大影响。因此，用多投入多产出的距离函数来分析我国的牛奶生产可能会更加有效。

2.2 地域分布、成本收益和产业政策

我国奶牛饲养地域分布比较广泛，从东北的黑龙江省到大西部的新疆维吾尔自治区，生产条件和气候环境存在较大差异。因此，系统地研究近十年来我国奶牛饲养的地域分布、成本收益和产业政策状况，分析目前我国奶牛饲养存在的基本问题，可以进一步加深对我国奶牛饲养状况的了解，为进一步研究我国奶牛饲养的全要素生产率增长方式，打下坚实的基础。

2.3 全要素生产率及增长方式

根据上述估计方法，估计我国奶牛饲养全要素生产率，然后分析其增长模式，即用经济计量方法，将全要素增长率进行分解，来研究我国奶牛饲养全要素生产率增长的主要推动力和制约因素。同时，比较分析主要地区全要素生产率增长存在的差异以及具体的影响因素，并分析我国奶牛饲养的技术效率和规模效率与其他国家的差异，研究我国不同类型奶牛饲养的规模经济，确定我国不同奶牛饲养类型的最佳经济规模和投入水平。

2.4 主要奶牛饲养区域的个案分析

分析我国主要奶牛饲养区域（如黑龙江、河北、新疆等地）的全要素生产率增长因素或限制因素，为推动我国主要牛奶产区的生产和制订合理的政策提供依据。分析主要产区牛奶生产的资源潜力与生产率增长之间的关系。

2.5 政策措施分析

深化我国牛奶生产的科技投资体制改革的对策、运行机制和制度保障研究。在上述研究的基础上，研究实现深化我国牛奶生产科技体制改革的

对策及其运行机制和制度保障，并对其可操作性与操作方法进行研究，提出加快我国牛奶生产增长具体的实施建议。

3　研究目标

本项目的总目标是揭示我国牛奶生产增长的来源和制约因素，分析我国牛奶生产的发展趋势，提出开拓我国牛奶生产的具体措施，为加快我国牛奶生产增长，提高我国牛奶生产的全要素生产力，推动整个农村畜牧业生产的全面发展，为保证我国牛奶供给，最大限度地满足国内对牛奶的消费需求，为制订合理的科技投资政策提供科学依据。

4　拟解决的关键问题

（1）选择一个多投入多产出的投入距离函数来构建我国牛奶生产的全要素生产率增长模型，排除制度因素对模型选择的影响，保证模型估计结果的可靠性和有效性。

（2）不同经营类型的全要素生产力增长的影响因素。主要分为城市郊区和广大农村的牛奶生产，如农村散养、专业户和大型牛奶场。研究不同经营类型牛奶生产全要素生产力增长的异同点，为分类指导我国奶牛饲养提供理论和实践依据。

（3）对农村农户散养奶牛进行实地典型调查研究。目前对我国牛奶生产力的研究只停留在现有农产品成本调查所提供资料上。由于目前缺乏系统的广大农村农户散养奶牛的成本调查资料，因此对广大农村农户散养奶牛的全要素生产率及增长因素缺乏研究。本研究对农户散养奶牛饲养进行实地考察，取得第一手研究资料，填补我国奶牛饲养全要素生产率研究的不足。

（4）研究我国牛奶生产的规模经济效果，确定不同地区和不同经营类型牛奶生产企业经济规模。

（5）各项改革对策的运行机制的确立。在上述研究的基础上，根据影响我国牛奶生产的各种因素及其影响机制，分析各项改革对策的运行机制，并据此建立相应的保障政策与制度。

参考文献

[1] Fuller, F., J. Beghin, and S. Rozelle. Urban demand for dairy products: evidence from new survey data [C]. CARD Working Paper 04 - WP 380. Center for Agricultural and Rural Development, Iowa State University, November 2004.

[2] Fuller, Frank H., Jikun Huang, Hengyun Ma and Scott Rozelle. Got milk? The rapid rise of China's dairy sector and its future prospects [J]. *Food Policy* 31 (June 2006): 201 - 215.

[3] Ma, Hengyun and Allan Rae. Projections of dairy product consumption and trade opportunities in China [J]. *Australian Agribusiness Review*, 2004, Vol. 12, Paper 9.

[4] Ma, Hengyun, Allan Rae, Jikun Huang and Scott Rozelle. Chinese animal product consumption in the 1990s [J]. *Australian Journal of Agricultural and Resource Economics* 48 (December 2004): 560 - 590.

[5] Ma, Hengyun, Jikun Huang, Frank Fuller and Scott Rozelle. Getting rich and eating out: consumption of food away from home in urban China [J]. *Canadian Journal of Agricultural Economics* 54 (March 2006): 101 - 119.

[6] Shono, Chizuru, Nobuhiro Suzuki and Harry M. Kaiser. Will China's diet follow western diets? [J]. *Agribusiness* 16 (2000): 271 - 279.

[7] Yang, J., T. G. MacAulay, and W. Shen. The dairy industry in China: an analysis of supply, demand, and policy issues [C]. Paper presented at Australian Agricultural and Resource Economics Society 48th Annual Conference, Melbourne, February 11 - 13, 2004.

[8] Zhou, Zhangyue, Weiming Tian and Junlin Zhou. The emerging dairy economy in China: production, consumption and trade prospects [J]. *Australian Agribusiness Review*, 2002, Vol. 10, Paper 10.

[9] 佚名．中国奶牛养殖业发展起预测 [N]．中国畜牧报，2005 - 04 - 28.

[10] 佚名．我国奶牛养殖发展的问题思路与方向 [E]．2004，http://www.cowchina.com/ShowArticle.asp?ArticleID=404.

[11] 农业部．牛奶优势区域发展规划 [C]．2003，http://www.sino-agro.com.cn/zcfg/100.htm.

[12] 庹国柱．我国奶业的市场化进程及面临的抉择 [J]．中国农村经济，1999 (1).

[13] 廖建平．奶牛合作社与奶业经营体制创新 [J]．农村经营管理，2003 (11).

[14] 曹暕，孙顶强，谭向勇．农户奶牛生产技术效率及影响因素分析［J］．中国农村经济，2005（10）．

[15] 李胜利．试论我国奶业的可持续发展［C］．中国农业大学动物科技学院，2002.

[16] 沈文华，李兴稼，杨静．北京市城区居民乳品消费现状分析（上）［J］．中国乳业，2006a（3）．

[17] 沈文华，李兴稼，杨静．北京市城区居民乳品消费现状的再分析（下）［J］．中国乳业，2006b（4）．

[18] 胡定寰，T. Reardon，罗斯高，Peter Timmer，王红林．超市为我国农业发展带来的挑战和机遇［J］．中国农业经济评论，2004（2）．

[19] 赵玉川．中国乳业发展现状和未来［C］．农业部农村经济研究中心，2001.

第2章 全要素生产率估计理论与方法

1 距离函数的理论框架

在过去的20年里生产力增长的测量已经从标准的全要素生产率(Total Factor Productivity, TFP)的计算发展到更为精确的生产率增长分解方法。在简单的TFP框架下，这个指数增长率通常就解释为技术进步率，但这种解释实际上隐含了几个严格的假定，如常数规模效果、资源分配和生产技术是有效率的。然而，距离函数可以免除这些缺点并估计生产力增长各个成分(Coelli and Perelman, 2000)。例如，在参数生产函数方法下，TFP变化的规模经济效果和分配无效率是不能确定的，即便是有生产要素的价格资料(Bauer, 1990; Lovell, 1996)，仅仅在投入分配的有效假设下，规模效果才能确定。相反，即使常数规模效果假设成立，投入分配无效率效果也不能确定。在参数边界生产函数方法下，TFP变化取决于三个要素：技术无效率变化、技术进步率和规模效果大小(Lovell, 1996)。另外更重要的是，距离函数方法不需要任何生产行为假设，例如，成本最小化和利润最大化(Brümmer et al., 2002)。也就是说，不管这些生产行为假设是否成立，都可以应用距离函数方法来估计和分解全要素生产率。值得注意的是，这种方法在分析中国生产率增长时更为有效，因为中国仍处于一个经济过渡时期，在这种情况下市场环境可能有许多重要变化。

对于距离函数来说，我们定义一组投入为$L(Y,R)$，它是一组投入向量X，在给定外部环境和转换系数向量R水平下能够生产出Y。那么，投入(I)距离函数，$D^I(X,Y,R)$，能够确定最少的必须的投入(X)生产出用$L(Y,R)$定义的产量Y。那么，通常情况下，投入距离函数就可以定义为：

$$D^I(X,Y,R)=\max\{\rho:(X/\rho)\in L(Y,R)\} \qquad (2-1)$$

$D^I(X,Y,R)$ 可解析为投入距离函数，允许任何观察值与其最大生产可能性生产边界有差异（通常是小于其最大生产可能性产量边界）。公式（2－1）中，D 表示距离（即实际产量与最大生产可能性边界产量的距离），上标 I 表示这里是投入定向的距离函数。在给定产量情况下，投入距离函数是测量投入向量能够收缩的最大比例。所以公式中的 ρ 实际上是一个投入向量收缩的系数（Paul and Nehring，2005）。公式（2－1）代表一个在投入—产出要素之间的技术（替代）关系，不表明经济最优化状态。因此，实际生产水平到生产边界的距离都能用技术效率来解释（Paul and Nehring，2005）。实际应用时，投入距离函数（ D^I ）必须给以投入要素的齐次性限制。齐次性可以用任何一个投入要素（例如 X_k ）标准化来实现，而且这里的齐次性隐含着：

$$D^I(\omega X,Y,R)=\omega D^I(X,Y,R)\ ,\ \omega>0 \qquad (2-2)$$

如果，假设 $\omega=1/X_k$ ，则有：

$$D^I(X/X_k,Y,R)=D^I(X^*,Y,R)\text{，其中，}X^*=X/X_k \qquad (2-3)$$

假定这个投入距离函数可以用超自然对数泛函数形式来接近，那么，这个投入距离函数又可以表达为：

$$\ln D^I_{it}/X_{k,it}=TL^I(R,X^*,Y) \qquad (2-4)$$

公式（2－4）中，$\ln D^I_{it}$ 没有观察值，但给予 $\ln D^I_{it}<0$ ，可以假定 $-\ln D^I_{it}=-u^I_{it}$（Grosskopf et al.，1997；Coelli and Perelman，1999 and 2000；Karagiannis et al.，2004）。其中，u^I_{it} 是一个单向非负的随机误差项，它的产生主要由于技术无效率的存在，它代表第 i 个企业的实际生产水平到其生产边界的距离，亦即到最高生产水平的距离。那么，重新整理投入距离函数（2－4）式，再加上一个随机统计误差项 υ^I_{it} ，可以得到一个可以估计的投入距离函数（Paul and Nehring，2005）：

$$-\ln X_{k,it}=TL^I(R,X^*,Y)+u^I_{it}+\upsilon^I_{it} \qquad (2-5)$$

公式（2－5）是一个随机投入距离函数模型，有两个误差项：到生产边界的距离（ u^I_{it} ）和一般的随机统计误差项（ υ^I_{it} ）。假定：① u^I_{it} 是一个独立分布的、在0点切断的随机变量，$N(0,\sigma_u^2)$；② v_{it}^I 是独立的、同分布的随机变量，$N(0,\sigma_v^2)$。这个投入距离函数模型（2-5），可以用最大可能性技术估计。

2 实际模型和估计程序

在实际应用之前，由于投入定向和产出定向距离函数框架的对偶性，我们应当解释一下它们之间的差异。加强的经济表现，在给定产出情况下，经由投入紧缩，可以通过投入距离函数反映出来；相反，加强的经济表现，在给定生产投入情况下，经由产出扩张，可以通过产出距离函数反映出来（Paul and Nehring，2005）。投入距离函数是测量在给定产量时企业生产的有效程度（Marsh et al，2003）。况且，这里的研究使用投入距离函数更合适，因为牛奶生产企业更可能对他们的投入而不是产出有更多的控制。因此，这里选择投入距离函数模型方法来估计中国牛奶生产的总要素生产力（TFP），并将其分解为技术进步率（TC）和生产效率变化（TE），以解释近十年来中国原奶生产的生产力来源和提出可能的政策性操作空间。

尽管没有什么区别（Coelli and Perelman，2000），但是仍有一些经济上的原因，为我们去选择哪一个投入指标作为标准化的计量单位（Paul and Nehring，2005）。对于牛奶生产投入距离函数，选择农场规模，即奶牛头数（X_1）作为投入变量的测度标准或量纲，其他投入指标用相对于农场总体规模的比率表示或者说转化为单位生产规模的投入量，即右边的投入变量转化为每头奶牛生产投入。这种定义实际上同典型的农业生产经济学概念一致。同时，为了尽可能保持这种参数研究方法的生产技术代表性，下面函数关系用来接近前面的投入距离函数（Grosskopf et al.，1997；Coelli and Perelman；1999 and 2000；Karagiannis et al，2004）：

$$\ln D_{it}^I(Y,X;t) = \alpha_0 + \sum_{k=1}^{2}\alpha_k \ln Y_{kit} + \sum_{j=1}^{5}\beta_j \ln X_{jit} + \frac{1}{2}\sum_{k=1}^{2}\sum_{l=1}^{2}\alpha_{kl}\ln Y_{kit}\ln Y_{lit}$$
$$+ \frac{1}{2}\sum_{j=1}^{5}\sum_{g=1}^{5}\beta_{jg}\ln X_{jit}\ln X_{git} + \sum_{j=1}^{5}\sum_{k=1}^{2}\delta_{jk}\ln Y_{kit}\ln X_{jit}$$

$$+\sum_{j=1}^{5}\theta_j t\ln X_{jit}+\sum_{k=1}^{2}\varepsilon_k t\ln Y_{kit}+\gamma t+\eta t^2 \qquad (2-6)$$

公式（2-6）中，ln代表自然对数，$i=1,2,\cdots,N$代表企业，这里指出每一个具体的省份；同前面的定义一样，Y_{kit}是产出指标，X_{kit}是投入指标；$t=1,2,\cdots,T$代表时间（这里是年份），指出每年的观察值。以上投入距离函数关系要求投入指标（X_i）的齐次性，因此，这里隐含着对方程（2-6）要给予下列参数限制：

$$\sum_{j=1}^{2}\beta_j=1,\sum_{j-1}^{2}\beta_{jg}=\sum_{j-1}^{2}\delta_{jk}=\sum_{j=1}^{2}\theta_j=0,\alpha_{kl}=\alpha_{lk},\beta_{jg}=\beta_{gj} \qquad (2-7)$$

将公式（2-6）右边所有的投入指标（X_i）除以X_1可以实现对公式（2-6）中的投入变量的齐次性限制。给予它的线性齐次性，公式（2-6）可以写成公式（2-5），这样就可以变成一个可估计的投入距离函数形式。像在Brümmer et al.（2002），定义技术无效率项（u_{it}^I），时间变量（t）、地区虚变量（R_i）、类型虚变量（D_k）和其他社会经济变量（Z_h，如精饲料和粗饲料投入比率、农作物秸秆生产潜力、牛奶加工企业生产能力、管理或教育水平等）的函数，即

$$u_{it}^I=\phi_0+\phi_1 t+\sum\phi_{2i}R_i+\sum\phi_{3k}D_k+\sum\phi_{4h}Z_h \qquad (2-8)$$

方程（2-6）和方程（2-8）用两阶段估计可能存在严重的经济计量问题（Kumbhakar and Lovell，2000），因此，这项研究同时估计方程（2-6）和方程（2-8）的参数。该模型的可能性函数（参见附表，Battese and Coelli，1993）用方差形式表示：$\sigma^2=\sigma_u^2+\sigma_v^2$和$\gamma=\sigma_u^2/(\sigma_u^2+\sigma_v^2)$，$\gamma$是未知待估计参数。Coelli（1996）发展了一个FRONTIER 4.1计算机程序，来同时估计以上随机边界函数（2-6）和技术无效率模型（2-8）。这个软件在随机边界函数估计中得到广泛应用（如Coelli and Perelman，2000；Paul et al.，2000），这里用同样的方法来同时估计公式（2-6）和公式（2-8）。

另外，关于距离函数的一个估计问题是，用标准化（或无量纲化）后的投入作为回归变量可能不是外生的。事实上，比率模型比一般的模型更少受内生偏斜的影响（Brümmer et al.，2002）。Schmidt（1988）和Mundlak（1996）已经检验了生产函数情形下比率形式变量，发现在预期利润最大化假设下两个投入变量比率并不受内生性影响。Coelli（2000）研究指出有些作者提出的工具变量方法在很多情况下是不需要的。因此，比率形式的投入变量并不与误差项有相关关系。

3　技术效率、技术进步和规模经济测量

根据上面估计的投入距离函数模型，可以通过求导数或弹性，得出牛奶生产率表现的各种技术测量指标。根据需要，这里我们只给出技术效率、技术进步和规模经济的测量公式。其他具体数学推导过程，可参见 Paul and Nehring（2005）和 Karagiannis et al.（2004）。

3.1　技术效率的测量

技术效率通常指的是实际的生产水平同最好的生产水平之间的比率。对距离函数来说，最大的距离函数代表生产边界，那么，各个观察值的距离函数同最大的距离函数的比率，就是各观察值的技术效率。因此，根据公式（2－8），投入距离函数的技术效率可用如下公式计算：

$$TE_{it} = \exp(\hat{u}_{it} - \max\{\hat{u}_{it}\}),\ for\ t = 1,2,\cdots,T \quad (2-9)$$

公式（2－9）中，$\hat{u}_{it}$ 是拟合的效率值，这个标准化过程是保证 u_{it} 的非负性，使每年至少有一个观察值落在生产边界上（Cornwell et al.，1990）。

3.2　技术进步的测量

根据 Färe and Primont（1995），Atkinson and Primont（2002），和 Karagiannis et al.（2004），对公式（2－6）求时间 t 的导数，Atkinson and Cornwell（1998）已经证明，基于投入距离函数，技术进步率 TC 可用如下表达式求的：

$$TC = \frac{\partial \ln D^I(Y,X;t)}{\partial t} \quad (2-10)$$

同理，根据 Tauer（1998）和估计的投入距离函数模型公式（2－6），

技术进步率也可以用如下 Malmquist 指数求得：

$$TC_0^{t+1}(y^{t+1},x^{t+1},y^t,x^t)=\left[\frac{D_0^t(x^{t+1},y^{t+1})}{D_0^{t+1}(x^t,y^t)}\times\frac{D_0^t(x^t,y^t)}{D_0^{t+1}(x^{t+1},y^{t+1})}\right] \tag{2-11}$$

3.3　规模经济的测量

对于投入距离函数模型，$X-Y$ 的规模经济关系可以表示为每个投入弹性的总和，反映出要增加多少总投入才能使所有的产量增加 1%。根据 Paul and Nehring（2005），个别生产要素 X_k 的投入弹性，可以通过 $\varepsilon_{X_k,Y}=\partial\ln X_k/\partial\ln Y_m$ 来获得，把他们加在一起，这些弹性代表总的规模经济：

$$\varepsilon_{X,Y}=\sum\partial\ln X_k/\partial\ln Y_m \tag{2-12}$$

公式（2－12）中，规模弹性 $\varepsilon_{X,Y}$ 与 1 的距离隐含着规模经济的程度，即与总投入成正比例变化，而与总产出成反比例变化（Paul and Nehring，2005）。规模经济弹性系数 $\varepsilon_{X,Y}$ 越小于 1，说明规模经济的程度越大；否则反之。

4　全要素生产率地区差异测量

4.1　动态分布法

关于国家或地区发展差异的研究，以往研究一般是采用参数回归的方法，即 β 收敛检验。β 收敛一般是经济增长对初始状态的回归系数，当回归系数为负值时，认为发生了收敛。对于 β 收敛的缺陷，吴建新（2010）、石风光和何雄浪（2010）认为 β 收敛得到的是一个平均意义的结果，即条件均值，无法揭示收敛的动态性引起的极化收敛和多峰收敛等现象；Quad（1993）指出回归系数为负值仅是收敛的必要条件，并非充分条件。另外，α 收敛也经常应用于分析收敛现象，能够提供发散程度的信息，但是仍然掩盖了收敛的复杂性。针对上述方法的不足，Quad（1993）提出动态分析法，判断收敛的区间和程度，并通过转换矩阵和遍历分布来提示收敛过程的动态演化趋势。具体来看，动态分析法包括马尔可夫链方法

（Markov）和核密度方法。

4.1.1 马尔可夫链方法（Markov）

马尔可夫链是数学中具有马尔可夫性质的离散时间随机过程。马尔可夫预测法是应用随机过程中马尔可夫链的理论和方法，研究分析有关经济现象变化规律，并借此对未来进行预测的一种方法。Quad（1993）最早将人均收入的分布看作是一个一阶 Markov 过程，用来检验经济的收敛趋势。

假设预测对象为一个系统，若该系统在某一时刻可能出现的状态为 E_i ，而该系统从状态 E_i 变化到另一状态 E_j 的状态转移过程称为马尔可夫过程。它具有如下的两个特征：一是无后效性，即系统的第 n 次试验结果出现的状态，只与第 $n-1$ 次时所处的状态有关，与它以前所处的状态无关；二是稳定性，即在较长时间下，该过程逐渐趋于稳定状态，而与初始状态无关。

设随机时间序列 $\{X_n, n \geqslant 0\}$ 满足如下条件：

（1）每个随机变量 X_n 只取非负整数值；

（2）对任意的非负整数 $t_1 < t_2 < \cdots < m < m+k$，及 $E_1, E_2, \cdots, E_m$，E_j

当 $P(X_{t_1} = E_1, X_{t_2} = E_2, \cdots, X_m = E_m) > 0$ 时，有：

$$P[X_{m+k} = E_j \mid X_{t_1} = E_1, X_{t_2} = E_2, \cdots, X_m = E_m] = P[X_{m+k} = E_j \mid X_m = E_m] \quad (2-13)$$

则称 $\{X_n, n \geqslant 0\}$ 为马尔可夫链。X_n 所可能取到的每一个值 E_1，$E_2, \cdots, E_m, E_j$ 称为状态。

马尔可夫链的概率特性取决于条件概率：

$$P[X_{m+k} = E_j \mid X_m = E_i] \quad (2-14)$$

在概率论中，条件概率 $P(A \mid B)$ 表达了由状态 B 向状态 A 转移的概率，简称为状态转移概率。式（2-14）中的条件概率含义是，某系统在时刻 m 处于状态 E_i 的条件下，到时刻 $m+k$ 处于状态 E_j 的概率。

相应的，定义：$p_{ij}^{(k)}(m) = P[X_{m+k} = E_j \mid X_m = E_i]$ 为 k 步转移概率。

根据 k 步转移概率，可以得到 k 步转移概率矩阵：

$$P^{(k)} = \begin{pmatrix} p_{11}^{(k)} & p_{12}^{(k)} & \cdots & p_{1N}^{(k)} \\ p_{21}^{(k)} & p_{22}^{(k)} & \cdots & p_{2N}^{(k)} \\ \vdots & \vdots & \vdots & \vdots \\ p_{N1}^{(k)} & p_{N2}^{(k)} & \cdots & p_{NN}^{(k)} \end{pmatrix} \tag{2-15}$$

k 步转移概率矩阵具有如下性质：

$$\begin{cases} 0 \leqslant p_{ij}^{(k)} \leqslant 1 & i,j = 1,2,\cdots,N \\ \sum_{j=1}^{N} p_{ij}^{(k)} = 1 & i = 1,2,\cdots,N \end{cases} \tag{2-16}$$

当 k 趋向无穷大时，可以得到系统的遍历分布（Ergodic Distribution）或稳定状态概率。系统的稳定状态是指系统即使再经过一步状态转移，其状态概率仍保持不变的状态。

稳定状态概率的向量求法如下：

$$(S_1 \quad S_2 \cdots\cdots S_n) \begin{bmatrix} P_{11} & P_{12} & \cdots & P_{1n} \\ P_{21} & P_{22} & \cdots & P_{2n} \\ \cdots & \cdots & \cdots & \cdots \\ P_{n1} & P_{n2} & \cdots & P_{nn} \end{bmatrix} = (S_1 S_2 \cdots\cdots S_n) \tag{2-17}$$

且满足条件：$S_1 + S_2 \cdots\cdots + S_n = 1$ 。

4.1.2 核密度分布方法

核密度分布方法（Kernel Density Distribution）使用核密度估计量来估计横截面的分布，是研究分布形态较为直接的方式之一。核密度估计是在概率论中用来估计未知的密度函数，属于非参数检验方法之一。由于核密度估计方法不利用有关数据分布的先验知识，对数据分布不附加任何假定，是一种从数据样本本身出发研究数据分布特征的方法，因而在统计学理论和应用领域均受到高度的重视。

增长分布分析的基本思想是通过考察一个国家或地区某项关键指标分布的动态演进方式，即增长分布图波峰个数及分布图位移方式来判断该经济体增长差异的变化。若增长分布明显呈现出“双峰”状，则意味着存在双峰趋同或两俱乐部趋同；若增长分布波峰高度持续降低，则意味着地区差异有所加大、集中程度下降。

设随机向量 X 的密度函数为：

$$f(x)=\frac{1}{Nh}\sum_{i=1}^{N}K(\frac{x-X_i}{h}) \tag{2-18}$$

式中，h 为带宽，主要是控制核密度估计的平滑程度，一般由软件自动选择；N 为观测值数；$K(\cdot)$ 为核密度函数。具体来看，核密度函数较多，常用的有 Epanechnikov 函数、Gaussian 函数、正态分布函数等。其中，Gaussian 核函数的形式为：

$$K(u)=\frac{1}{(2\pi)^{p/2}(|\det(\sum)|)^{1/2}}\exp(-\frac{1}{2}u\sum{}^{-1}u') \tag{2-19}$$

其中，$\sum=\frac{1}{n}\sum_{i=1}^{n}(X_i-u)'(X_i-u)$ 。

Epanechnikov 核函数的形式为：

$$K(u)=\frac{p(p+2)}{2S_p}(1-u_1^2-u_2^2-\cdots-u_p^2) \tag{2-20}$$

其中，$S_p=2\pi^{p/2}/\Gamma(p/2)$ 。

特别地，当 $p=1$ 时，

$$K(u)=0.75(1-u^2)I(|u|\leqslant 1) \tag{2-21}$$

其中，$I(\cdot)$ 为显性函数，当 $|u|\leqslant 1$ 成立时，取值为 1；否则，取值为 0。

最优带宽选择的基本思想是使核密度估计的均方误差（MISE）最小，具体选择的方法很多，较为经典的有西尔弗曼的拇指法则（Rule of Thumb，ROT）和 BCV 法则，其中 BCV 法则选取最优带宽往往要大于 ROT 法则选取的最优带宽，这意味着依据 BCV 法则选取最优带宽得到的核密度图往往要更平滑。

依据 ROT 法则，得到的最优带宽为：

$$b^*=1.06\times\min[std(X),iqr(X)/1.34]\times n^{-1/5} \tag{2-22}$$

式中，$std(X)$ 和 $iqr(X)$ 分别代表随机变量 X 的标准差和随机变量 X 的内距（Inter-Quartile Range），即上四分位数和下四分位数的差。

依据 BCV 法则，得到的最优带宽为：

$$b^{*} = \min\left\{(n^{-1}b^{-1}R(k)+b^{4})\times[R(f'')-\frac{R(k'')}{mb}](\int x^{2}k/2)^{2}\right\} \tag{2-23}$$

其中，$R(\varphi)=\int\varphi^{2}(x)\mathrm{d}x$，$k$ 为核函数。

4.2　方差分解法

为了分析地区之间的经济增长差异或产业成长差异，通常使用方差分解的方法，分析产出增长究竟是要素累积还是全要素生产率增长。被学者们普遍认可的主要有 K－R 法（Klenow and Rodriguez-Clare，1997）和E－L 法（Easterly and Levine，2001）两种。方法共同点在于都是基于 Cobb-Douglas 形式的总量生产函数，可以分别计算各个要素和全要素生产率的贡献，比如：

$$Y_{it}=A(t)K_{it}^{\alpha}L_{it}^{\beta}\exp(v_{it}-u_{it}) \tag{2-24}$$

式中，K 表示物质资本，L 表示劳动投入，α 和 β 分别是资本和劳动的产出弹性，$A(t)=\exp(A_0+\tau t)$，表示 t 时期全国的前沿技术水平，τ 表示前沿技术进步的速度，$v_{it}\sim N(0,\sigma_v^2)$。

需要说明的是，本书采纳了傅晓霞、吴利学（2006）、陆云航、张德荣（2007）和石慧等（2009）的建议，并未采用超越对数形式，将模型设定为 Cobb-Douglas 形式，从而避免了模型的多重共线性问题，同时也易于对产出进行分解。

在评估投入要素积累和 TFP 增长对经济增长贡献时，早期增长核算文献（如 Young，1992）通常对变量取增长率的形式，但后来文献通常采用投入要素的人均水平和人均产出水平来进行增长核算研究。

将式（2－24）两边除 L_{it}，得到生产函数的形式为：

$$y_{it}=k_{it}^{\alpha}L_{it}^{\alpha+\beta-1}\exp(A_0+\tau t+v_{it}-u_{it}) \tag{2-25}$$

其中，$y_{it}=Y_{it}/L_{it}$ 表示劳均或人均产出，$k_{it}=K_{it}/L_{it}$ 表示劳均资本投入。定义 $TFP_{it}=\exp(A_0+\tau t-u_{it})$ 表示全要素生产率。

按照 Klenow and Rodriguez-Clare（1997）和石风光、李宗植（2009）的观点：根据新古典增长理论，稳态下的劳均产出增长完全由外生技术进步所致，而劳均资本存量会随着技术进步同比例提高，在增长核算中会将部分技术进步贡献归结于资本积累，因而他们建议投入要素采用资本—产出比代替资本—劳动比，并称之为“修正索洛余值法”。

修正后的索洛模型为：

$$y_{it} = (\frac{K_{it}}{Y_{it}})^{\frac{\alpha}{1-\alpha}} L_{it} \exp(A_0 + \tau t + v_{it} - u_{it}) \qquad (2-26)$$

对式（2－26）取自然对数，得到：

$$\ln y_{it} = \ln TFP_{it} + \ln x_{it} \qquad (2-27)$$

其中，x_{it} 表示所有要素投入，即物质资本投入和劳动投入。

按照K－R法的研究思路，可以对产出进行如下方差分析：

$$\mathrm{var}(\ln y_{it}) = \mathrm{cov}(\ln y_{it}, \ln TFP_{it} + \ln x_{it}) = \mathrm{cov}(\ln y_{it}, \ln TFP_{it}) + \mathrm{cov}(\ln y_{it}, \ln x_{it}) \qquad (2-28)$$

整理，可得：

$$1 = \frac{\mathrm{cov}(\ln y_{it}, \ln TFP_{it})}{\mathrm{var}(\ln y_{it})} + \frac{\mathrm{cov}(\ln y_{it}, \ln x_{it})}{\mathrm{var}(\ln y_{it})} \qquad (2-29)$$

式（2－28）和式（2－29）中的var和cov分别表示方差和协方差。式（2－29）的含义是将产出的方差分解为全要素生产率增长的贡献和要素累积的贡献。

与K－R法的方差分解思路不同，E－L法的分解形式为：

$$\mathrm{var}(\ln y_{it}) = \mathrm{var}(\ln TFP_{it} + \ln x_{it}) = \mathrm{var}(\ln TFP_{it}) + \mathrm{var}(\ln x_{it}) + 2\mathrm{cov}(\ln TFP_{it}, \ln x_{it}) \qquad (2-30)$$

即

$$1 = \frac{\mathrm{var}(\ln TFP_{it})}{\mathrm{var}(\ln y_{it})} + \frac{\mathrm{cov}(\ln x_{it})}{\mathrm{var}(\ln y_{it})} + \frac{2\mathrm{cov}(TFP_{it}, \ln x_{it})}{\mathrm{var}(\ln y_{it})} \qquad (2-31)$$

式（2－30）比式（2－28）增加了交叉项 $2\mathrm{cov}(TFP_{it}, \ln x_{it})$，它反映了要素积累经济增长贡献份额中也有可能是由于TFP改善或者是两者相互影响的结果。

参考文献

［1］Atkinson，S. E.，and C. Cornwell. Estimating Radial Measures of Productivity Growth：Frontier vs Non-Frontier Approaches［J］. *Journal of Productivity Analysis* 10（1998）：35－46.

[2] Atkinson, S. E., and D. Primont. Stochastic Estimation of Firm Technology, Inefficiency, and Productivity Growth Using Shadow Cost and Distance Functions [J]. *Journal of Econometrics* 108 (2002): 203-225.

[3] Brümmer, B., T. Glauben and G. Thijssen. Decomposition of Productivity Growth Using Distance Function: The Case of Dairy farms in Three European Countries [J]. *American Journal of Agricultural Economics* 84 (2002): 628-644.

[4] Coelli, T. A Guide to Frontier Version 4.1: A Computer Program for Stochastic Frontier Production and Cost Function Estimation [N]. *CEPA* Working Paper 96/07. University of New England, Armidale, Australia.

[5] Coelli, T. J. and Perelman, S. A Comparison of Parametric and Non parametric Distance Function: With Application to European Railways [J]. *European Journal of Operational Research* 17 (1999): 326-339.

[6] Coelli, T. J. and Perelman, S. Technical Efficiency of European Railway: A Distance Function Approach [J]. *Applied Economics* 32 (2000): 1967-1976.

[7] Cornwell, C., P. Schmidt, and R. C. Sickles. Production Frontiers with Cross-sectional and Time Series Variation in Efficiency Levels [J]. *Journal of Econometrics* 46 (1990): 185-200.

[8] Cuesta, Rafael A. A Production Model with Firm-Specific Temporal Variation in Technical Inefficiency: with Application to Spanish Dairy Farms [J]. *Journal of Productivity Analysis* 13 (2000): 139-158.

[9] Färe, R., and D. Primont. Multi-Output Production and Duality: Theory and Applications [M]. Boston: Kluwer Academic Publishers, 1995.

[10] Karagiannis, Giannis, Peter Midmore and Vangelis Tzouvelekas. Parametric Decomposition of Output Growth Using A Stochastic Input Distance Function [J]. *American Journal of Agricultural Economics* 84 (2004): 1044-1057.

[11] Kumbhakar, S. C. and C. A. K. Lovell. *Stochastic Frontier Analysis* [M]. Cambridge University Press, 2000.

[12] Lovell, C. A. K. Applying Efficiency Measurement Techniques to the Measurement of Productivity Change [J]. *Journal of Productivity Analysis* 7 (1996): 329-340.

[13] Paul, C. J. M., W. Johnson and G. Frengley. Efficiency in New Zealand Sheep and Cattle Farming: The Impacts of Regulatory Reform [J]. *Review of Economics and Statistics* 82 (2000): 325-337.

[14] Paul, Catherine J. Morrison and Richard Nehring. Product Diversification, Production System, and Economic Performance in U. S. Agricultural Production [J]. *Journal*

of Econometrics 126 (2005): 525－548.

[15] Schmidt, P. Estimation of A Fixed-Effect Cobb-Douglas System Using Panel Data [J]. *Journal of Econometrics* 37 (1988): 361－380.

[16] Tauer, L. W. Productivity of New York Dairy Farms Measured by Nonparametric Malmquist Indices [J]. *Journal of Agricultural Economics* 49 (1998): 234－249.

[17] Atkinson, S. E., and C. Cornwell. Estimating Radial Measures of Productivity Growth: Frontier vs Non-Frontier Approaches [J]. Journal of Productivity Analysis 10 (1998): 35－46.

[18] Atkinson, S. E., and D. Primont. Stochastic Estimation of Firm Technology, Inefficiency, and Productivity Growth Using Shadow Cost and Distance Functions [J]. Journal of Econometrics 108 (2002): 203－225.

[19] Brümmer, B., T. Glauben and G. Thijssen. Decomposition of Productivity Growth Using Distance Function: The Case of Dairy farms in Three European Countries [J]. *American Journal of Agricultural Economics* 84 (2002): 628－644.

[20] Coelli, T. A Guide to Frontier Version 4.1: A Computer Program for Stochastic Frontier Production and Cost Function Estimation [N]. *CEPA* Working Paper 96/07. University of New England, Armidale, Australia.

[21] Coelli, T. J. and Perelman, S. A Comparison of Parametric and Non-parametric Distance Function: With Application to European Railways [J]. *European Journal of Operational Research* 17 (1999): 326－339.

[22] Coelli, T. J. and Perelman, S. Technical Efficiency of European Railway: A Distance Function Approach [J]. *Applied Economics* 32 (2000): 1967－1976.

[23] Cornwell, C., P. Schmidt, and R. C. Sickles. Production Frontiers with Cross-sectional and Time Series Variation in Efficiency Levels [J]. *Journal of Econometrics* 46 (1990): 185－200.

[24] Cuesta, Rafael A. A Production Model with Firm-Specific Temporal Variation in Technical Inefficiency: with Application to Spanish Dairy Farms [J]. *Journal of Productivity Analysis* 13 (2000): 139－158.

[25] Easterly W., Levine R. It's not factor accumulation: stylized facts and growth models [C]. Working Papers Central Bank of Chile, 2001.

[26] Färe, R., and D. Primont. Multi-Output Production and Duality: Theory and Applications [M]. Boston: Kluwer Academic Publishers, 1995.

[27] Karagiannis, Giannis, Peter Midmore and Vangelis Tzouvelekas. Parametric Decomposition of Output Growth Using A Stochastic Input Distance Function [J]. *Ameri-*

can Journal of Agricultural Economics 84 (2004): 1044－1057.

[28] Klenow P. J., Rodriguez-Clare A. The Neoclassical Revival in Growth Economics: Has it Gone Too Far [M]. NBER Macroeconomics Annual, Cambridge, MA, MIT Press, 1997, 73－103.

[29] Kumbhakar, S. C. and C. A. K. Lovell. Stochastic Frontier Analysis [M]. Cambridge University Press, 2000.

[30] Lovell, C. A. K. Applying Efficiency Measurement Techniques to the Measurement of Productivity Change [J]. *Journal of Productivity Analysis* 7, 1996: 329－340.

[31] Paul, C. J. M., W. Johnson and G. Frengley. Efficiency in New Zealand Sheep and Cattle Farming: The Impacts of Regulatory Reform [J]. *Review of Economics and Statistics* 82 (2000): 325－337.

[32] Paul, Catherine J. Morrison and Richard Nehring. Product Diversification, Production System, and Economic Performance in U. S. Agricultural Production [J]. *Journal of Econometrics* 126 (2005): 525－548.

[33] Quad D. Empirical Cross-Section Dynamics in Economic Growth [J]. *European Economic Review*, 1993, 37 (2): 624－434.

[34] Schmidt, P. Estimation of A Fixed-Effect Cobb-Douglas System Using Panel Data [J]. *Journal of Econometrics* 37 (1988): 361－380.

[35] Tauer, L. W. Productivity of New York Dairy Farms Measured by Nonparametric Malmquist Indices [J]. *Journal of Agricultural Economics* 49 (1998): 234－249.

[36] Young A. A Tale of Two Cities: Factor Accumulation and Technical Change in Hong-Kong and Singapore [J]. *NBER Macroeconomic Annual*, 1992 (7): 13－54.

[37] 傅晓霞，吴利学．技术效率、资本深化与地区差异——基于随机前沿模型的中国地区收敛分析 [J]．经济研究，2006 (10): 52－61.

[38] 陆云航，张德荣．我国省际收入差异的成因：要素积累还是生产率 [J]．当代财经，2007 (4): 22－28.

[39] 石风光，何雄浪．全要素生产率、要素投入与中国地区经济差距的动态分布分析 [J]．南京社会科学，2010 (2): 19－31.

[40] 石风光，李宗植．要素投入、全要素生产率与地区经济差距——基于中国省区数据的实证分析 [J]．数量经济技术经济研究，2009 (12): 24－30.

[41] 石慧，王怀明，孟令杰．要素累积、全要素生产率与中国农业增长地区差异 [J]．农业技术经济，2009 (3): 17－26.

[42] 吴建新．中国省际劳均收入的收敛研究——基于核密度函数和 Markov 随机过程理论的分析 [J]．石家庄经济学院学报，2010 (2): 94－97.

第3章 奶牛单产估价及政策含义*

1 问题的提出

1.1 我国畜牧业生产统计的失真问题

我国的畜牧业生产统计数据存在显著的失真现象，这使过去中国畜牧业生产和供给的预测和规划可能出现较大的偏差，因此，遭到了国内外许多学者的质疑（钟甫宁，1997；ERS，1998；卢锋，2000）。国内外许多学者都试图在中国第一次农业普查公布的畜牧业生产普查数据基础上，对我国畜牧业生产和需求的数据进行修订和调整，以期来满足现阶段我国畜牧业生产和消费预测的需要（Fuller et al.，2000；蒋乃华，2002；Ma et al.，2004）。同样，我国奶牛饲养生产统计数据也可能存在一定的水分，特别是对于单产的统计核算更有可能产生失真的现象，而且单产的失真对奶牛饲养的全要素生产率分析将产生致命的影响，因此，在进行课题研究之前，我们先进行了“中国牛奶单产水平的统计偏差及其分析”。分析结果显示《全国农产品成本收益资料汇编》中的单产水平，是比较准确可靠的，因此，后面的全要素生产率和下面的单产和投入水平分析主要引用这里的数据。下面再来分析观察我国不同饲养方式奶牛单产以及饲养水平差异。

1.2 准确的单产对估计全要素生产率的意义

牛奶单产标志一个国家牛奶生产的技术水平，反映奶牛的品种结构，决定一个国家当前和未来牛奶生产的技术政策取向（农业部，2003）。根

* 本章内容已发表。中国牛奶单产水平的统计偏差及其分析［J］．统计与决策，2009（14）．

据联合国粮农组织农业统计资料，世界牛奶平均单产大约在2 200千克，主要牛奶生产国家，如美国、加拿大、荷兰、英国等，它们的牛奶单产比世界平均水平高出 3～4 倍，都在 6 000 千克以上，甚至欧共体 25 国的平均单产也在 5 500 千克以上。

良种奶牛不足是制约我国奶业发展快速增长的基本因素，增加高产奶牛品种比例是当前我国牛奶生产的主要任务。近三年我国奶牛数量呈两位数增加，但是良种奶牛比例仍然不足 1/3（佚名，2005）。牛源紧缺、良种奶牛数量少，导致种牛的进口量大幅度增加和牛价上涨（农业部，2003）。许多中外研究文献和业内人士都把良种奶牛数量少和牛奶单产低作为制约我国牛奶生产发展的一个基本问题来讨论（庹国柱，1999；赵玉田，2001；李胜利，2002；佚名，2005；李兴稼，2005）。近十年来我国牛奶生产的大幅度增长在很大程度上是来自于奶牛存栏头数的迅速增加（Yang，MacAulay and Shen，2004；Fuller et al.，2005），而不是牛奶单产的显著提高。我国官方和农业管理部门也基本上承认这一事实（农业部，2003）。

尽管以上研究文献都认为我国牛奶单产水平低，但我国牛奶单产水平到底是多少？在世界上处在一个什么水平？似乎从现有的官方统计数据来源和奶业研究文献中找不到一致答案。《牛奶优势区域发展规划》认为，2001 年我国牛奶单产为 3 200 千克（农业部，2003），这个数据在《中国统计年鉴》中找不到；Yang et al.（2004）引用说 2002 年我国牛奶单产为 3 500 千克，认为我国的牛奶单产比世界平均水平（5500 千克）要低得多，但这些数据没有明确的来源。Fuller et al.（2005）的研究报告隐含了我国的牛奶平均单产不足 2000 千克，明确指出数据来自于《中国统计年鉴》。实际上他们不可能仅仅从《中国统计年鉴》上得到奶牛单产数据，因为《中国统计年鉴》只提供牛奶总生产量，不提供奶牛存栏头数。不同研究文献引用的我国牛奶单产存在明显差异。在 Zhou et al.（2002）研究中，他们甚至没有调查 1997 年以来我国的奶牛存栏头数，对我国牛奶单产水平也未做任何比较和评价。

本章欲对不同来源的我国牛奶生产统计数据进行比较，检验它们之间的差异性，分析可能的原因，判断它们的可靠性。在确定了我国牛奶单产水平的基础上，比较分析我国牛奶单产水平的高低，指出引用我国牛奶单产时应注意的问题；第二部分，比较三个主要数据来源，对不同数据来源的牛奶生产统计进行检验，判断它们之间是否存在显著性差异；第三部分，对导致这些差异的可能原因进行分析，判断不同牛奶生产统计来源的可信度；最后一部分，确定目前我国牛奶单产水平，在世界上所处的位置，进一步指出引用我国牛奶生产统计指标时应当注意的问题。

2　数据来源的差异检验

我国牛奶生产统计数据来源只有一个，但在我国奶业经济研究过程中，可利用的数据资源却很多。在国内，不仅有国家统计局的《中国统计年鉴》，还有我国农业部的《中国农业统计年鉴》；国际上，不仅联合国世界粮农组织提供各国的牛奶生产统计数据，而且美国农业部外国农业服务局也提供各国的牛奶生产统计数据。最近几年来，我国奶业协会的《中国奶业统计年鉴》提供大量的我国奶业经济发展统计资料，而且被许多业内研究文献引用，但《中国奶业统计年鉴》发布的统计资料要以《中国统计年鉴》或《中国农业统计年鉴》为基础，它是一个公开的统计出版物，但并非官方的统计出版物。因此，本书检验国家统计局（CNSB）、美国农业部（USDA）和联合国世界粮农组织（FAO）这三个主要数据来源之间的差异。

这里我们关心的是两个时间序列水平之间的差异是否显著，亦即两个时间序列是否属于同一个总体，因此，t 检验是最简单最有效的方法，其标准计算公式为：

$$t = (\overline{X}_k - \overline{X}_B)/SE(\overline{X}_k - \overline{X}_B) \tag{3-1}$$

式中，$\overline{X}_k$ 代表一个时间序列的序时平均数，$\overline{X}_B$ 代表另一个时间序列的序时平均数，$SE(\overline{X}_k - \overline{X}_B)$ 代表抽样误差，假定两个时间序列的项数均为 n，那么抽样误差的计算公式为：

$$SE(\overline{X}_k - \overline{X}_B) = \sqrt{\sigma_k^2/n_k + \sigma_B^2/n_B} \tag{3-2}$$

根据以上公式，首先检验我国奶牛单产、牛奶总产量和奶牛存栏头数在以上三个数据源之间的差异（表 3-1）。根据实际情况，表 3-1 主要以国家统计局的数据为比较基础进行 t 检验，分析美国农业部和联合国粮农组织的奶牛单产、总产量和存栏头数同国家统计局公布的相应数据之间是否存在显著性差异。表3-1最后一行 t 检验统计量表明：第一，美国农业部的奶牛单产显著地大于国家统计局的奶牛单产，而联合国粮农组织和国家统计局的奶牛单产没有显著性差异；第二，在牛奶总产量水平上三个数据来源是一致，没有显著性差异；第三，美国农业部的奶牛存栏头数显著地小于国家统计局的奶牛存栏头数，而联合国粮农组织和国家统计局的奶牛存栏头数没有显著性差异。很显然，美国农业部和国家统计局在奶牛单产之间的显著性差异，是由它们在奶牛存栏头数估计上存在显著性差异引起的。联合国粮农组织的农业统计数据主要来自于各国官方统计部门，所以联合国世界粮农组织和国家统计局的牛奶生产统计数据基本上是一致的。

表3-1　1992—2003年我国每头奶牛产奶量、牛奶总产量和奶牛总头数在三个数据来源之间的差异检验

年份	每头奶牛产奶量（千克）			牛奶总产量（千吨）			奶牛总头数（千头）		
	USDA	FAO	CNSB	USDA	FAO	CNSB	USDA	FAO	CNSB
1992	3 263	1 548	1 710	5 031	5 031	5 031	1 542	3 250	2 942
1993	2 910	1 511	1 445	4 990	4 986	4 986	1 715	3 300	3 451
1994	2 620	1 532	1 376	5 288	5 288	5 288	2 018	3 451	3 843
1995	2 560	1 500	1 382	5 764	5 764	5 764	2 252	3 843	4 172
1996	3 040	1 509	1 408	6 296	6 294	6 294	2 071	4 172	4 470
1997	3 148	1 345	1 358	6 674	6 011	6 011	2 120	4 470	4 425
1998	3 051	1 441	1 554	6 620	6 621	6 629	2 170	4 595	4 265
1999	3 232	1 534	1 574	7 176	7 176	7 176	2 220	4 678	4 560
2000	3 629	1 724	1 693	8 274	8 274	8 274	2 280	4 800	4 887
2001	3 601	2 098	1 811	10 255	10 255	10 255	2 848	4 887	5 662
2002	3 801	2 100	1 892	12 998	10 500	12 998	3 420	5 000	6 870
2003	3 910	2 514	1 955	17 463	17 468	17 463	4 466	6 948	8 932
2004	4 034	2 652	2 261	22 052	18 504	22 606	5 466	6 979	10 000
t检验	10.85**	0.87	—	0.00	−0.26	—	−3.92**	−0.93	—

注：这里以CNSB为基数检验三个数据来源的平均数是否相等；**代表1%的显著性水平。

资料来源：每头奶牛产奶量等于牛奶总产量除以奶牛总头数，后者分别来自：(1) 美国农业部（USDA）；(2) 国际粮农组织（FAO）中文网中国大陆数据1992—2002，2003—2004年数据为中国数据减去台湾数据；(3) 中国统计局（CNSB）来自《中国统计年鉴》、《中国农业统计年鉴》。

值得注意的是，尽管联合国粮农组织和国家统计局的牛奶总产量和奶牛存栏头数在平均水平上没有显著差异，但它们毕竟是不一样的。从表3-1可以看出，最近几年联合国粮农组织提供的牛奶总产量和奶牛存栏头数都明显地小于国家统计局相应的估计，其绝对差异也是很大的。例如，2002年和2004年的牛奶总产量后者比前者要多22%，2002—2004年的奶牛存栏头数后者比前者要平均多36%。因此，这里可以看到，联合国粮农组织和国家统计局的农业统计数据也不完全一样。

正常情况下，如果各统计来源均反映了生产实际情况，它们之间是没有显著差异的。是什么原因使得美国农业部同联合国粮农组织或国家统计局的数据之间存在显著的差异呢？逻辑上的可能解释是：可能因为国家统计局估计的奶牛存栏数太高，在总产量一定的情况下使得它的奶牛单产很低；反过来说，也可能因为美国农业部估计的奶牛存栏数太低，在总产量一定的情况下使得它的奶牛单产很高。因为现在没有办法求证国家统计局的奶牛存栏头数的准确性，所以，先来比较美国农业部和联合国粮农组织在牛奶生产统计数据之间的差异。

表3-2列出了6个国家的奶牛单产数据，分别来自于美国农业部和联合国粮农组织数据库。这里主要检验美国农业部和联合国粮农组织之间在单产上的差异，同时隐含可能在总产量和存栏头数上的差异。从表3-2的最后一行看，t检验统计量很小，说明这6个国家的奶牛单产水平在这两个数据来源之间没有显著性差异。事实上，本书已经检验了大部分国家的奶牛单产在这两个数据来源之间没有显著差异，说明美国农业部和联合国粮农组织的牛奶生产统计数据基本上是一样的。

表3-2　1992—2003年部分国家每头奶牛产奶量（千克）在不同数据来源间的差异检验

年份	澳大利亚		新西兰		美国		阿根廷		俄联邦		加拿大	
	USDA	FAO	USDA	FAO	USDA	FAO	USDA	FAO	USDA	FAO	USDA	FAO
1992	4 188	4 202	3 256	2 956	7 064	7 063	3 333	3 236	2 271	2 328	5 949	5 952
1993	4 278	4 451	3 208	3 206	7 123	7 132	3 364	3 282	2 287	2 329	6 132	6 132
1994	4 711	4 661	3 461	3 277	7 337	7 339	3 391	3 486	2 162	2 163	6 332	6 332
1995	4 722	4 646	3 234	2 945	7 441	7 441	3 617	3 732	2 136	2 162	6 361	6 367
1996	4 916	4 769	3 300	3 109	7 454	7 454	3 870	3 974	2 052	2 145	6 378	6 378

（续）

年份	澳大利亚		新西兰		美国		阿根廷		俄联邦		加拿大	
	USDA	FAO	USDA	FAO	USDA	FAO	USDA	FAO	USDA	FAO	USDA	FAO
1997	4 691	4 712	3 528	3 275	7 653	7 653	3 775	3 905	2 145	2 240	6 559	6 579
1998	4 719	4 724	3 560	3 282	7 795	7 798	3 780	3 937	2 276	2 382	6 822	6 926
1999	4 867	4 870	3 370	3 241	8 057	8 061	4 120	4 260	2 370	2 432	6 919	7 058
2000	5 146	5 151	3 666	3 666	8 254	8 254	4 000	4 131	2 473	2 502	7 152	7 332
2001	4 763	4 996	3 700	3 689	8 238	8 236	3 878	3 987	2 640	2 651	7 430	7 430
2002	4 900	5 473	3 714	3 701	8 441	8 439	3 953	4 090	2 746	2 797	7 347	7 348
2003	5 188	5 186	3 734	3 737	8 504	8 504	3 975	4 099	2 821	2 949	7 303	7 557
2004	5 117	5 112	3 827	3 667	8 604	8 637	4 375	4 050	2 935	3 014	7 401	7 571
t 检验	−0.46	—	1.39	—	−0.02	—	−0.45	—	−0.52	—	−0.31	—

注：这里以 FAO 为基数检验两个数据源的平均数是否相等。

资料来源：每头奶牛产奶量等于牛奶总产量除以奶牛总头数，后者分别来自：美国农业部：http：//www.fas.usda.gov/psd/complete_files/default.asp；国际粮农组织中文网：http：//faostat.fao.org/faostat/collections?version=ext&hasbulk=0&language=CN.

然而，有些国家在美国农业部和联合国粮农组织的牛奶生产统计数据之间存在显著差异，这种差异主要体现在对奶牛存栏头数的估计上。例如，我国、巴西和日本的奶牛单产三个国家，美国农业部和联合国粮农组织的牛奶总产量是一样的，但由于它们对奶牛存栏头数估计上存在显著差异，导致它们对这三个国家的奶牛单产水平估计显著不同。

从表 3－1 和表 3－2 的检验结果似乎可以得出这样的结论：美国农业部和联合国世界粮农组织提供的奶牛单产数据是一致的，有些国家不一致是因为这两个数据源对存栏头数估计不一样。同时，这些比较检验结果也发现，美国农业部对一些国家的奶牛存栏头数估计进行了调整（如中国、巴西和日本）。

3　奶牛单产和存栏数的可信度

这里针对我国的情况进行讨论。奶牛单产是一个派生指标，它是由总产量和存栏头数决定的。如果假定三个数据来源的牛奶总产量都是准确的（实际上它们是一样的），那么，检验奶牛单产的可靠性，实际上要检验奶牛存栏头数的可靠性。然而，比较三个数据来源的奶牛存栏头数是容易的，但要判断它们的准确性是困难的，因为这样做没有一个可以参考的客观标准。相反，比较分析奶牛单产可靠性，有《奶牛饲养学》标准可以参考。

现在检验三个数据来源提供的我国奶牛单产可信度。检验的基本方法是根据已有的统计资料推算农村散户奶牛单产（X_B），检验它的合理性和可以接受的程度。目前可以利用的公开统计出版物和大量被引用的牛奶生产统计数据资源有：第一，《全国农产品成本和收益资料汇编》，这是一个权威性的农产品成本和收益资料汇编，它是由国家发展和改革发展委员会会同其他六个部委联合提供的调查结果，目前已经广泛被国内外研究人员利用（Jin et al.，2002；Tian，and Wan，2000；Rae et al.，2005）。从这里可以得到专业户奶牛场平均单产估计（X_{SH}）和国营集体奶牛场平均单产估计（X_{ST}）。第二，《中国奶业统计年鉴》（2003 年）提供了目前牛奶生产经营结构信息，亦即不同类型经营方式所占生产比例，如牛奶场数量、存栏头数和总产量比例（表 3 - 3）。假定 1～4 头的为农村散户、5～99 头的为专业户奶场、100 头以上的为国营集体奶场，那么，农村散户的生产份额（f_B）、专业户奶场的生产份额（f_{SH}）和国营集体奶场的生产份额（f_{ST}）分别为 44.8%、43.3%和 11.9%（如果用奶牛存栏头数估计）或 37.3%、43.5%和 19.2%（如果用牛奶总产量估计）。第三，美国农业部的奶牛单产估计（$\overline{X}_{US}$）、国际粮农组织的奶牛单产估计（$\overline{X}_{FAO}$）和国家统计局的奶牛单产估计（$\overline{X}_{CNSB}$），这里姑且先假定它们都是准确的。根据上面检验结果，联合国粮农组织和国家统计局的奶牛单产估计是一样的，在下面检验过程中用它们的平均数（$\overline{X}_{CN}$）。受资料限制，这里分别两个数据来源估计农村散户 2002 年奶牛平均单产：X_B^{US} 是根据 $\overline{X}_{US}$ 的估计数，X_B^{CN} 是根据 $\overline{X}_{CN}$ 的估计数。其计算公式分别为：

$$X_B^{US} = (\overline{X}_{US} - X_{SH} \times f_{SH} - X_{ST} \times f_{ST})/f_B \qquad (3-3)$$

$$X_B^{CN} = (\overline{X}_{CN} - X_{SH} \times f_{SH} - X_{ST} \times f_{ST})/f_B \qquad (3-4)$$

表 3-3　不同规模牛奶场的数量、存栏头数和总产量分布状况（2002）

牛奶场规模（奶牛头数）	牛奶场数量（%）	奶牛存栏头数（%）	牛奶总产量（%）
1～4	83.3	44.8	37.3
5～19	14.6	29.3	27.6
20～99	1.9	14.0	15.9
100～199	0.1	3.6	5.1
200～499	＜0.1	2.9	4.5
500～999	＜0.1	2.5	4.6
＞1 000	＜0.1	2.9	5.0
合计	100	100	100

注：这里假定 1～4 头为农村散户、5～99 头为专业户、100 头以上为国营集体大场。结果得到三种类型生产企业的奶牛存栏头数比例依次为：44.8%、43.3%和 11.9%，牛奶总产量比例依次为：37.3%、43.5%和 19.2%。

资料来源：《中国奶业统计年鉴》2003 年。

表 3-4 列出估计结果。可以看出，用美国农业部提供的奶牛存栏头数估计的农村散户奶牛单产为 1 831 千克，这是一个可以接受的单产水平；而用联合国粮农组织和国家统计局提供的奶牛存栏头数估计的农村散户奶牛单产为却为－2 189 千克，这是一个荒唐的估计结果。当然，这个结果可能是由于《中国奶业统计年鉴》（2003 年）估计的专业户和国营集体的存栏头数比例太大和《全国农产品成本和收益资料汇编》（2003 年）提供的专业户和国营集体奶牛单产太高造成的。

表 3-4　根据不同数据来源估计的农村散户奶牛单产（2002 年）

	USDA	FAO	CNSB
不同数据来源奶牛平均单产（千克）	3 801	2 100	1 892
	专业户	国营集体	农村散户
总头数份额估计：	0.433	0.119	0.448
奶牛单产估计：	专业户	国营集体	农村散户
（1）用 USDA 平均单产	5 226	6 032	1 831
（2）用 FAO/CNSB 平均单产	5 226	6 032	－2 198

（续）

	USDA	FAO	CNSB
灵敏度分析			
	专业户减 30%	国营集体减 30%	农村散户
总头数份额估计：	0.303 1	0.083 3	0.614
奶牛单产估计：	专业户减 30%	国营集体减 30%	农村散户
(1) 用 USDA 平均单产	3 658	4 222	3 814
(2) 用 FAO/CNSB 平均单产	3 658	4 222	873

注：农村散户奶牛单产是根据专业户和国营集体的单产和奶牛头数结构估计的。

资料来源：总头数份额估计来自《中国奶业统计年鉴》2003 年；专业户和国营集体奶场单产来自于《全国农产品成本和收益资料汇编》2003 年。

为了消除以上估计可能产生的偏差，这里进行灵敏度分析。第一，将专业户奶场的奶牛单产和生产份额降低 30%，即分别降到 3 658 千克和 30.31%；将国营集体奶场的单产和生产份额也减少 30%，即分别降到 4 222千克和 8.33%；相应的农村散户牛奶的生产份额由 44.8%上升到 61.4%。根据这些条件重新估计农村散户的奶牛单产（见表 3－4 下半部分），结果得到这两个单产估计值分别为 3 814 千克和 873 千克。对于这个结果从两方面进行讨论：①用美国农业部提供的单产数据，估计的农村散户奶牛单产为 3 814 千克，已经明显高于专业户的奶牛单产 3 658 千克，这一结果可能性不大；②用联合国粮农组织和国家统计局提供的单产数据，估计的农村散户奶牛单产为 873 千克，这个估计虽然可以接受但仍然太低，一年按 200 天计算每天仅 4.4 千克产奶量实在难以置信，因为一头水牛还产奶 500 多千克。从这两个不可能发生的事件可以推出：如果现有的牛奶总产量数据是准确的，国家统计局的奶牛存栏头数估计太大，从而据此估计的奶牛单产过低；相反，美国农业部提供的奶牛存栏头数和据此估计的奶牛单产可信度较大。

4 显著差异的可能原因

最基本的原因有两个：第一，1997 年我国进行了第一次农业综合普查，国家统计局根据这次综合普查结果对 1996 年以后几年的畜牧业生产统计数据进行了调整。《中国统计年鉴》只提供牛奶总产量统计，没有提供奶牛存栏头数统计。根据《中国统计年鉴》，国家统计局调整了牛奶总产量数据，是否调整奶牛存栏数却不得而知。可能内部已经做了调整，但对统计资料用户来说是没有调整。因此，为了计算我国奶牛单产指标，统计用户要借助于《中国农业统计年鉴》中的奶牛存栏头数，而这里的奶牛存栏头数是没有经过国家统计局调整的。在 Zhou et al.（2002）和 Fuller et al.（2005）的研究中，1996 年我国奶牛存栏头数仍然是 447 万头，而不是第一次农业普查公布的 330 万头。

第二，第一次农业普查公布的奶牛存栏数仍然远远大于美国农业部估计的 207 万头。这里有一个很重要的疑问，为什么美国农业部对我国奶牛存栏数的估计比我国第一次农业普查公布的结果还要低？事实上，国家统计局并没有完全根据第一次农业普查结果来调整畜牧业生产统计数据，对有些畜牧业生产统计指标有一定的保留（Ma et al.，2004）。因此，从这里可以推断，国家统计局调整过的畜牧业生产统计也可能仍然高估奶牛存栏头数。更为重要的是，如果用国家统计局（确切地说应当是《中国农业统计年鉴》）提供的奶牛存栏头数估计，那么推算出来的农村散户奶牛单产水平会更低、更难以置信，因为国家统计局的奶牛单产估计要比联合国粮农组织的估计还要低（见表 3－1，比较第一和第二列可知）。

5　基本结论和政策建议

以上对不同来源的我国牛奶生产统计数据进行了显著性统计分析。结果发现，如果假定现有的牛奶总产量估计是准确的，那么，国家统计局（确切地说是《中国农业统计年鉴》）提供的奶牛存栏头数可信度低，而美国农业部提供的奶牛存栏头数可信度较大。我国的奶牛单产不可能低于 2 000千克的水平，因为据此推算农村散户的奶牛单产没有可信度。我国的奶牛单产水平有可能接近或略低于美国农业部估计的结果，同时我国农业部基本上也倾向于这一估计（农业部，2003）。考虑到我国精耕细作的传统，奶牛单产低于世界平均产量也是难以置信的。

我国奶牛单产水平低是相对的。根据联合国粮农组织公布的资料，目前世界奶牛平均单产水平为 2 200 千克，印度的奶牛单产为 1 000 千克，巴西的奶牛单产为 1 500 千克。因此，我国的奶牛单产不能算太低，应当说是中等偏上。因此，评价我国牛奶生产现状时，不能简单地用单产水平低来描述。

在计算我国奶牛单产水平时，要注意《中国统计年鉴》公布的牛奶总产量是根据第一次农业普查结果调整过的，而《中国农业统计年鉴》公布的奶牛存栏头数是没有调整过的，这两个时间序列在口径上存在较大差异，不能直接用来计算奶牛单产指标。考虑到美国农业部奶牛单产指标的可信度，而且接近我国牛奶生产实际水平，不妨引用那里的牛奶生产统计数据。表 3－1 提供了这一数据库的网址，用户可以直接进入这一数据库。

参考文献

[1] ERS [Economic Research Service]: Statistical Revision Significantly Alter China's Livestock PS&D [C]. Foreign Agricultural Service, U.S. Department of Agriculture, Circular Series FL&P 2－98 Oct. 1998.

[2] Fuller, F., Hayes, D. and Smith D. 2000. Reconciling Chinese Meat Production and Consumption Data [J]. *Economic Development and Cultural Change*. 49, 23－43.

[3] Fuller, H. Fuller., Jikun Huang, Hengyun Ma and S. Rozelle. The Rapid Rise of China's Dairy Sector: Factors behind the Growth in Demand and Supply [C]. Working Paper 05－WP 394. Centre for Agricultural and Rural Development, Iowa State University. May 2005.

[4] Jin, S., Huang, J., Hu, R. And S. Rozelle. The Creation and Spread of Technology and Total Factor Productivity in China's Agriculture [J]. *American Journal of Agricultural Economics* 84 (2002): 916－930.

[5] Ma, H., J. Huang and S. Rozelle. Reassessing China's Livestock Statistics: Analyzing the Discrepancies and Creating New Data Series [J]. *Economic Development and Cultural Change* 52 (2004): 445－473.

[6] Rae, A.N., H. Y. Ma, J. K. Huang and S. Rozelle. Livestock in China: Commodity-specific Total Factor Productivity Decomposition Using New Panel Data [C]. *Selected Paper prepared for presentation at the American Agricultural Economics Association Annual Meeting, Providence, Rhode Island, July* 24－27, 2005.

[7] Tian, Weiming and Guanghua Wan. Technical Efficiency and Its determinants in China's Grain Production [J]. *Journal of Productivity Analysis* 13 (2000): 159-174.

[8] Yang, J., T. G. MacAulay, and W. Shen. The Dairy Industry in China: An Analysis of Supply, Demand, and Policy Issues [C]. Paper presented at Australian Agricultural and Resource Economics Society 48th Annual Conference, Melbourne, February 11-13, 2004.

[9] Zhou, Zhangyue, Weiming Tian and Junlin Zhou. The Emerging Dairy Economy in China: Production, Consumption and Trade Prospects [J]. *Australian Agribusiness Review* 10 (2002).

[10] 程淑兰，徐德徽．我国奶业发展战略研究［C］．农业部软科学20019课题，2001.

[11] 蒋乃华．全国及分省肉类产品统计数据调整的理论和方法［J］．农业技术经济，2002 (6).

[12] 李胜利．试论我国奶业的可持续发展［R］．中国农业大学动物科技学院，2002.

[13] 李兴稼．现状与未来——我国奶业发展战略研究［R］．2005.

[14] 卢锋．肉蛋水产品产量统计存在四成左右水分［J］．中国国情国力，1998 (10).

[15] 卢锋．我国若干农产品产销量数据不一致及产量统计失真问题［J］．中国农村经济，1998 (10).

[16] 卢锋．我国水产品产销量数据不一致及产量统计失真问题［J］．管理世界，1998 (5).

[17] 卢锋．肉、蛋、水产品生产消费知多少？——我国若干农产品产销量数据不一致及产量统计失真问题［J］．中国经济研究，2000，496-509.

[18] 农业部．牛奶优势区域发展规划［R］，2003，http://www.sino-agro.com.cn/zcfg/100.htm.

[19] 唐华仓．中国牛奶单产水平的统计偏差及其分析［J］．统计与决策，2009 (14).

[20] 虞国柱．我国奶业的市场化进程及面临的抉择［J］．中国农村经济，1999 (1).

[21] 佚名．我国奶牛养殖发展的问题思路与方向［R］．2004，http://www.cowchina.com/ShowArticle.asp?ArticleID=404.

[22] 佚名．中国奶牛养殖业发展与预测［N］．中国畜牧报，2005-04-28.

[23] 赵玉田．我国乳业发展现状和未来［C］．农业部农村经济研究中心，2001.

[24] 钟甫宁．关于肉类生产统计数据中的水分及其原因的分析［J］．中国农村经济，1997 (10).

第4章 奶牛饲养区域移动和集中

1 问题的提出

社会经济发展在地域上不均衡。同一地区在发展过程中，不同时期所选择的产业政策是不同的。在发展的初级阶段，第一和第二产业是首选发展的产业，而第三产业可能是可望而不可即发展的产业。由于社会对各产业发展的需求没有明显的区域性，因此，这就势必造成产业发展在不同区位间的移动可能性。我国畜牧业生产的发展也表现出明显的产业发展区位移动迹象，奶牛饲养的区域移动是一个较明显的例子。我国的农业生产区位变化已经引起许多学者的注意，钟甫宁和胡雪梅（2008）分析了我国棉花生产区域格局及影响因素研究，毕于运等（2001）和李干琼、王志丹和闫立萍（2007）分别研究了我国畜牧业区域格局和生产态势，胡浩等（2005）甚至对我国生猪产地移动进行经济分析，但目前对我国奶牛饲养和牛奶生产区位移动和集中现状研究较少。本章对这一问题进行调查。

在自给自足的自然经济条件下，畜产品的生产布局主要受饲养环境、饲料资源、社会需求等因素的影响（胡浩等，2005）。这也是我国奶牛饲养自古以来主要分布在大城市郊区和牧区地带的基本原因，例如，在20世纪80年代初期，内蒙古、西藏和新疆等牧区以及黑龙江半农半牧区，这四个省区的奶牛饲养总数几乎占到全国60%（57%），而其他27个省区的奶牛饲养总数只占40%多一点。可见，在80年代初期，我国奶牛饲养的集中态势是非常明显的。因此，在大规模的商品化生产来临以前，以农户散养为主要饲养形势情况下，我国的奶牛饲养主要分布在牧区和半农半牧区，奶牛饲养与饲料资源的相关度比较高，奶牛饲养的布局主要受农业自然条件的影响。

然而，近年来奶牛饲养的生产区域布局发生了明显的变化。尽管内蒙古和新疆的奶牛饲养在全国仍然保持较高的份额，但西藏的奶牛饲养占全国的比例已经由 1980 年的 15.5%下降到 2008 年的不足 3 个百分点。另一方面，内地农区有些省份的奶牛饲养有显著增长，已经成为我国奶牛饲养主产区。例如，1980 年河北省奶牛饲养头数只占全国的 3.9%，而在 2008 年河北省奶牛饲养量占全国比例增加到 11.6%；另外，山东和河南两省的奶牛饲养正处在一个迅速上升阶段，其奶牛饲养量占全国的比例由 1980 年的 0.9%和 1.1%，上升到 2008 年的 6.6%和 4.7%。同时，由于城市规模迅速扩张和土地机会成本攀升，大城市奶牛饲养明显萎缩。例如，1980 年北京和上海奶牛饲养量占全国的比例分别为 2.7%和 3.6%，而到 2008 年这一比例分别下降到 1.4%和 0.5%。

奶牛饲养的区域集中和区位移动是自然历史和社会生产力发展综合原因的结果。观察和分析我国奶牛饲养区域集中和区位移动规律，对于充分认识我国奶牛饲养的区域发展历史和现状、协调资源环境、生产发展和社会需求三者之间的关系、指导我国奶牛饲养的发展，有其深远的历史和现实意义。本章主要目的是考察我国牛奶饲养的集中趋势，为分析我国牛奶生产的饲料转化率和全要素生产率增长的影响因素提供直观的统计描述结果。

2　我国奶牛饲养的历史变迁

由于社会历史的原因，我国的奶牛饲养现在还是一个朝阳产业，相对其他畜牧饲养其规模相当小。我国的奶牛饲养基本上可以说是一个从无到有的过程。在 1980 年我国 1 000 个人口还平均不到一头奶牛（实际上只有 0.7 头）；印度、英国和美国 1980 年 100 个人口平均分别拥有 4 头、5 头和 6 头奶牛；澳大利亚、法国和荷兰 1980 年 100 个人口平均拥有 13 头和 17 头奶牛；新西兰的人均奶牛头数更多，100 个人口平均拥有 74 头奶牛。即便是到 2008 年，我国的人均奶牛拥有量增长了 10 倍，亦即几乎到了 100 个人拥有 1 头奶牛，但也只有澳大利亚、法国和荷兰的 1/10，新西兰的 1/100。[①]

① 根据联合国粮农组织统计数据和《中国农业年鉴》计算得。

表 4－1 给出了 1980—2008 年我国奶牛饲养头数①、单产和总产量的历史统计资料。从表 4－1 可以看出，奶牛饲养头数 1980—1990 年，十年间几乎翻了两番，年均增长速度为 13.9%；1990—2000 年奶牛饲养头数又翻了一番，年均增长速度为 6.8%；2000—2008 年，短短 8 年间，奶牛饲养头数又翻了一番多，年均增长速度高达 12.1%。单产的变化在 2000 年以前徘徊不前，2000 年以后增长幅度较大，年均增长率为 7.1%。很明显，我国牛奶生产的增长，在 2000 年以前主要是因为奶牛饲养头数的增加；2000 年以后，单从增长速度来讲，我国牛奶生产增长大约有 75%是由于饲养头数的增加，25%是由于生产力的增长。图 4－1 更能清楚地说明我国奶牛饲养规模、生产力和牛奶生产量的变化趋势。

表 4－1　我国奶牛饲养的历史变化

年份	年内平均饲养头数（千头）	每头年产奶量（千克）	牛奶总产量（千吨）
1980	711.2	1 604	1 141.0
1981	799.3	1 615	1 290.6
1982	884.9	1 829	1 618.4
1983	1 025.7	1 799	1 845.2
1984	1 226.5	1 783	2 186.4
1985	1 481.5	1 687	2 499.0
1986	1 736.5	1 669	2 899.0
1987	2 079.2	1 588	3 301.0
1988	2 368.6	1 545	3 660.0
1989	2 475.3	1 540	3 813.0
1990	2 608.5	1 594	4 157.0
1991	2 818.5	1 648	4 646.0
1992	2 944.0	1 709	5 031.0
1993	3 196.5	1 560	4 986.0
1994	3 647.0	1 450	5 287.9
1995	4 157.5	1 386	5 763.8
1996	4 597.6	1 369	6 294.2
1997	4 724.1	1 272	6 010.8
1998	4 626.8	1 433	6 629.3
1999	4 864.3	1 475	7 175.9

① 为了避免年际间的波动，这里用年内平均饲养量代替，即年初和年末存栏数的平均值。

（续）

年份	年内平均饲养头数（千头）	每头年产奶量（千克）	牛奶总产量（千吨）
2000	5 043.5	1 641	8 274.0
2001	5 274.5	1 944	10 254.6
2002	6 266.0	2 074	12 998.0
2003	7 901.0	2 210	17 462.8
2004	10 006.0	2 259	22 606.1
2005	11 620.5	2 369	27 533.7
2006	12 896.5	2 476	31 934.1
2007	12 910.6	2 892	35 252.4
2008	12 262.0	2 883	35 558.2
年增长率（%）			
1980—1990	13.9	−0.1	13.8
1990—2000	6.8	0.3	7.1
2000—2008	12.1	7.3	19.9

注：为了消除数据波动影响，年内平均饲养量用年初和年末平均数代替。

资料来源：《中国农业年鉴》，1980—2009；《中国奶业年鉴》，2002—2009。

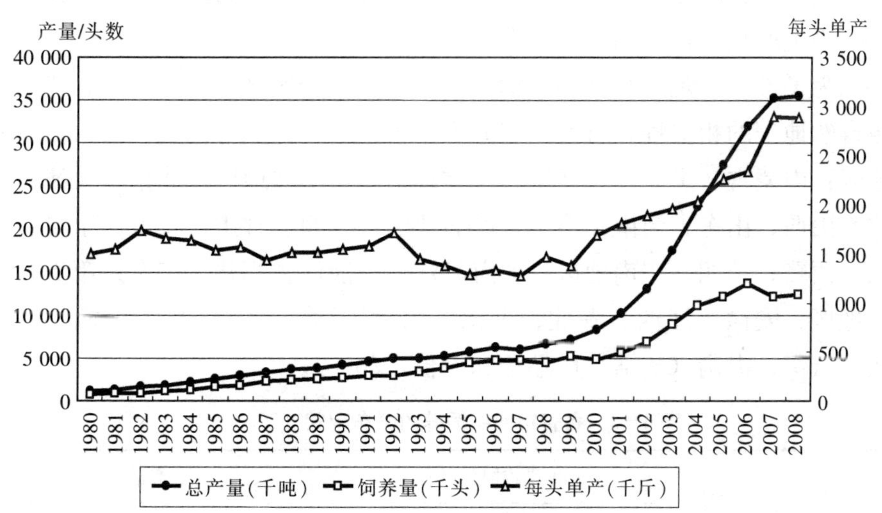

图 4－1　我国奶牛饲养量、牛奶生产量和单产历史变化（1980—2008）

注：奶牛饲养规模是年初和年末平均数。

资料来源：《中国农业年鉴》，1980—2009。

3 我国奶牛饲养和牛奶生产区域分布现状

为观察现阶段我国奶牛饲养和牛奶生产的区域分布状况，这里首先给出各省的牛奶饲养规模和牛奶生产量以及他们的份额。为了更清楚地显示奶牛饲养和牛奶生产在各省之间的分布现状，这里用奶牛饲养规模按从大到小排列，见表4－2。可以看出，内蒙古、新疆、河北和黑龙江的奶牛饲养量就占据了我国奶牛饲养的大半个江山，占全国总饲养量的60%，而其他27个省（市、区）只占30%。也就是说，现在我国的奶牛饲养主要分布在华北、东北和新疆。其次，就是山东、河南和陕西，大约占15%。这样一来，这7个省（市、区）的奶牛饲养量就占了全国总头数的75%，而其他24省（市、区）的奶牛饲养头数只占全国总头数的25%。可以看出，我国奶牛饲养的区域集中是非常明显的。另一方面，从牛奶生产总量来看，区域分布和集中特征基本相同。只是由于单产的地区差异较大，新疆、河北、黑龙江和山东的次序有所变化。总产量的次序为内蒙古、黑龙江、河北、河南和山东。最后，可以看出，内蒙古的奶牛饲养量和牛奶生产总量在全国一直占据绝对地位。

为了进一步观察我国奶牛饲养和牛奶生产的区域分布和集中，我们按照自然地理的相似性，将全国划分为6个区域，他们分别是：第一，东北地区：内蒙古、黑龙江、辽宁、吉林；第二，华北地区：北京、天津、河北、山西、山东、河南；第三，西北地区：陕西、甘肃、青海、宁夏、新疆、西藏；第四，东南地区：上海、江苏、浙江、福建、广东；第五，华中地区：安徽、江西、湖北、湖南；第六，西南地区：广西、四川、贵州、云南、海南（胡浩、应瑞瑶和刘佳，2005）。

表4－2 各省市奶牛饲养的分布现状（2008年）

省份	编号	年内平均饲养规模		总产量	
		头数（千头）	份额%	产奶量（千吨）	份额%
内蒙古	5	2 484	20.3	9 122	25.7
新疆	31	2 077	16.9	1 374	3.9
河北	3	1 445	11.8	5 045	14.2

（续）

省份	编号	年内平均饲养规模		总产量	
		头数（千头）	份额%	产奶量（千吨）	份额%
黑龙江	8	1 381	11.3	5 084	14.3
山东	15	803	6.5	2 305	6.5
河南	16	567	4.6	2 791	7.8
陕西	27	400	3.3	1 490	4.2
西藏	26	354	2.9	230	0.6
山西	4	316	2.6	682	1.9
辽宁	6	288	2.4	1 012	2.8
宁夏	30	266	2.2	892	2.5
青海	29	219	1.8	253	0.7
云南	25	195	1.6	447	1.3
四川	23	182	1.5	661	1.9
北京	1	166	1.4	664	1.9
天津	2	152	1.2	698	2.0
吉林	7	150	1.2	397	1.1
江苏	10	131	1.1	611	1.7
甘肃	28	124	1.0	347	1.0
贵州	24	100	0.8	43	0.1
上海	9	67	0.5	233	0.7
安徽	12	61	0.5	181	0.5
浙江	11	59	0.5	225	0.6
广东	19	55	0.4	130	0.4
湖北	17	52	0.4	155	0.4
广西	20	49	0.4	75	0.2
福建	13	40	0.3	145	0.4
江西	14	38	0.3	112	0.3
湖南	18	25	0.2	77	0.2
重庆	22	17	0.1	78	0.2
海南	21	2	0.0	2	0.0

注：为了消除数据波动影响，年内平均饲养量用年初和年末平均数代替。

资料来源：《中国农业年鉴》，2008—2009；《中国奶业年鉴》，2008—2009。

表 4-3 我国奶牛饲养的区域分布现状（2008 年）

区域划分	年内平均饲养规模		总产量	
	头数（千头）	份额（%）	产奶量（千吨）	份额（%）
东北地区	4 303.5	35.1	15 615.3	43.9
华北地区	3 448.9	28.1	12 184.4	34.3
西北地区	3 439.7	28.1	4 585.5	12.9
东南地区	350.3	2.9	1 342.9	3.8
华中地区	175.5	1.4	524.7	1.5
西南地区	544.2	4.4	1 305.4	3.7

注：为了消除数据波动影响，年内平均饲养量用年初和年末平均数代替。

东北地区：内蒙古、黑龙江、辽宁、吉林；华北地区：北京、天津、河北、山西、山东、河南；西北地区：陕西、甘肃、青海、宁夏、新疆、西藏；东南地区：上海、江苏、浙江、福建、广东；华中地区：安徽、江西、湖北、湖南；西南地区：广西、四川、贵州、云南、海南。

资料来源：《中国农业年鉴》，2008—2009；《中国奶业年鉴》，2008—2009。

从表 4-3 可以更清楚地看出，我国的奶牛饲养和牛奶生产主要集中在东北、华北和西北。由于西北地区包括新疆，新疆的奶牛饲养规模又占 17%的比例，所以，实际上我国的奶牛饲养和牛奶生产主要集中在东北、华北和新疆一带。具体来讲，2008 年，东北地区平均饲养量约为 430 万头，占总头数的 35%，牛奶产量比例高达 44%以上。华北地区平均饲养存栏头数约为 345 万头，占总饲养量的 28%，总产量占的份额基本上相当，可以推算出华北地区的奶牛单产略处在全国平均水平以下。西北地区尽管平均饲养量约为 344 万头，占总饲养量的 28%，但是由于单产较低，总产量只有 13%。

以上分析了我国奶牛饲养和牛奶生产的区域布局和集中趋势现状，这种区域布局和集中趋势现状实际上是经过一个长时期的演变形成的。下面我们从历史的角度，分析我国奶牛饲养和奶牛生产区域布局和集中趋势形成过程的历史轨迹，为进一步分析这种区域布局和集中趋势形成机理提供线索。

4 我国奶牛饲养的区域移动

4.1 各省奶牛饲养的历史演变

首先，我们分析各省奶牛饲养规模的历史演变过程。我们计算出

1980—2008 年 31 个省（市、区）的奶牛饲养头数占全国的比例。为了尽量保持计算的代表性和稳定性，我们用年内平均饲养规模，亦即年初和年末的平均规模，来估计各省（市、区）的奶牛饲养头数比例。同时为了观察各省（市、区）的奶牛饲养头数比例的变化趋势，我们先按照 1980 年的饲养比例由高到低排序，结果见表 4-4。可以看出，在过去的 28 年间大致有四种奶牛饲养变化的趋势轨迹：第一种是饲养头数的份额逐年下降；第二种是饲养头数的份额逐年上升；第三种是饲养头数的份额先下降，后上升；第四种是饲养头数的份额先上升，后下降。

表 4-4　各省（市、区）奶牛饲养量的历史演变（%）（1980—2008 年）

省份	编号	1980	1985	1990	1995	2000	2001	2002	2003	2004	2005	2008
内蒙古	5	18.8	15.3	15.3	15.6	14.3	13.9	12.2	14.1	18.2	21.0	20.3
西藏	26	15.5	11.6	8.9	7.2	2.7	0.2	1.8	1.6	0.4	0.4	2.9
新疆	31	12.7	13.6	17.4	16.9	23.6	23.4	20.4	19.0	18.7	17.9	16.9
黑龙江	8	10.0	15.6	19.8	19.1	13.8	14.0	12.2	12.2	12.9	10.8	11.3
河北	3	3.9	3.4	3.3	13.0	12.1	13.1	11.4	12.4	14.6	15.4	11.8
上海	9	3.6	3.1	2.6	1.5	1.1	1.1	1.0	0.8	0.6	0.5	0.5
辽宁	6	3.2	2.6	2.2	1.5	1.6	1.8	1.5	1.5	1.8	1.9	2.4
四川	23	3.1	2.0	1.7	0.9	0.9	0.9	0.8	1.3	1.6	1.5	1.5
吉林	7	3.0	2.1	2.0	1.3	1.2	1.5	1.3	1.3	1.2	1.2	1.2
北京	1	2.7	2.7	2.4	1.4	1.9	2.1	1.8	1.8	1.8	1.5	1.4
广东	19	2.4	0.9	1.0	0.6	0.7	0.8	0.7	0.5	0.4	0.4	0.4
甘肃	28	2.4	3.7	4.2	4.6	2.4	1.6	1.4	1.7	1.7	1.5	1.0
浙江	11	2.2	2.8	1.5	0.7	0.8	0.9	0.8	0.8	0.8	0.7	0.5
江苏	10	1.8	2.0	1.3	0.8	1.3	1.7	1.5	1.4	1.5	1.4	1.1
山西	4	1.7	3.0	3.0	2.5	2.5	2.5	2.2	2.2	2.4	2.4	2.6
云南	25	1.7	2.0	2.0	1.8	2.1	2.0	1.7	1.7	1.8	1.7	1.6
湖北	17	1.5	0.9	0.9	0.5	1.3	1.1	1.0	0.8	0.5	0.4	0.4
陕西	27	1.3	2.0	1.6	1.9	3.1	3.3	2.9	3.2	3.6	3.7	3.3
天津	2	1.1	1.0	0.9	0.6	0.9	1.1	1.0	1.2	1.5	1.5	1.2
河南	16	1.1	1.6	1.0	0.5	1.1	1.8	1.6	1.5	2.1	2.4	4.6
福建	13	0.9	1.6	0.8	0.5	0.7	0.8	0.7	0.7	0.7	0.6	0.3
江西	14	0.9	0.6	0.5	0.5	0.6	0.5	0.5	0.4	0.4	0.3	0.3

（续）

省份	编号	1980	1985	1990	1995	2000	2001	2002	2003	2004	2005	2008
山东	15	0.9	1.0	1.0	1.8	4.2	4.8	4.2	4.9	6.2	6.0	6.5
青海	29	0.8	1.6	2.4	1.9	2.3	2.2	1.9	1.8	1.6	1.5	1.8
安徽	12	0.6	0.6	0.5	0.4	0.4	0.5	0.4	0.4	0.4	0.4	0.5
湖南	18	0.6	1.0	0.2	0.2	0.1	0.2	0.2	0.2	0.3	0.3	0.2
广西	20	0.6	0.3	0.2	0.1	0.2	0.2	0.2	0.2	0.3	0.3	0.4
贵州	24	0.6	0.7	0.7	0.4	0.2	0.2	0.1	0.2	0.4	0.6	0.8
重庆	22	0.3	0.2	0.2	0.1	0.3	0.4	0.4	0.3	0.2	0.2	0.1
宁夏	30	0.3	0.5	0.6	1.2	1.6	1.5	1.3	1.4	1.6	1.8	2.2
海南	21	0.0	0.0	0.0	0.0	0.0	0.0	0.0	0.0	0.0	0.0	0.0

资料来源：《中国农业年鉴》，1980—2009。

属于第一种饲养头数份额急速下降的情况主要是西藏，其饲养头数占全国的比例由1980年的15.5%下降到2008年的2.9%，可以说西藏基本上完全丧失了其奶牛饲养在全国的地位。上海、辽宁、四川、吉林、北京、广东和甘肃实际上是属于奶牛饲养量不大，同时占全国的比例在逐渐下降的省份。同西藏的情形恰恰相反，属于第二种饲养头数的份额迅速上升的省份是河北，其饲养量占全国的比例由1980年的3.9%上升到2008年的11.8%，可以说在过去的28年里，河北基本上完全建立了其奶牛饲养在全国的重要地位，与内蒙古、新疆和黑龙江形成了四足鼎立的格局。陕西、山东和河南属于规模不大，但占全国的比例在逐渐上升的省份。属于第三种饲养量先降后升的省份是内蒙古，其饲养量占全国的比例先由1980年的19%，下降到本世纪初期13%左右，然后再上升到2008年的20%。同内蒙古的情形恰恰相反，属于第四种饲养量先升后降的省份是新疆和黑龙江，其饲养量占全国的比例分别由1980年的13%和10%，上升到本世纪初期24%和14%左右，然后大约分别再下降到2008年的17%和11%。

图4-2中A说明河北和西藏奶牛饲养量彼此消涨变化的过程，B显示内蒙古、黑龙江和新疆饲养量的“U”形和倒“U”形彼此增减变动关系，C说明山东、河南和陕西的饲养量在稳步增加，而上海、四川、吉林

和甘肃的饲养量显示一个稳步下降趋势。

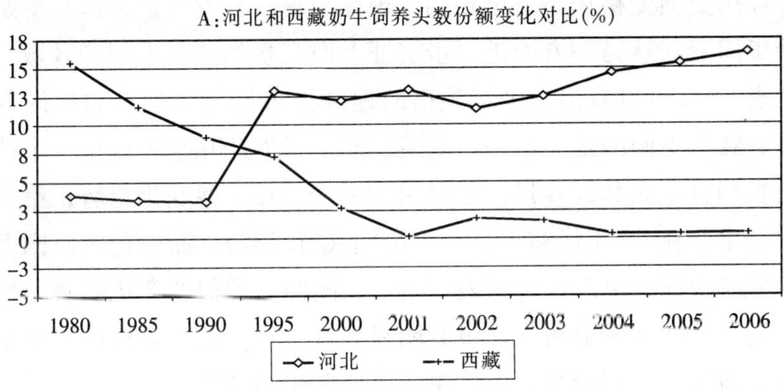

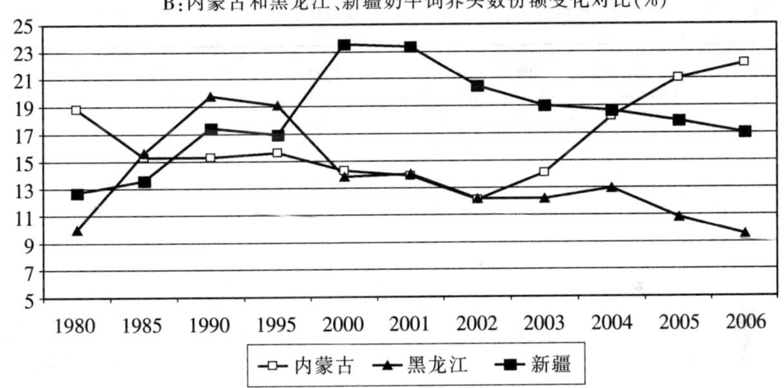

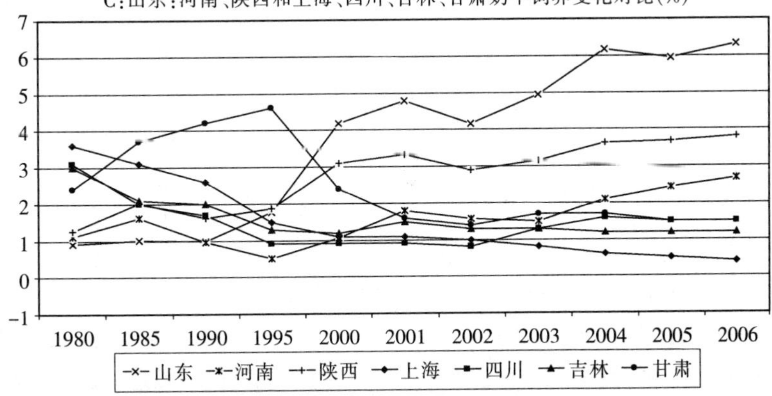

图 4-2　主要省区奶牛饲养量演变过程比较（%）

资料来源：《中国农业年鉴》，1980—2007。

由于饲养方式和奶牛品种的地区差异，奶牛饲养量和牛奶生产量的区域分布和历史演变格局不完全相同。现在来观察各省（市、区）牛奶生产量的历史演变，从另一方面进一步实证上面观察到的奶牛饲养区域分布格局。从表 4－5 可以看出，牛奶生产的地区分布与奶牛饲养的地区分布格局基本一致。不同的是：第一，内蒙古的牛奶生产几乎表现出一个持续稳定的增长趋势，而其饲养量份额却呈现一个“U”型变化趋势；第二，四川的牛奶生产在 80 年代初占有较大份额（11.6%），而后稳定急剧下降到 2008 年的 1.9%；第三，青海表现出一个同四川类似的变化趋势，这一点在观察饲养量的区域分布时，没有明显表现出来，其主要原因可能由于起初这两个地区的单产较高，而后单产迅速恶化的结果。

表 4－5　各省市牛奶生产量的历史演变（%）（1980—2008 年）

省份	编号	1980	1985	1990	1995	2000	2001	2002	2003	2004	2005	2008
四川	23	11.6	8.8	6.4	4.8	3.4	3.2	3.0	2.6	2.3	2.1	1.9
黑龙江	8	10.8	17.2	24.5	28.6	18.6	18.4	18.1	17.2	16.6	16.0	14.3
青海	29	10.1	6.2	4.8	3.5	2.5	2.1	1.7	1.3	1.0	0.9	0.7
上海	9	6.4	5.7	5.5	3.8	3.1	2.5	2.2	1.5	1.1	0.9	0.7
西藏	26	6.1	3.5	3.0	2.4	2.0	1.8	1.5	1.1	0.9	0.8	0.6
北京	1	6.0	5.4	5.2	3.6	3.7	4.2	4.2	3.6	3.1	2.3	1.9
内蒙古	5	5.9	9.8	8.9	8.4	9.6	10.4	12.7	17.6	22.0	25.1	25.7
新疆	31	5.1	6.6	7.4	7.8	8.8	7.9	7.3	6.5	5.9	5.5	3.9
辽宁	6	4.9	3.6	3.5	3.0	2.3	2.4	2.2	2.4	2.6	2.7	2.8
浙江	11	3.1	4.2	2.7	1.6	1.4	1.7	1.7	1.4	1.1	1.0	0.6
江苏	10	2.4	3.0	2.1	1.7	3.1	3.5	3.5	2.9	2.4	2.1	1.7
河北	3	2.3	2.9	2.7	5.6	10.2	10.5	10.5	11.3	11.8	12.4	14.2
吉林	7	2.2	2.4	2.8	1.8	1.7	1.6	1.4	1.3	1.1	1.1	1.1
甘肃	28	2.2	1.7	1.9	1.7	1.6	1.5	1.3	1.3	1.1	1.1	1.0
湖北	17	2.1	1.5	1.3	0.7	0.7	0.9	0.8	0.6	0.5	0.4	0.4
天津	2	2.0	1.7	1.8	1.9	2.0	2.3	2.6	2.5	2.4	2.3	2.0
山西	4	2.0	3.3	3.8	4.5	4.0	3.7	3.4	3.0	2.7	2.6	1.9
广东	19	2.0	1.7	1.3	1.0	1.1	1.0	0.8	0.6	0.5	0.4	0.4
陕西	27	1.5	2.2	2.3	3.0	4.7	4.2	4.2	4.2	4.3	4.1	4.2
福建	13	1.3	1.7	1.2	1.1	1.2	1.1	1.1	1.1	0.9	0.7	0.4

（续）

省份	编号	1980	1985	1990	1995	2000	2001	2002	2003	2004	2005	2008
重庆	22	1.3	1.0	0.7	0.5	0.7	0.7	0.6	0.5	0.4	0.3	0.2
云南	25	1.3	1.7	1.8	1.7	1.6	1.5	1.3	1.2	1.2	1.1	1.3
山东	15	1.2	1.4	1.7	3.1	5.5	6.0	6.9	7.1	7.1	6.8	6.5
江西	14	0.8	0.7	0.5	0.6	0.7	0.6	0.6	0.6	0.5	0.5	0.3
河南	16	0.7	0.9	0.6	1.0	1.9	2.6	2.8	2.8	3.3	3.8	7.8
安徽	12	0.6	0.7	0.6	0.4	0.5	0.5	0.6	0.5	0.5	0.4	0.5
湖南	18	0.6	0.4	0.3	0.1	0.1	0.2	0.2	0.3	0.3	0.3	0.2
贵州	24	0.5	0.2	0.2	0.2	0.2	0.2	0.2	0.2	0.2	0.1	0.1
广西	20	0.4	0.2	0.2	0.2	0.2	0.2	0.2	0.2	0.2	0.2	0.2
宁夏	30	0.4	0.5	1.0	2.4	2.9	2.7	2.4	2.2	2.0	2.1	2.5
海南	21	0.0	0.0	0.8	0.0	0.0	0.0	0.0	0.0	0.0	0.0	0.0

资料来源：《中国农业年鉴》，1980—2009。

同样，图 4－3 中的 A 说明，河北、内蒙古和山东的牛奶生产量在迅速增长，而四川、西藏和青海的牛奶生产量在稳定下降；B 显示黑龙江和新疆的牛奶生产量分别呈现一个倒 U 型和扁平型的变化；C 说明有几个省份的牛奶生产量小规模的稳定增长，而另外一些省份显示出在小规模基础上的逐年下降的趋势。所有这些，清楚说明牛奶饲养怎样在省际和年份间彼此消涨演变过程，最终形成现在的地区分布格局。

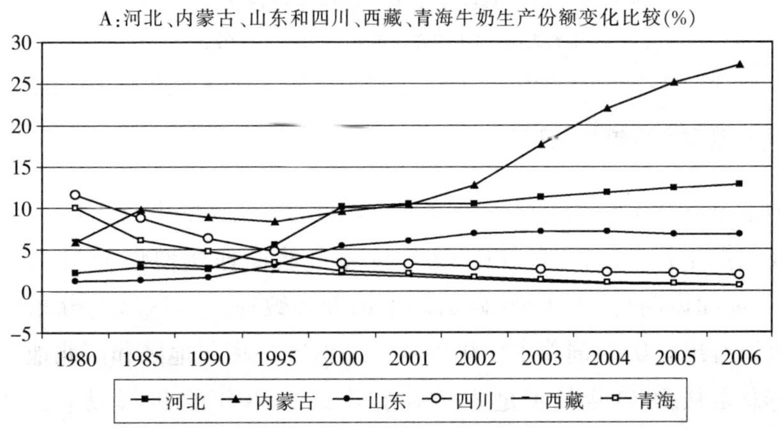

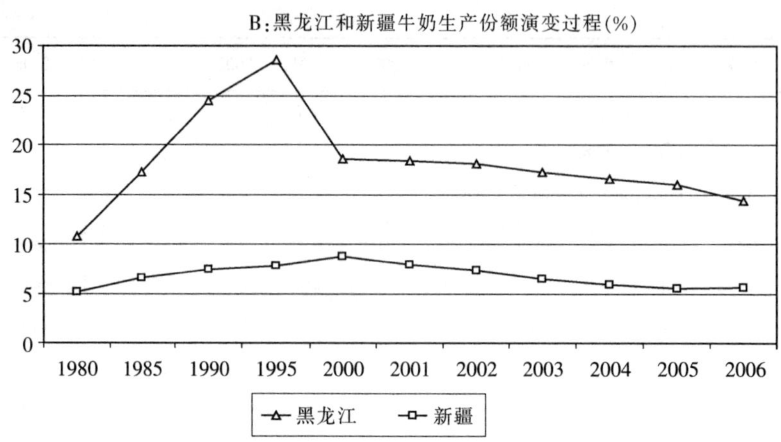

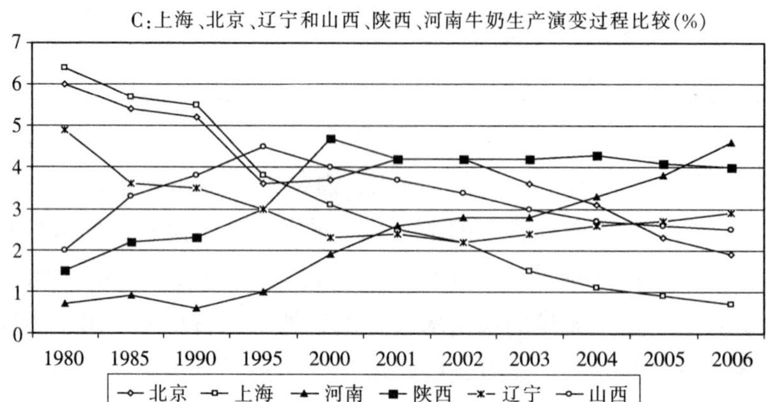

图 4－3　主要省区牛奶生产量演变过程比较（%）

资料来源：《中国农业年鉴》，1980—2007。

4.2　各区奶牛饲养的历史演变

为了更加清楚观察奶牛饲养和牛奶生产的区域集中和区位移动的规律，我们把全国 31 个省（市、区）按照自然地理相似性分为六大区域（具体见前面说明）。表 4－6 显示奶牛饲养头数在六大区域的分布变化情况。可以看出，奶牛饲养主要集中在东北地区、华北地区和西北地区，奶牛饲养总量从 1980 年的不足 80%，上升到 2008 年的 90%以上。具体来说，东北地区的饲养量比例从 1980 年的 35%，经过一个小幅度的下降

(2000年的30%)，到2008年饲养量仍然保持在35%的水平。华北地区表现出一个强劲的稳定增长，从1980年的10%，增加到2008年的28%，大约净增加20%。相反，西北地区最近几年表现出下降势头，从1980—2002年的33%左右，下降到2008年的28%，大约减少了6%。东南地区、华中地区和西南地区的总饲养量占全国的比例由1980年的20%左右，下降到2008年的10%以下。主要是因为东南地区饲养量萎缩较快，从1980年的10%，下降到2008年的不到3%。图4-4更加明显地显示我国六大区域奶牛饲养量的分布和演变过程，可以看出，目前东北地区、华北地区和西北地区的奶牛饲养量形成了"三足鼎立"的区域分布格局。

表4-6　六大区域年内平均奶牛饲养量的历史演变（%）（1980—2008年）

地区	1980	1985	1990	1995	2000	2001	2002	2003	2004	2005	2008
东北地区	35.1	35.6	39.1	37.5	30.9	31.2	30.6	31.8	34.1	34.9	35.1
华北地区	11.3	12.7	11.6	19.7	22.7	25.4	24.9	26.4	28.5	29.1	28.1
西北地区	33.0	33.0	35.1	33.7	35.7	32.2	33.5	31.3	27.6	26.8	28.1
东南地区	10.8	10.4	7.3	4.1	4.7	5.2	5.1	4.5	4.0	3.5	2.9
华中地区	3.6	3.1	2.2	1.7	2.4	2.3	2.3	2.0	1.6	1.4	1.4
西南地区	6.2	5.2	4.8	3.3	3.7	3.7	3.7	4.0	4.3	4.3	4.4

注：各地区包含省份同表4-3。

资料来源：《中国农业年鉴》，1980—2007。

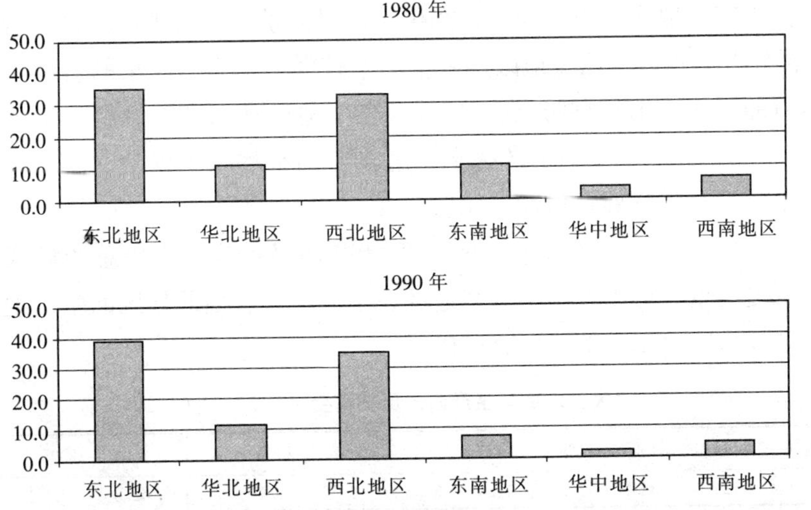

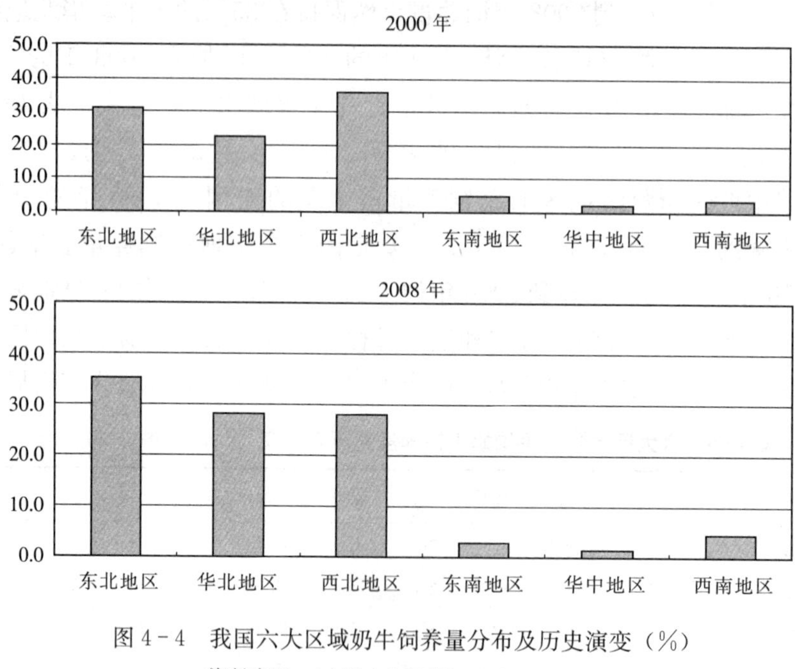

图 4-4　我国六大区域奶牛饲养量分布及历史演变（%）

资料来源：《中国农业年鉴》，1980—2009。

由于奶牛品种和饲养方式的显著差异，牛奶生产量和奶牛饲养量的分布有明显差异。表 4-7 列出了六大区牛奶生产量的历史变化格局。可以看出，我国牛奶生产主要集中在东北地区、华北地区和西北地区。不同的是，由于东北地区的单产较高，奶牛生产量的份额比奶牛饲养量的份额多 9 个百分点。相反，西北地区奶牛生产率较低，奶牛生产量的份额比奶牛饲养量的份额少 15 个百分点。另外，东南地区和西南地区奶牛生产率恶化更快，原本 80 年代初生产率水平远在全国平均水平以上（因为奶牛生产量份额远高于饲养量份额，比较表 4-6 和表 4-7），2008 年已经跌落到全国平均水平以下。同样，图 4-5 清楚地显示我国牛奶总产量区域分布及历史演变，可以看出，东北地区、华北地区和西北地区的牛奶生产形成了 3.5∶2.5∶1.0 的区域分布格局。

表 4-7　六大区域牛奶生产量的历史演变（%）（1980—2008 年）

地区	1980	1985	1990	1995	2000	2001	2002	2003	2004	2005	2008
东北地区	24.3	32.7	39.1	41.5	32.3	32.7	34.4	38.6	42.3	44.9	43.9

（续）

地区	1980	1985	1990	1995	2000	2001	2002	2003	2004	2005	2008
华北地区	14.5	15.5	15.7	19.6	27.4	29.4	30.5	30.4	30.4	30.2	34.3
西北地区	26.0	20.5	20.2	20.7	22.4	20.2	18.3	16.6	15.2	14.5	12.9
东南地区	15.5	16.1	12.6	9.1	9.8	9.8	9.2	7.5	6.0	5.0	3.8
华中地区	4.3	3.3	2.6	1.8	2.0	2.2	2.2	2.1	1.8	1.5	1.5
西南地区	15.5	11.8	9.9	7.4	6.1	5.8	5.4	4.8	4.3	3.9	3.7

注：各地区划分同表 4-3。

资料来源：《中国农业年鉴》，1981—2007。

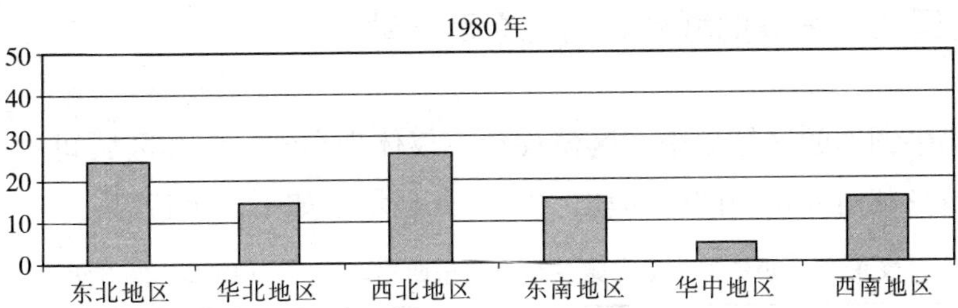

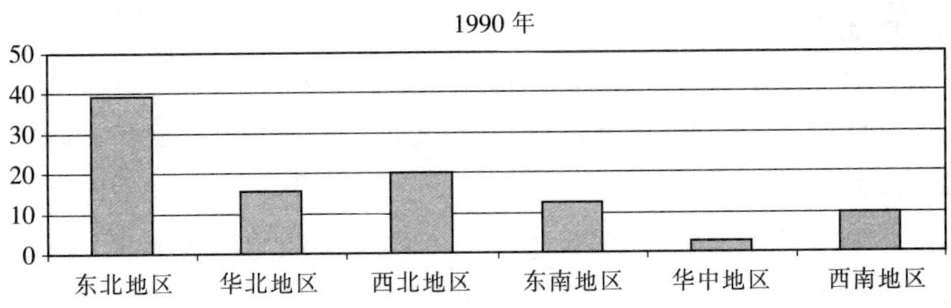

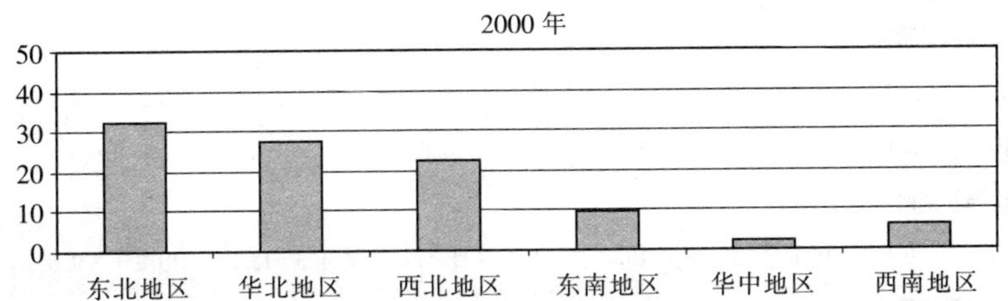

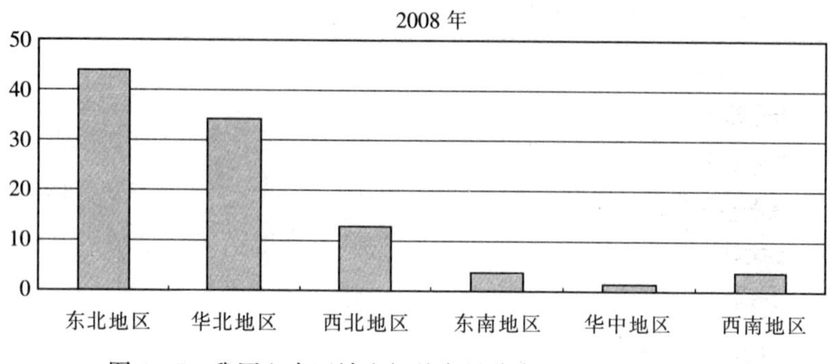

图 4－5　我国六大区域牛奶总产量分布及历史演变（%）

资料来源：《中国农业年鉴》，1981—2009。

5　我国奶牛饲养的城乡和南北东西移动

奶牛饲养的区域集中和区位移动不仅体现在省际间和区域间，而且表现在城乡和南北东西间的移动。表 4－8 显示了如下三个特点：

表 4－8　奶牛饲养量在城乡和南北东西移动（%）（1980—2008 年）

年份	1980	1985	1990	1995	2000	2001	2002	2003	2004	2005	2008
大城市饲养量萎缩：											
北京	2.7	2.7	2.4	1.4	1.9	2.1	1.8	1.8	1.8	1.5	1.4
上海	3.6	3.1	2.6	1.5	1.1	1.1	1.0	0.8	0.6	0.5	0.5
华北省份饲养量扩张：											
河北	3.9	3.4	3.3	13.0	12.1	13.1	11.4	12.4	14.6	15.4	11.8
北方省份饲养量回升：											
内蒙古	18.8	15.3	15.3	15.6	14.3	13.9	12.2	14.1	18.2	21.0	20.31
南方省份饲养量紧缩：											
浙江	2.2	2.8	1.5	0.7	0.8	0.9	0.8	0.8	0.8	0.7	0.5
广东	2.4	0.9	1.0	0.6	0.7	0.8	0.7	0.5	0.4	0.4	0.4
东北省份饲养量回归：											
黑龙江	10.8	16.6	20.5	19.8	14.0	13.7	13.4	12.9	10.9	9.5	11.3
东部省份饲养量猛增：											
山东	0.9	1.0	1.0	1.8	4.2	4.8	4.2	4.9	6.2	6.0	6.5

（续）

年份	1980	1985	1990	1995	2000	2001	2002	2003	2004	2005	2008
西南省份饲养量逐减：											
四川	3.1	2.0	1.7	0.9	0.9	0.9	0.8	1.3	1.6	1.5	1.5
甘肃	2.4	3.7	4.2	4.6	2.4	1.6	1.4	1.7	1.7	1.5	1.0

资料来源：《中国农业年鉴》，1981—2009。

首先，由于土地机会成本越来越高和城市环境保护的要求越来越严，大中城市的牛奶生产企业都向城郊和农村地区转移，造成了城市奶牛饲养量的下降和农村饲养量的相应增加。在过去的 28 年里，北京市奶牛饲养量由 1980 年的 2.7%，下降到 2008 年的仅有 1.4%。同样，上海市奶牛饲养量份额下降更为迅速，由 1980 年的 3.6%下降到 2008 年的 0.5%。

其次，可以观察到奶牛饲养是从南方到北方的转移，造成北方饲养量迅速扩张，南方饲养量快速萎缩。例如，河北和内蒙古等北方省份奶牛饲养量比例分别由 1980 年的 3.9%和 18.8%，增加到 2008 年的 11.8%和 20.3%。而相反，浙江和广东等南方省份的奶牛饲养量份额分别由 1980 年的 2.2%和 2.4%，下降到 0.5%和 0.4%。

最后，奶牛饲养从西南到东北方向移动。例如，东北黑龙江的奶牛饲养量从 1980 年的 10.8%，经过 90 年代的高峰期（20%），又重新回归到 80 年代较高的水平（11.3%）；东部山东的奶牛饲养量从 1980 年不足 1%，稳定上升到 2008 年 6.5%，可谓从无到有。相反，四川和甘肃等西南省份的饲养量分别由 1980 年的 3.1%和 2.4%，下降到 2008 年的 1.5%和 1.0%。

6　主要研究结论

（1）奶牛饲养区域集中和区位移动趋势显示，我国奶牛饲养逐步集中于东北地区、华北地区和西北地区。如果考虑到西北地区主要由新疆构成，那么简单地说，现阶段我国奶牛饲养主要集中在东北、华北和新疆，最终形成 3.5∶2.5∶1.0 的区域分布格局。

（2）奶牛饲养的动态移动是非常明显的。有些省份奶牛饲养量先增后减，有些省份先减后增；有些省份饲养量迅速减少，有些省份饲养量迅速增加；有些省份饲养量逐年下降，有些省份饲养量逐年上升，形成了一个彼此消涨的动态移动态势。在自然、社会和经济等因素共同作用下，奶牛饲养的区域集中和区位移动的结果，使我国的奶牛饲养区域布局逐渐得以集中。

（3）奶牛饲养区域移动和集中，同全国奶牛饲养区划基本一致。同其他农业生产区域移动和集中一样，奶牛饲养的区域移动，受奶牛饲养自然条件影响，同时可能受饲料资源的制约。我国华北和东北地区有丰富农作物生产资源，为畜牧业发展提供了丰富的粗饲料资源。同时，我国东北地区和华北地区，也为奶牛饲养提供了适宜的气候条件。

参考文献

[1] 胡浩，应瑞瑶，刘佳　中国生猪产地移动的经济分析——从自然性布局向经济性布局的转变［J］．中国农村经济，2005（12）．

[2] 毕于运，孙荣，唐华俊，罗其友．我国畜牧业比重区域格局变化及对策［J］．中国农业资源与区划，2001（3）．

[3] 钟甫宁，胡雪梅．中国棉花生产区域格局及影响因素研究［J］．农业技术经济，2008（1）．

[4] 李干琼，王志丹，闫立萍．我国畜产品区域生产态势分析及中长期预测［J］．农业现代化研究，2007（6）．

[5] 中国奶业年鉴［M］．北京：中国农业出版社，2002—2009.

[6] 中国农业年鉴［M］．北京：中国农业出版社，1980—2009.

[7] 中国统计年鉴［M］．北京：中国统计出版社，1980—2009.

第5章 饲养方式演变与饲料转化率

1 我国奶牛饲养模式文献回顾

我国的奶牛饲养方式经历了一个历史性变化，也是分析研究我国乳产品食品安全背景、问题和对策的焦点（乔光华和郝娟娟，2004），因此，我国的奶牛饲养方式引起了国内外学者和业内人士的高度关注，出现了许多研究文献和行业调查报告。黄文明和王加启（2004）比较分析了北京市大兴区不同奶牛饲养模式的优劣；以养殖方式为主线，孔祥智和钟真（2008）分析了目前争议较大的散养模式和小区模式的现状与特点、优势与问题。周鑫宇等（2010）研究了我国奶牛规模养殖模式，深入调查了我国目前三种主体养殖模式——散养户、养殖小区和规模养殖，并结合原料奶质量、价格、收益等方面问题，对不同养殖模式的优劣势进行分析、比较，探讨适合我国奶牛养殖业的模式。张晓庆等（2008）调查研究了华北农牧交错区奶牛饲养现状，道日娜和乔光华（2009）调查研究了内蒙古奶业生产组织模式创新与乳品质量安全控制问题。高雪峰等（2008）调查了内蒙古奶产业现状及发展前景。张永根等（2009）分析了奶牛散养户长期存在的必然性和未来的出路。黄继根（2007）建议我国应以大中城市为轴心构建现代奶业。

2 我国奶牛饲养成本收益调查系统变化

2004年之前（1992—2003年），《全国农产品成本收益资料汇编》依据所有制形式，把奶牛饲养分为专业户奶牛饲养和国营集体奶牛饲养两种类型，没有提供农户散养奶牛的生产成本和收益调查资料。然而，

2003年以后，国家发展和改革委员会基于奶牛饲养的规模重新划分为农户散养奶牛（≤10头）、小规模奶牛饲养（大于10头，小于50头）、中规模奶饲养（大于50头，小于500头）及大规模奶牛饲养（≥500头）等四种类型。因此，自2004年以来，中国的牛奶生产就是按这四种类型的奶牛饲养方式，分省份出版发布牛奶生产成本和收益数据的。

这里需要注意两点：①2004年有了农户散养奶牛的生产成本收益数据以来，我们对中国原料奶生产行为研究将进入一个全新的探索阶段，这是因为农户散养奶牛仍然占据着中国牛奶总产量的35%（《中国奶业统计年鉴》，2009）。②新的农产品生产成本和收益调查体系，是按农户散养、小规模饲养、中规模饲养和大规模饲养等分类提供的，这为观察不同奶牛饲养方式的生产率怎样随着其规模变化提供了可能。

3 原料奶生产成本收益数据来源

研究中国奶牛场生产力的基本资料来源于国家发展和改革委员会发布的《全国农产品成本收益资料汇编》。该《汇编》收集了我国农产品生产的成本和收益详细资料，其中包括我国奶牛场的成本和收益资料。尽管，国家发展和改革委员会发布的农作物的成本和收益资料得到了广泛使用（例如 Huang and Rozelle，1996；Tian and Wan，2000；Jin et al.，2002 and 2010），但是，在畜牧业生产方面的成本和收益数据似乎没有得到充分的开发利用，除了 Rae et al.（2006）和 Ma et al.（2007）外，国内外用的很少，特别是2003年以后，《全国农产品成本收益资料汇编》实行了新的畜牧业生产规模分类系统，取消了过去的国营集体等分类方法，按照农场规模分类提供生产成本和收益资料以后，对中国畜牧业生产规模和生产力发展的研究文献就更少。

国家发展和改革委员的《全国农产品成本收益资料汇编》几乎覆盖了我国20个主要牛奶生产省份。这些数据并不是原始的个体奶牛场的成本和收益收据，而是汇总过的加权平均数，亦即按照省份和规模进行加权汇总平均。2004—2008年，按照调查省份和奶牛场规模分类，共有331个观测值。由于并不是所有的省份都有各种规模的奶牛场调查点，结果这些牛奶生产成本和收益调查资料形成了一个不平衡的（unbalanced）面板数据。

我国奶牛场的生产成本和收益调查系统，为研究我国牛奶生产的投入产出情况，提供了充分的信息资料。这些信息资料主要包括：牛奶单产（Y_1，千克）、副产品收入（Y_2，元）、劳动力投入（X_1，天）、精饲料投入（X_2，千克）、粗饲料消耗（X_3，元，用饲料价格指数换算为 2000 年不变价的消费量）、固定资产投资（X_4，元，用农业机械价格指数换算为 2000 年不变价的投资量）和其他生产资料投入（X_5，元，用农业生产资料价格指数换算为 2000 年不变价的投入量）等。分析中使用的固定资产包括：固定资产折旧、固定资产维护费用、小农具购置费用等。

4　奶牛饲养方式变化

中国奶业协会于 2002 年正式启动出版《中国奶业统计年鉴》。该年鉴提供了有关主要产区乳业调查文章及原料奶生产等相关数据，例如，不同规模奶牛饲养方式的奶牛场个数、饲养存栏头数和原料奶总产量、地区乳品消费及贸易等。在奶牛饲养生产数据方面，《中国奶业统计年鉴》提供了不同规模奶牛场的数量、奶牛饲养存栏头数、原料奶总产量等资料。牛奶饲养规模的具体分类标准同上。

4.1　全国奶牛饲养方式变化

4.1.1　全国奶牛饲养存栏结构

2004—2008 年，全国四种不同规模奶牛饲养的奶牛存栏头数和牛奶产量见表 5－1，可以看出，2004 年全国奶牛饲养头数小于或等于 10 头的奶牛饲养企业（定义为农户散养奶牛）的饲养存栏头数份额高达 56.6%，但是 2008 年全国农户散养奶牛的存栏份额降低到 42.9%。总的来说，在 2004—2008 年间，我国农户散养奶牛的存栏头数份额净减少了 13.7%，总共减少了 24.2 个百分点，现在只占 40%强。

表 5-1　全国不同奶牛饲养方式奶牛头数和原料奶产量变化

规　模	农户散养奶牛（≤10 头）	小规模奶牛散养（10 头<散养量≤50 头）	中规模奶牛散养（50 头<散养量≤500 头）	大规模奶牛散养（>500 头）
1. 奶牛饲养头数份额（%）				
2004	56.6	23.5	15.0	4.9
2005	52.6	25.0	17.4	5.0
2006	51.0	25.4	17.8	5.7
2007	49.0	24.6	19.0	7.4
2008	42.9	27.2	19.8	10.1
2004—2008 增减百分点	−13.7	3.7	4.8	5.2
2004—2008 增减百分数	−24.2	15.7	32.0	106.1
2. 原料奶产量份额（%）				
2004	49.0	24.9	18.6	7.5
2005	44.2	27.5	20.3	7.9
2006	42.5	28.0	20.8	8.7
2007	40.2	26.8	22.2	10.8
2008	35.3	28.3	23.0	13.3
2004—2008 增减百分点	−13.7	3.4	4.4	5.8
2004—2008 增减百分数	−28.0	13.7	23.7	77.3

资料来源：《中国奶业统计年鉴》，2005—2009 年。

与此同时，2004 年奶牛头数在 10～50 头之间的小规模奶牛饲养场、50～500 头之间的中规模奶牛饲养场和 500 头以上的大规模奶牛饲养场，其奶牛饲养头数份额依次为 23.5%、15.0%和 4.9%。然而到 2008 年，这三种规模奶牛饲养场的饲养存栏头数份额发生了明显的变化，相应地分别增加到 27.2%、19.8%和 10.1%。这三种规模奶牛饲养场的饲养头数份额，在 2004—2008 年间，其饲养存栏份额分别增加了 3.7%、4.8%和 5.2%，总份额分别增加了 15.7%、32%和 106.1%。

从上面的统计观察分析可以看出，就奶牛饲养存栏头数来说，农户散养奶牛、小规模奶牛饲养、中规模奶牛饲养和大规模奶牛饲养等，这四种饲养方式的奶牛饲养存栏头数结构，大约依次为40%、30%、20%和10%，农户散养仍然是我国奶牛饲养的主体，大规模饲养方式仍然是处于辅助形式。图5-1更加形象地显示2004—2008年我国四种奶牛饲养方式的奶牛饲养头数结构变化情况。

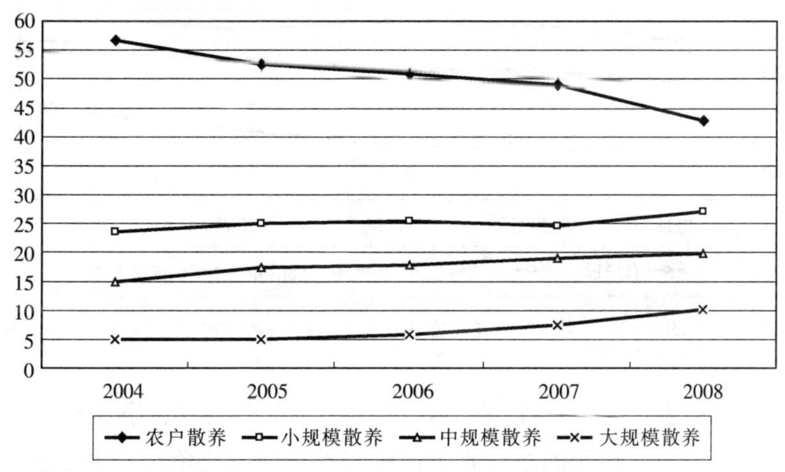

图5-1　不同奶牛饲养方式的饲养头数结构变化（%）

4.1.2　全国牛奶产量结构变化

不同奶牛饲养方式的牛奶产量份额也发生类似的结构变化。从表5-1可以看出，2004年我国农户散养奶牛的牛奶产量大约为50%，由于饲养头数迅速减少和单产水平较低，2008年我国农户散养奶牛的牛奶产量减少到35.3%。就是说，我国农户散养奶牛的牛奶产量从2004年的半壁江山（50%），下降到2008年的1/3强些。那么，按照这样的速度变化，四年后到2013年我国农户散养奶牛的牛奶产量大概只有20%。相应的，其他较大规模奶牛饲养方式的牛奶产量份额均呈现出不同程度的增加趋势。例如，小规模饲养方式的牛奶产量份额从2004年的24.9%，上升到2008年的28.3%；中规模饲养方式的牛奶产量份额从2004年的18.6%，上升到2008年的23.0%。两者的上升幅度分别为13.7%和23.7%。这里特别值得注意的是，大规模奶牛饲养的牛奶产量份额，由2004年的

7.5%，增加到2008年的13.3%，四年间产量份额增加了77.3%。图5－2更加清楚地说明我国四种奶牛饲养方式的原料奶产量结构变化。

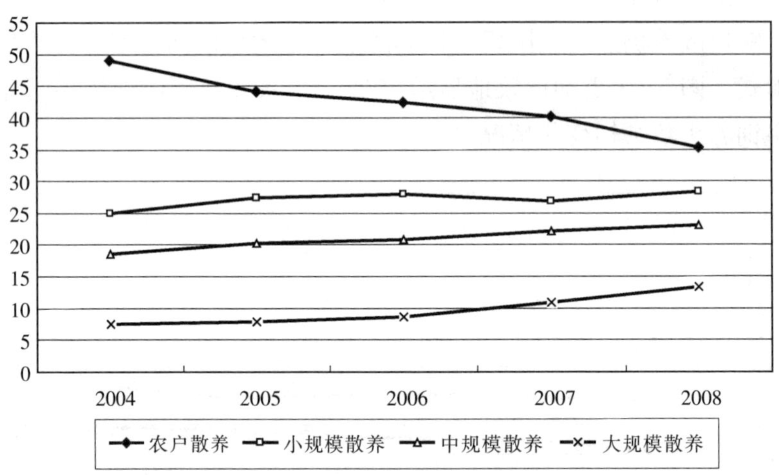

图5－2　不同奶牛饲养方式的原料奶产量结构变化（%）

最后，从表5－1还可以看出，目前我国农户散养、小规模牛奶饲养和中规模奶牛饲养在我国原料奶生产中仍然扮演重要角色。主要因为，农户散养、小规模牛奶饲养和中规模奶牛饲养的奶牛饲养存栏头数，2008年分别为42.9%、27.2%和19.8%；相应的，它们的牛奶产量份额，2008年分别为35.3%、28.3%和23.0%。各项份额指标均在20%以上。而相反，尽管最近我国大规模奶牛饲养发展速度较快，但是大规模奶牛饲养，2008年的奶牛饲养存栏头数只剩1成（仅有10.1%），由于大规模奶牛场的单产较高，所以大规模奶牛场的牛奶产量份额也相应高一些，但也只有13.3%。如果用同样增长速度假设，那么2013年我国大规模奶牛饲养的牛奶产量可能达到20%左右。

4.2　主产区奶牛饲养方式变化

由于自然和经济社会发展存在明显差异，我国各省市在奶牛饲养方式上同样存在明显差异。表5－2给出了我国主要牛奶生产省份四种不同奶牛饲养方式的牛奶产量结构及其2004—2008年变化情况。从表5－2可看出如下几点：

（1）同全国的奶牛饲养结构变化类似，2004年农户散养奶牛的牛奶产量份额，陕西省为75.3%，内蒙古为63.7%，黑龙江、河北和新疆大约为55%（分别为54.8%、54.5%和55.8%），河南和山东接近40%（分别为37.8%和39.8%）。然而，到了2008年，这些省份农户散养奶牛的牛奶产量份额均有所减少。其中，陕西省降低到55.6%，减少了26.2个百分点；内蒙古降低到45.9%，减少了27.9个百分点；黑龙江、河北和新疆分别降低到40.7%、32.6%和44.7%，分别减少25.7、40.2和19.9个百分点；河南和山东分别降低到18.6%和24.4%，分别减少了50.8和38.7个百分点。可以看出各主要奶牛饲养省份农户散养奶牛份额下降的趋势是非常明显的。

表5-2 主产区不同奶牛饲养方式原料奶生产份额变化

省 份	农户散养奶牛（数量≤10头）	小规模奶牛散养（10头＜数量≤50头）	中规模奶牛散养（50头＜数量≤500头）	大规模奶牛散养（数量＞500头）
2004年（%）				
内蒙古	63.7	27.6	8.2	0.4
黑龙江	54.8	28.9	15.1	1.2
河北	54.5	25.2	18.3	2.0
河南	37.8	23.5	26.9	11.8
山东	39.8	29.6	23.5	7.0
陕西	75.3	12.9	9.6	2.3
新疆	55.8	23.6	15.4	5.3
2008年（%）				
内蒙古	45.9	32.6	17.4	4.1
黑龙江	40.7	39.4	16.4	3.4
河北	32.6	26.2	25.0	16.2
河南	18.6	18.3	33.8	29.4
山东	24.4	25.7	32.7	17.2
陕西	55.6	16.9	23.0	4.4
新疆	44.7	28.0	17.0	10.3

（续）

省　份	农户散养奶牛（数量≤10头）	小规模奶牛散养（10头<数量≤50头）	中规模奶牛散养（50头<数量≤500头）	大规模奶牛散养（数量>500头）
2004—2008年增减（%）				
内蒙古	−27.9	18.1	112.2	925.0
黑龙江	−25.7	36.3	8.6	183.3
河北	−40.2	4.0	36.6	710.0
河南	−50.8	−22.1	25.7	149.2
山东	−38.7	−13.2	39.1	145.7
陕西	−26.2	31.1	139.9	92.3
新疆	−19.9	18.8	10.1	94.8

注：2008年7个主要地区牛奶生产份额分别为：25.7%（内蒙古）、14.3%（黑龙江）、14.2%（河北）、7.8%（河南）、6.5%（山东）、4.2%（陕西）和3.9%（新疆）。

数据来源：《中国奶业统计年鉴》，2005—2009年。

（2）主产区中规模和大规模奶牛饲养，在研究期内有明显扩张趋势。例如，内蒙古中规模奶牛饲养的牛奶产量份额，由2004年的8.2%迅速增加到2008年的17.4%；陕西省中规模奶牛饲养的牛奶产量份额由2004年的9.6%迅速增加到2008年的23.0%。同样，河北和山东两省的中规模牛奶饲养的牛奶产量份额也分别增加了36.6%和39.1%，亦即产量份额分别由2004年的18.3%和23.5%，分别上升到2008年的25.0%和32.7%。值得注意的是，大规模奶牛饲养方式的扩张更加迅速，它们的牛奶产量份额至少翻了一番，如陕西和新疆大规模奶牛饲养方式的奶牛产量份额分别由2004年的2.3%和5.3%，猛增到2008年的4.4%和10.3%；有些奶牛饲养主产区增加得更快，增加了1.5倍，如山东和河南等大规模奶牛饲养方式的奶牛产量份额分别由2004年的7.0%和11.8%，迅速增加到2008年的17.2%和29.4%；有的地区甚至翻了几番，如内蒙古和河北等大规模奶牛饲养方式的奶牛产量份额分别由2004年的0.4%和2.0%，增加到2008年的4.1%和16.2%。

很显然，基于以上全国及主要产区的奶牛饲养方式变化的观察分析，我们可以看出，我国奶牛饲养结构经历了根本性的变化。基本的结论是：

农户散养奶牛的比重正在逐渐萎缩，相反，伴随着我国奶牛饲养头数的迅速增加，中规模和大规模奶牛饲养方式正在迅速扩大。按照当前饲养方式变化情况推算，到 2012 年我国奶牛饲养结构大体上依次为：农户散养奶牛头数占 30%，小规模奶牛饲养头数占 30%，中规模奶牛饲养头数占 25%，大规模奶牛饲养头数占 15%。由于饲养水平和单产的差异，我国牛奶产量结构大体上依次为：农户散养牛奶产量占 20%，小规模奶牛饲养牛奶产量占 30%，中规模奶牛饲养牛奶产量占 30%，大规模奶牛饲养牛奶产量占 20%。

5　我国奶牛饲养投入及产奶率

5.1　全国奶牛饲养投入及产奶率

表 5－3 列出了是全国总体水平的饲养规模、主要投入、奶牛单产及饲料转化率指标，在农户散养奶牛、小规模奶牛饲养、中规模奶牛饲养和大规模奶牛饲养以及年际间的变化情况。我们观察表 5－3，主要有如下几个特点：

（1）在研究观察期内（2004—2008 年），四种奶牛饲养方式的饲养规模、牛奶单产和主要投入指标都非常稳定，变异系数（$k=\sigma^2\sqrt{y}\times 100$，式中，$k$ 为变异系数，σ^2 为标准差，$\bar{y}$ 为平均奶牛单产）非常小。例如，大多数指标的变异系数不到 5%，有些甚至低于 2%。对于农户散养奶牛和小规模奶牛饲养方式来说，最大的变异系数不过仅有 12%，它们分别是农户散养奶牛的粗饲料投入和小规模奶牛饲养的饲养规模变化。对于中规模奶牛饲养和大规模奶牛饲养方式来说，最大的变异系数为 10%，分别是两种饲养方式的活劳动投入指标变化。

（2）不同奶牛饲养方式的要素投入强度有显著差异。从表 5－3 可以看出，随着奶牛饲养规模的扩大，饲料投入强度逐渐增大。例如，精饲料投入在农户散养和小规模奶牛饲养方式之间的差异较小，2008 年它们分别为 2 781千克和 2 794 千克。但是，随着奶牛饲养规模不断扩大，饲料投入强度明显增大。例如，中规模奶牛饲养的精饲料投入只有 2 845 千克，而大规模奶牛饲养的精饲料投入高达 3 381 千克。事实上，农户散养和小规模奶牛饲养之间的精饲料投入相差只有 13 千克（0.4%），而中规模与大规模奶牛饲养之间的精饲料投入却相差 536 千克（14.2%），农户散养与大规模奶牛饲养之间的单产差异就更大，高达 1 285 千克（15.9%）。另外，不同饲养方式粗饲料的投入强度差异就更大了。例如，2008 年农户散养和小规模奶牛饲养粗饲料的投入量分别只有 859 千克和 808 千克；中规模奶牛饲养粗饲料的投入量增加到 1 355 千克，增加了大约 60%；而大规模奶牛饲养粗饲料的投入量高达 1 847 千克，增加了大约 120%。最后，劳动力和固定资本投入，在饲养方式之间也同样存在类似的差异，唯一不同的是：饲养规模小，劳动力投入多，而饲养规模大，固定资本投入多。

（3）随着要素投入强度增加，不同饲养方式的奶牛单产水平呈现明显差异。从表 5－3 可以看出，随着饲料投入强度逐渐增大，奶牛单产不断提高。例如，奶牛单产在农户散养及小规模奶牛饲养方式之间的差异较小，他们的平均奶牛单产分别为 4 977 千克和 5 160 千克。但是，随着奶牛饲养规模的不断扩大，饲料投入强度逐渐增大，奶牛单产开始迅速上升。例如，中规模奶牛饲养的奶牛单产已经到 5 569 千克，而大规模奶牛饲养的奶牛单产高达 6 262 千克。事实上，农户散养与小规模奶牛饲养之间的单产相差只有 15 千克（0.3%），而中规模与大规模奶牛饲养之间的牛奶单产却相差 790 千克（14.2%）。农户散养与大规模奶牛饲养之间的单产差异就更大，高达 1 285 千克（23.4%）。

（4）不同饲养方式的饲料转化率差异明显。饲料转化率定义为单位饲料投入的牛奶产出量。在计算该指标之前，我们需要先计算饲料投入总量。这里我们以精饲料为标准饲料投入量，而把粗饲料投入量折合为精饲料当量，折合方法为：粗饲料折合精饲料量＝粗饲料支出额÷精饲料单价。计算结果显示（表 5－3），农户散养和小规模奶牛饲养的精饲料投入当量差异很小，两者均在 3 450 千克的水平；中规模奶牛饲养的精饲料投入当量增加到 3 910 千克，比农户散养和小规模奶牛饲养增加 460 千克（多 13.3%）。大规模奶牛饲养的精饲料投入当量高达 4 860 千克，比农户散养和小规模奶牛饲养增加 1 410 千克（多 40.9%），比中规模奶牛饲养增加 950 千克（多 24%）。可以看出，不同饲养方式的精饲料投入当量强度存在显著差异。

表 5 - 3　不同奶牛饲养方式的主要投入产出指标变化

年份	农场规模（头）	精饲料（千克）	粗饲料（千克）	活劳动（天）	固定资本[a]（元）	奶牛单产（千克）	精饲料当量[b]（千克）	精粗饲料比率	饲料转化率[c]（千克）
1. 农户散养奶牛（≤10 头）									
2004	3.1	2791	659	66.1	1 340	5 082	3 362	4.24	1.51
2005	3.1	2 585	747	62.6	1 359	4 820	3 249	3.46	1.48
2006	3.2	2 680	829	60.8	1 262	4 876	3 389	3.23	1.44
2007	3.2	2 729	898	57.2	1 269	4 967	3 453	3.04	1.44
2008	3.1	2 781	859	58.6	1 186	5 141	3 464	3.24	1.48
平均	3.1	2 713	798	61.1	1 283	4 977	3 383	3.44	1.47
2. 小规模奶牛饲养（>10 头≤50 头）									
2004	12.7	2 548	927	47.1	1 726	5 082	3 334	2.75	1.55
2005	13.9	2 642	791	45.3	1 243	4 820	3 311	3.34	1.56
2006	14.4	2 807	862	43.9	1 182	4 876	3 564	3.26	1.44
2007	11.6	2 740	791	43.7	1 173	4 967	3 346	3.46	1.54
2008	10.8	2 794	808	40.6	1 158	5 141	3 441	3.46	1.50
平均	12.7	2 706	836	44.1	1 296	5 160	3 399	3.25	1.52
3. 中规模奶牛饲养（>50 头≤500 头）									
2004	58.1	2 819	1 499	45.8	1 426	5 492	4 117	1.88	1.33
2005	63.8	3 005	1 484	39.8	1 338	5 578	4 291	2.02	1.30
2006	63.8	2 912	1 603	39.5	1 335	5 571	4 224	1.82	1.32
2007	67.6	2 932	1 623	40.6	1 493	5 648	4 193	1.81	1.35
2008	63.0	2 845	1 355	34.6	1 396	5 556	3 916	2.10	1.42
平均	63.3	2 903	1 513	40.1	1 398	5 569	4 148	1.93	1.34
4. 大规模奶牛饲养（>500 头）									
2004	1 023.6	3 142	2 096	39.5	1 719	6 244	4 858	1.50	1.29
2005	947.8	3 090	2 101	38.8	1 553	6 251	4 843	1.47	1.29
2006	1 021.6	3 130	2 022	35.4	1 655	6 153	4 841	1.55	1.27
2007	1 003.9	3 304	1 838	31.6	1 806	6 317	4 797	1.80	1.32
2008	1 039.9	3 381	1 847	32.4	1 894	6 346	4 864	1.83	1.30
平均	1 007.4	3 209	1 981	35.5	1 725	6 262	4 841	1.63	1.29

注：a 固定资本包括折旧、修理维护、小工具购置和其他设备，以 2000 年不变价计算。b 精饲料当量＝精饲料消耗量＋粗饲料折合量（＝粗饲料支出额÷精饲料单价）。c 饲料转化率为每千克精饲料当量所产出的牛奶千克数。

数据来源：《中国奶业统计年鉴》，2005—2009 年。

那么，精饲料投入强度增加对奶牛饲养的饲料转化率有什么影响？下面做进一步的比较分析。观察表5-3最后一列可以发现：农户散养和小规模奶牛饲养饲料转化率差异不大，观察期内大约均为1.495千克，就是说1千克精饲料投入可以产出将近1.5千克牛奶。同样，中规模奶牛饲养和大规模奶牛饲养的饲料转化率差异也不大，观察期内大约均为1.315千克，就是说1千克精饲料投入可以产出将近1.3千克牛奶。但是，前两者和后两者的饲料转化率的差异是很明显的，可以算出前两者的饲料转化率比后两者的饲料转化率要高14%，换句话说，后两者的饲料转化率比前两者的饲料转化率要低12%。因此，可以得出结论，现阶段我国农户散养和小规模奶牛饲养的饲料转化率要显著高于中规模奶牛饲养和大规模奶牛饲养的饲料转化率。

（5）饲料投入强度增加，饲料转化率降低。也就是说，饲料投入强度与饲料转化率呈显著的负相关关系。统计结果显示，所有四种饲养方式的精饲料投入当量与饲料转化率的相关系数为—0.93，其中，农户散养的精饲料投入当量与饲料转化率的相关系数为—0.352，小规模奶牛饲养的精饲料投入当量与饲料转化率的相关系数为—0.999，中规模奶牛饲养的精饲料投入当量与饲料转化率的相关系数为—0.941，大规模奶牛饲养的精饲料投入当量与饲料转化率的相关系数为—0.565。图5-3清楚地表明，随着饲料投入强度变动，饲料转化率随之呈现相反方向的剧烈波动的趋势，特别是图5-3中的B和C，波动的趋势更加明显。这一结果说明，在现阶段奶牛饲养技术和管理水平下，我国的奶牛饲养不能盲目增加饲料投入强度，否则，会显著降低饲料投入的转化效率，特别是小规模和中规模饲养更是如此。

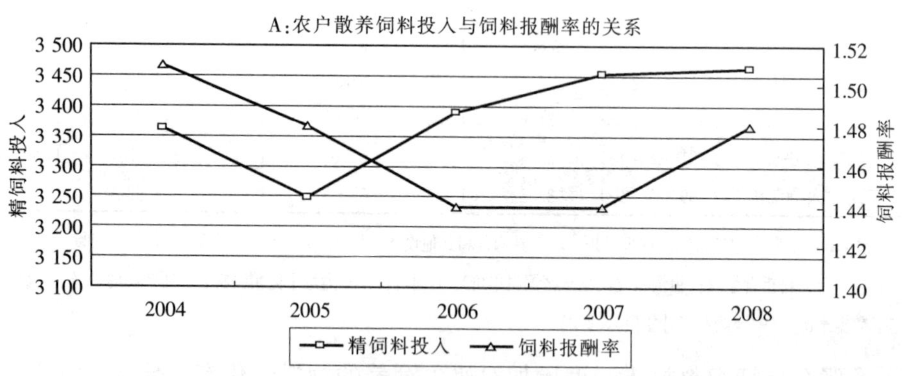

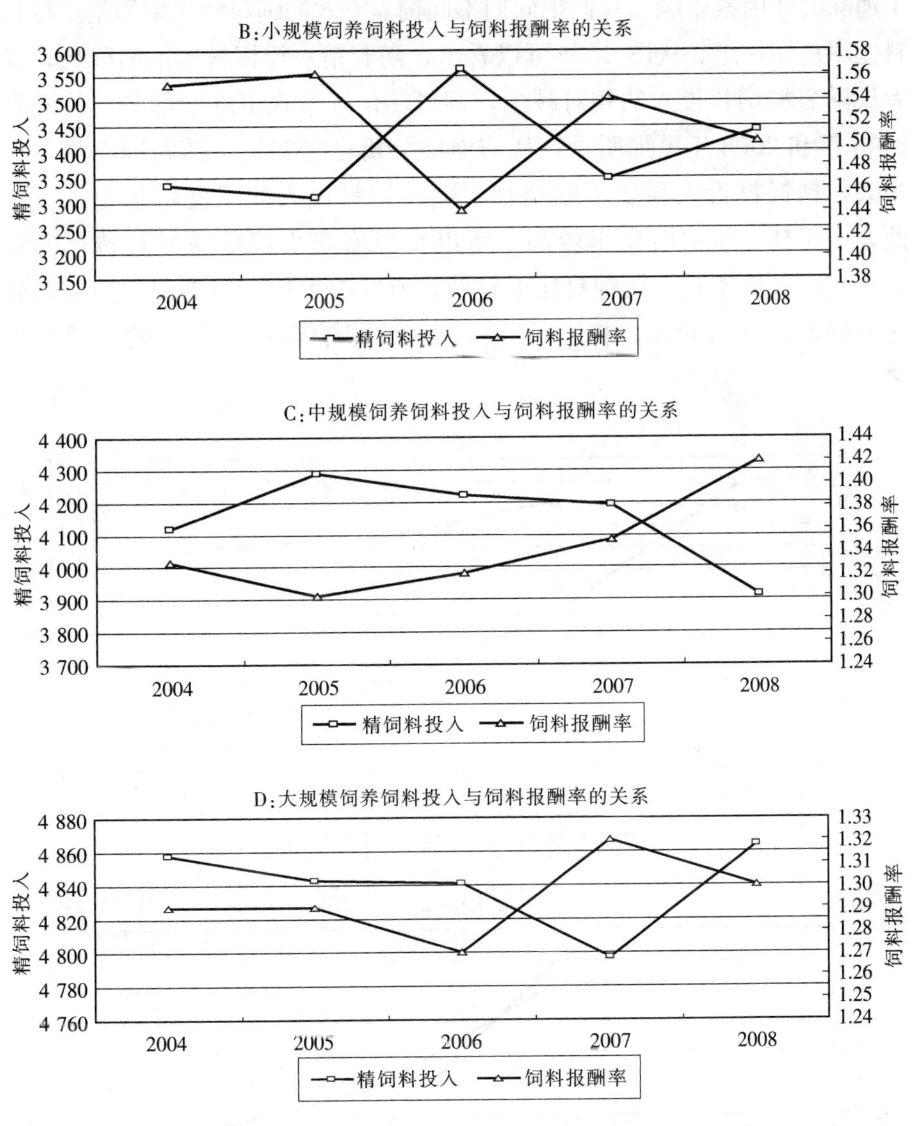

图5-3　不同奶牛饲养方式精饲料投入当量与饲料转化率关系

(6) 饲料转化率同精—粗饲料比率有明显的正相关关系。那么，是什么原因导致随着饲料投入强度增加，反而饲料转化率呈现下降的趋势？尽管原因很多，这里就精—粗饲料比率做一简单的统计描述，以期得到初步答案。为此，我们把饲料转化率和精—粗饲料比率做成散点图，同时，为了消除时间因素影响，我们把同期不同饲养方式的饲料转化率和精—粗饲料比率放在一组。从图 5-4 可以看出，随着精—粗饲料比率的降低，或者说随着精饲料投入的相对减少，饲料转化率呈现下降的趋势，特别是 2006 年和 2008 年更加明显。从前面的分析已经知道，随着饲养规模的扩大，精饲料投入强度不断增加，但粗饲料投入的强度增加更快。因此，由于精—粗饲料比率较高，所以小规模奶牛饲养的饲料转化率较高；相反，由于精—粗饲料比率较低，所以较大规模奶牛饲养的饲料转化率较低。可以看出，精—粗饲料比率是影响饲料转化率的重要因素之一。

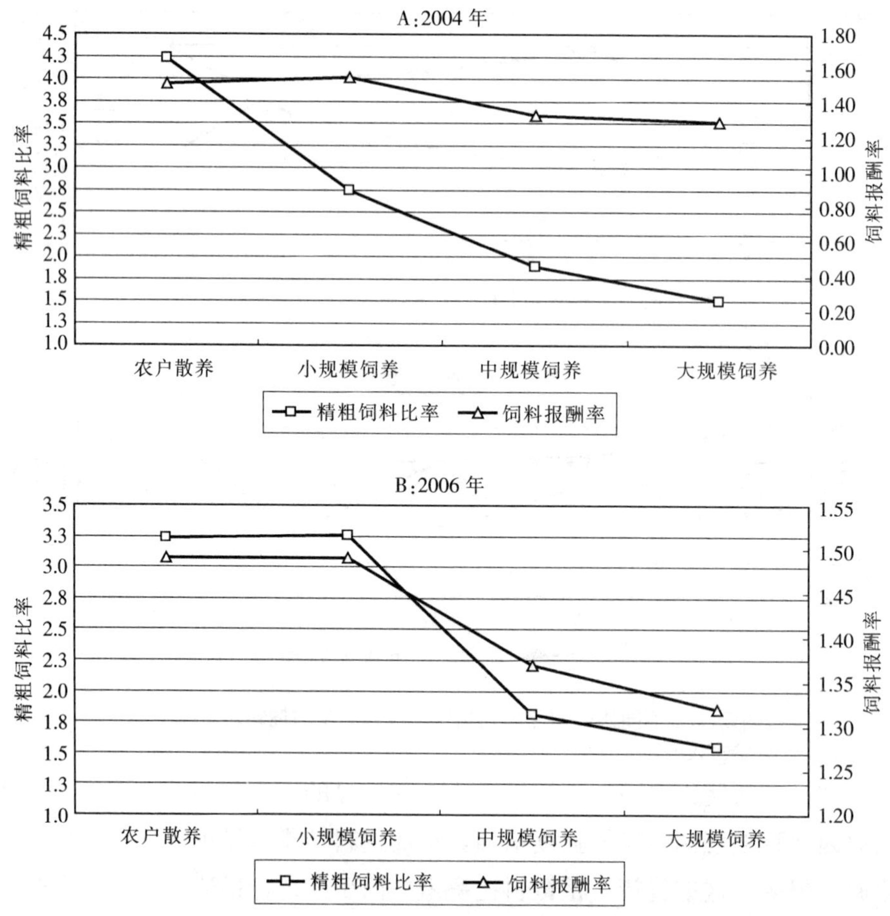

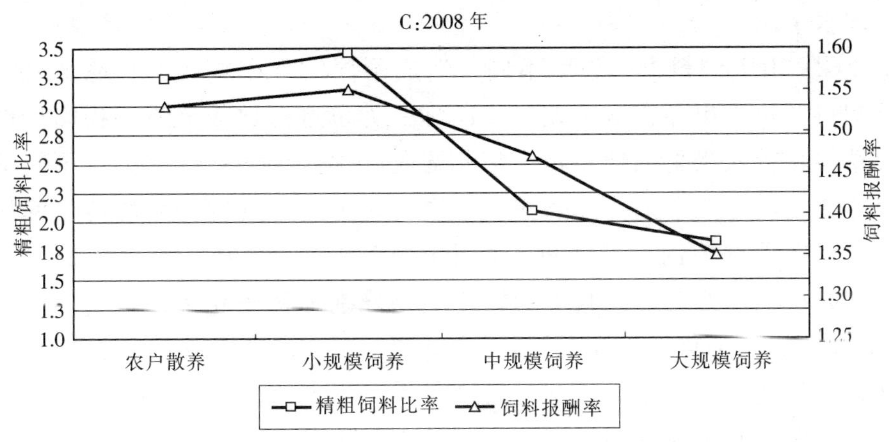

图 5-4　不同奶牛饲养方式饲料转化率与精—粗饲料比率关系

5.2　主产区奶牛饲养投入及产奶率

表 5-4 列出了 2008 年饲养规模、主要投入、奶牛单产及饲料转化率指标，在农户散养奶牛、小规模奶牛饲养、中规模奶牛饲养和大规模奶牛饲养以及主要产区间的变化情况。我们观察表 5-4，主要有如下几个发现：

(1) 主要产区之间的要素投入强度、奶牛单产和饲料转化率都存在显著差异。例如，在农户散养奶牛方式下，内蒙古和山东的精饲料投入强度在 3 000 千克以上，而黑龙江和河南的精饲料投入强度不足 2 400 千克；河南的粗饲料投入强度在 1 000 千克以上，而山东和辽宁的粗饲料投入强度只有 500 千克左右；结果造成奶牛产量也存在显著差异，如辽宁在6 000千克、内蒙古和新疆在 5 000 千克、而黑龙江和河南却在 500 千克以下。同样，在大规模奶牛饲养方式下，新疆的精饲料投入强度在 3 700 千克以上，而黑龙江和河南的精饲料投入强度只有 2 500 千克左右；山东和新疆的粗饲料投入强度在 2 000 千克水平，而黑龙江和河南的粗饲料投入强度只有 1 000 千克水平；结果造成奶牛产量也存在显著差异，如新疆的奶牛产量在 7 200 千克，山东的奶牛产量在 6 700 千克，而黑龙江和河南的奶牛产量只有 5 200 千克的水平。

(2) 由于饲料投入强度不同，造成不同饲养方式和不同地区之间的饲料转化率也存在显著差异。同理，为了进行比较分析，我们计算了精饲料投入当量的饲料转化率，见表 5-4 最后两列。首先，不同饲养方式之间的明显差异。例如，中规模奶牛饲养的饲料平均转化率最高，为每千克精饲料当量投入可生产 1.55 千克鲜奶；小规模奶牛饲养和农户饲养奶牛的饲料平均转化率，分别为每千克精饲料当量投入可生产 1.51 千克鲜奶和 1.47 千克鲜奶；大规模奶牛饲养的饲料平均转化率最低，为每千克精饲料当量投入只生产 1.32 千克鲜奶。其次，不同地区之间的显著差异。例如，在农户散养奶牛方式下，辽宁的饲料转化率在 1.7 千克以上，而陕西的饲料转化率不足 1.2 千克；在小规模奶牛饲养方式下，黑龙江的饲料转化率在 1.67 千克，而内蒙古的饲料转化率只有 1.36 千克；在中规模奶牛饲养方式下，内蒙古和新疆的饲料转化率在 1.7 千克以上，而陕西的饲料转化率只有 1.25 千克；同样，在大规模奶牛饲养方式下，黑龙江和河南的饲料转化率在 1.45 千克水平，而辽宁和新疆的饲料转化率只有 1.20 千克的水平。

(3) 精粗饲料比率与饲料转化率似乎没有关系。为了更直观地观察精粗饲料比率与饲料转化率的相关关系，亦即观察饲料转化率变化的影响因素，我们提供了主要奶牛饲养地区的精粗饲料比率和饲料转化率的直方图（图 5-5）。可以明显地看到，随着饲养规模的扩大（A-B-C-D），精粗饲料比率明显下降，如山东省农户散养的精粗饲料比率高达 7.0，而山东省大规模奶牛饲养的精粗饲料比率估计只有 1.8。然而，同全国的观察不同，这里精粗饲料比率与饲料转化率似乎没有必然的关系。这一发现很可能说明，奶牛饲养的饲料转化率，不仅同饲养水平有关，而且还可能同各地区的自然条件以及饲养管理水平和奶牛品种等有密切关系。事实上，受热带气候影响，南方不太适合奶牛饲养；而云南地区的奶牛饲养，大都以水牛饲养为主。

表 5 - 4　2008 年主产区不同奶牛饲养方式的主要投入产出指标变化

年份	农场规模（头）	精饲料（千克）	粗饲料（千克）	活劳动（天）	固定资本[a]（元）	奶牛单产（千克）	精饲料当量[b]（千克）	精粗饲料比率	饲料转化率[c]（千克）
				1. 农户散养奶牛（≤10 头）					
内蒙古	3.3	3121	573	51	1 247	5 160	3 564	5.45	1.45
辽宁	9.1	2 991	555	74	1 028	6 051	3 471	5.39	1.74
黑龙江	3.9	2 385	845	60	1 428	4 782	3 168	2.82	1.51
山东	3.8	3 053	442	57	1 076	5 431	3 459	6.91	1.57
河南	3.3	2 381	1 066	70	1 123	4 436	3 252	2.23	1.36
陕西	2.7	2 665	879	73	1 720	4 283	3 616	3.03	1.18
新疆	2.6	2 577	871	50	1 243	5 040	3 429	2.96	1.47
平均	4.1	2 739	747	62	1 266	5 026	3 423	4.11	1.47
				2. 小规模奶牛场（>10 头≤50）					
内蒙古	9.8	2 984	654	47	1 142	4 891	3 604	4.56	1.36
辽宁	11.8	3 214	974	39	1 252	5 990	4 073	3.30	1.47
黑龙江	10.1	2 107	889	54	1 350	4 777	2 863	2.37	1.67
河北	11.6	3 040	478	24	1 467	5 401	3 392	6.36	1.59
山东	13.7	2 854	513	38	833	5 275	3 400	5.56	1.55
河南	12.6	2 535	980	41	1 380	4 585	3 286	2.59	1.40
平均	11.6	2 789	748	41	1 237	5 153	3 436	4.12	1.51
				3. 中规模奶牛场（>50 头≤500）					
内蒙古	52.9	2 651	871	48	1 170	5 663	3 258	3.04	1.74
辽宁	55.5	3 071	996	34	1 507	6 010	3 966	3.08	1.52
黑龙江	51.0	2 488	1 030	55	1 360	5 192	3 420	2.42	1.52
河南	92.2	2 652	1 029	41	1 487	5 161	3 434	2.58	1.50
陕西	98.2	3 615	1 998	34	1 819	7 018	5 626	1.81	1.25
新疆	51.0	1 935	1 034	35	1 727	5 500	3 077	1.87	1.79
平均	66.8	2 735	1 160	41	1 512	5 757	3 797	2.47	1.55
				4. 大规模奶牛场（>500 头）					
辽宁	1 061.9	3 353	1 383	40	1 652	5 939	4 751	2.42	1.25
黑龙江	1 046.4	2 527	1 181	38	1 596	5 260	3 591	2.14	1.46
山东	1 159.8	3 520	2 034	17	3 230	6 788	5 408	1.73	1.26
河南	1 203.1	2 772	1 198	42	1 577	5 295	3 667	2.31	1.44

（续）

年份	农场规模（头）	精饲料（千克）	粗饲料（千克）	活劳动（天）	固定资本[a]（元）	奶牛单产（千克）	精饲料当量[b]（千克）	精粗饲料比率	饲料转化率[c]（千克）
新疆	746.8	3 781	2 048	25	1 401	7 243	6 024	1.85	1.20
平均	1 043.6	3 191	1 569	32	1 891	6 105	4 688	2.09	1.32

注：a 固定资本包括折旧、修理维护、小工具购置和其他设备，以 2000 年不变价计算。b 精饲料当量＝精饲料消耗量＋粗饲料折合量（＝粗饲料支出额÷精饲料单价）。c 饲料转化率为每千克精饲料当量所产出的牛奶千克数。

数据来源：《中国奶业统计年鉴》，2005—2009 年。

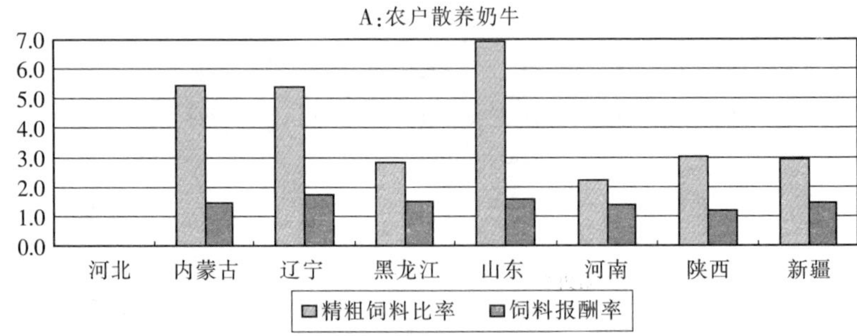

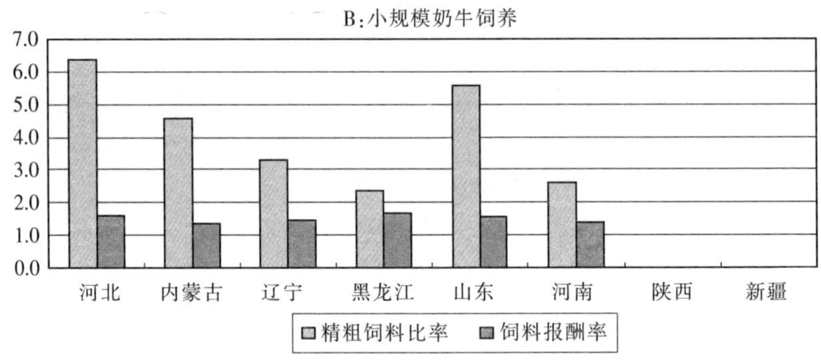

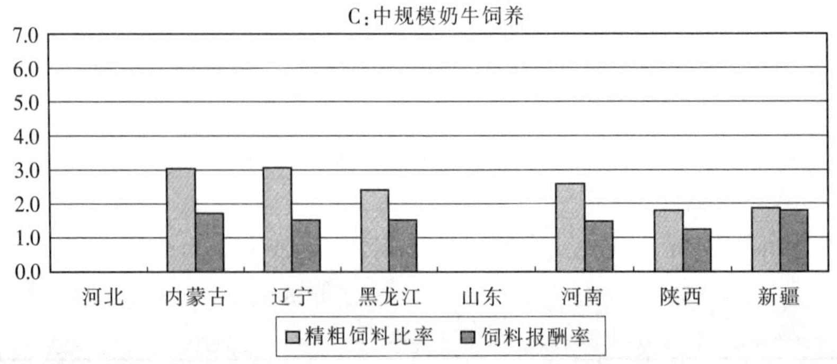

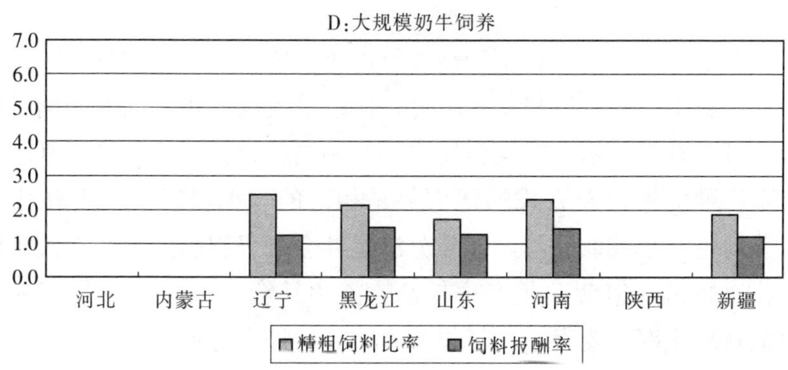

图5-5　主产区奶牛饲养精—粗饲料比率与饲料转化率比较

6　主要结论和政策含义

（1）我国奶牛饲养结构经历了根本性的变化。基本的结论是：农户散养奶牛的比重正在逐渐萎缩，相反，伴随着我国奶牛饲养头数的迅速增加，中规模和大规模奶牛饲养方式正在迅速扩大。按照当前饲养方式变化情况推算，到2012年我国奶牛饲养结构大体上依次为：农户散养奶牛头数占30%，小规模奶牛饲养头数占30%，中规模奶牛饲养头数占25%，大规模奶牛饲养头数占15%。

（2）不同奶牛饲养方式的要素投入强度有显著差异。随着奶牛饲养规模的扩大，饲料投入强度逐渐增大。随着要素投入强度增加，不同饲养方式的奶牛单产水平呈现明显差异，不同饲养方式的饲料转化率差异明显。

（3）农户饲养和小规模饲养同中规模饲养和大规模饲养的饲料转化率的差异明显，前两者的饲料转化率比后两者的饲料转化率要高14%，换句话说，后两者的饲料转化率比前两者的饲料转化率要低12%。因此，现阶段我国农户散养和小规模奶牛饲养的饲料转化率要显著高于中规模奶牛饲养和大规模奶牛饲养的饲料转化率。

（4）随着饲料投入强度增加，饲料转化率降低。这一结果说明，在现阶段奶牛饲养技术和管理水平下，我国的奶牛饲养不能盲目增加饲料投入强度，否则，会显著降低饲料投入的转化效率，特别是小规模和中规模饲养更是如此。

（5）由于精—粗饲料比率较高，所以小规模奶牛饲养的饲料转化率较高，相反，由于精—粗饲料比率较低，所以较大规模奶牛饲养的饲料转化率较低。可以看出，精—粗饲料比率是影响饲料转化率的重要因素之一。

（6）各种奶牛饲养方式的优劣势是相对的。小规模的饲料转化率较高，但劳动生产率较低、不可能充分满足社会对奶制品的需要。大规模的饲料转化率较低，但劳动生产率较高，能为社会提供更多的奶产品。因此，讲饲料转化率，要发展小规模奶牛饲养；提高劳动生产率和增加奶制品，可发展大规模奶牛饲养。

参考文献

[1] 全国农产品成本收益资料汇编［M］．北京：中国统计出版社，2005—2009.

[2] 中国奶业年鉴［M］．北京：中国农业出版社，2003—2009.

[3] Huang, J. K., Rozelle, S. Technological change: rediscovering the engine of productivity growth in China's rural economy [J]. *Journal of Development Economies*, 1996, 49: 337-369.

[4] Jin, S. Q., Huang, J. K., Hu, R. F., Rozelle, S. The creation and spread of technology and total factor productivity in China's agriculture [J]. *American Journal of Agricultural Economics*, 2002, 84: 916-930.

[5] Jin, S. Q., Ma, H. Y., Huang, J. K., Hu, R. F., and Rozelle, S. Productivity, efficiency and technical change: measuring the performance of China's transforming agriculture [J]. *Journal of Productivity Analysis*, 2010, 33: 191-207.

[6] Ma, H. Y., Rae, A. N., Huang, J. K., and Rozelle, S. Enhancing productivity on suburban dairy farms in China [J]. *Agricultural Economics*, 2007, 37: 29-42.

[7] Rae, A. N., Ma, H. Y., Huang, J. K., and Rozelle, S. Livestock in China: commodity-specific total factor productivity decomposition using new panel data [J]. *AmericanJournal of Agricultural Economics*, 2006, 88: 680-695.

[8] Tian, W. M., and Wan, G. H. Technical efficiency and its determinants in China's grain production [J]. *Journal of Productivity Analysis*, 2000, 13: 159-174.

[9] 道日娜，乔光华．内蒙古奶业生产组织模式创新与乳品质量安全控制［J］．农业现代化研究，2009（3）.

[10] 高雪峰，李忠书，张全有，石满恒．关于内蒙古奶产业现状及发展的调研报告

［C］//2008 年中国奶业协会年会论文集．中国奶业协会年会，2008.
［11］洪海峰．对湘南地区规模养牛场养殖模式的调查［J］．江西畜牧兽医杂志，2008（4）．
［12］黄继根．我国应以大中城市为轴心构建现代奶业［J］．中国奶牛，2007（1）．
［13］黄文明，王加启．北京市大兴区不同奶牛饲养模式比较与分析［C］//中国奶牛发展大会论文集，中国奶牛发展大会，2004.
［14］孔祥智，钟真．奶价大幅上涨情况下奶农缘何增收困难——呼和浩特市奶牛养殖效益分析［J］．中国奶业，2008（3）．
［15］李宝杜．中国奶牛养殖供应链过程及综合效益分析［J］．中国畜牧杂志，2006（10）．
［16］李剑波，肖兵南，胡雄贵．湘南地区规模养牛场养殖模式的调查［J］．云南畜牧兽医，2009（3）．
［17］卢晓春．农户奶牛养殖模式的分析及探讨［J］．吉林畜牧兽医，2007（11）．
［18］乔光华，郝娟娟．我国乳业的食品安全：背景、问题和对策［J］．农业技术经济，2004（4）．
［19］杨盛兴．南方现代化生态奶牛养殖模式的探索［C］//2008 年中国奶业协会年会论文集，2008.
［20］杨寿国．农区三种奶牛养殖模式中存在的问题及其对策——呼图壁县农区奶牛优质、高产、高效养殖配套技术试验、示范项目奶牛养殖模式经济效益比较分析［C］//第三届中国奶牛发展大会论文集，2008.
［21］张晓庆，侯向阳，孙启忠，赵淑芬．华北农牧交错区奶牛饲养现状调查分析［C］//2008 年中国草学会青年工作委员会农区草业论坛论文集，2008.
［22］张永根，李胜利，曹志军，周鑫宇．奶牛散养户长期存在的必然性和未来出路的思考［J］．中国畜牧杂志，2009（2）．
［23］周鑫宇，杨君香，黄文明，李胜利．对我国规模奶牛养殖模式的思考［J］．中国畜牧杂志，2010（12）．
［24］朱娟．农户散养奶牛规模经济分析——以呼和浩特市为例［D］．中国农业科学院硕士学位论文，2008.
［25］朱娟，胡定寰．我国农户散养奶牛规模经济分析——以内蒙古呼和浩特市为例［J］．中国乳业，2009（10）．

第6章 盈亏点和市场竞争潜力*

本章主要估算我国牛奶生产的盈亏损益点和可能市场竞争潜力，以及区域和规模之间的差异。由于我国奶牛饲养的区域性和经营方式多样性，本章研究内容包括：①盈亏损益和比较优势估算方法；②估算全国不同饲养方式的盈亏损益点和市场竞争潜力，观察它们的历史演变情况；③估算主产区不同饲养方式的盈亏损益点和市场竞争潜力，观察它们的历史演变情况；④比较不同饲养方式盈亏损益点和市场竞争潜力在地区上的差异和变化规律；⑤根据研究结果，探讨影响我国和主产区奶牛饲养市场竞争潜力的可能因素，并据此提出增加我国奶牛饲养竞争力和区域发展的政策建议。

1 研究文献回顾

比较优势研究方法较多，有均衡分析方法、成本比较法、价格比较法、显性比较优势法、贸易专业化系数、相对贸易优势系数、国内资源成本法等（汤承超和李先德，2007）。我国农产品比较优势研究文献较多，而且研究方法不尽相同。王秀清和李德发（1998）通过比较中外生产成本分析了我国生猪生产的国际环境与竞争力；李崇光（1998）用国内资源成本法估算了我国农产品的比较优势。本世纪初，黄季焜和马恒运（2000a，2000b，2000c，2000d，2002a，2002b）通过比较中外农产品生产成本水平和构成，估算了我国农产品竞争优势；李崇光（2000）讨论了我国农产品比较优势因素与比较优势模式；帅传敏等（2003）估计了我国农产品国际竞争力。

* 本章内容已发表。见：我国奶牛饲养的损益点测算和竞争潜力分析［J］．中国奶牛，2011（3）．

国内资源成本法应用较多。如黄季焜等（2001）、徐志刚（2000，2001）和钟甫宁等（2001）用国内资源成本法研究了我国农业生产比较优势和农业生产结构调整问题；李崇光和于爱芝（2000）认为要以比较优势为基础培植农产品竞争优势；于爱芝（2005）又用国内资源成本法估算了我国生猪饲养业的比较优势。各种指数法也有应用。刘新楼（2009）用比较指数法实证分析了我国农产品比较优势；章泽武（2007）用净出口指数法分析了我国农产品的比较优势；吕玲丽（2004）用显性指数法比较分析了我国与东盟农产品的比较优势；汤承超和李先德（2007）运用国际市场占有率、贸易专业化系数以及相对贸易指数等三种指标测算了我国农产品的比较优势；汪琳（2006）分析了我国农产品比较优势动态；靖飞（2007）分析了我国农产品显性比较优势变动。我国农产品贸易比较优势研究由来已久，研究文献也较多。牛宝俊等（1996）研究了我国农产品对外贸易比较优势变动及其政策取向；牛宝俊（1996）剖析了我国农产品对外贸易比较优势格局；钟甫宁和羊文辉（2000）分析了我国对欧盟主要农产品比较优势变动。另外，主要农产品比较优势研究案例也很多。钟甫宁等（2001）研究了我国种植业比较优势和农业生产结构调整；李德发（1998）通过比较中外生产成本分析了我国生猪生产的国际环境与竞争力；汤勇等（2006）用国内资源成本法分析了我国蔬菜的比较优势与出口竞争力；李建（2002）实证分析了我国畜产品比较优势和国际竞争力；乔娟和颜军林（2002）比较分析了我国柑橘鲜果的国际竞争力。

很显然，我国农产品比较优势引起广泛的注意，但是奶牛饲养比较优势研究较少。孔祥智和钟真（2008）、李胜利等（2009）都不同程度地用盈亏损益点估计研究了我国奶牛生产的竞争潜力，但这些研究范围狭窄而且不系统。曹志军和李胜利（2008）对我国原料奶的收购价格变化进行了分析，认为我国原料奶的收购价格逐渐恶化，特别是农户散养的收购价格更低。李胜利等（2009）又分析了当前我国原料奶生产面临的困境及应对措施。但是，我国奶牛生产潜力到底有多大？目前没有系统的研究和结果，因此，这里通过盈亏损益点估计，来考察我国奶牛生产的竞争潜力和比较优势。

2 盈亏损益点估算方法

这里分析指标包括两个方面：①主产品销售价格、劳动力工资率和主产品产量等主要生产投入指标的盈亏损益点；②比较所估算的盈亏损益点同实际生产水平差异，计算不同市场竞争潜力。这里估算盈亏损益点所有指标，均以每头饲养奶牛为单位。

2.1 盈亏损益点

根据我国奶牛生产实际成本收益调查资料和盈亏损益点分析的基本原理，我们把主产品销售价格、劳动力工资率和主产品单产的盈亏损益点分别定义为：①主产品销售价格的盈亏损益点价格：盈亏损益点价格＝（总成本＋税金＋成本外支出－其他收入）/主产品单产。这个估计值越低，价格优势越大，否则反之。②劳动力工资率的盈亏损益点工资率：盈亏损益点工资率＝［（主产品总收入＋其他收入）－物质费用－税金－成本外支出］/人工投入量。同样，这个估计值越高，工资率优势越大，否则反之。③主产品单产的盈亏损益点单产：盈亏损益点单产＝（总成本＋税金＋成本外支出－其他收入）/主产品价格。这个估计值越低，单产优势越大，否则反之。

以上指标计量单位分别为：主产品价格为元/千克，主产品单产为千克/头，劳动力工资率为元/天，活劳动投入量为天/头，其他价值指标均为元/头。

2.2 市场竞争潜力估算

根据盈亏损益点估算结果和实际指标数值，这里定义主产品价格、劳动工资率和主产品单产的市场竞争潜力分别为：

主产品价格市场竞争潜力（%）＝（实际价格－盈亏点价格）/实际价格×100

劳动力工价市场竞争潜力（%）＝（盈亏点工价－实际工价）/实际工价×100

主产品单产市场竞争潜力（%）＝（实际单产－盈亏点单产）/实际单产×100

市场竞争潜力指标基本含义可解释为：

（1）主产品价格竞争潜力估计是指主产品价格降低多少以后，才达到盈亏损益点价格水平，这个估计值越低，说明降价的潜力越大，主产品价格的市场竞争潜力也就越大。换句话说，这个指标说明奶牛饲养在不亏损运行之前，还有多大的降价空间。

（2）劳动力工价市场竞争潜力估计是指劳动力工价增加多少以后才达到盈亏或损益点工价水平，这个估计值越大，说明工价的潜力越大，工价的市场竞争潜力也就越大，可以使奶牛饲养场在高工资率状态下不亏损运行。

（3）主产品单产市场竞争潜力估计是指主产品单产降低多少以后才达到盈亏或损益点单产水平，这个估计值越低，说明单产的市场竞争潜力越大，单产的市场竞争潜力也就越大，可以使奶牛饲养场在低投入低产出状态下不亏损运行。

3　我国奶牛饲养分析

根据以上定义，我们计算出 2004—2008 年中国各种规模经营形式下奶牛饲养的盈亏或损益点和市场竞争潜力（见表 6－1）和 1992—2003 年专业户和国营集体奶牛饲养盈亏或损益点和市场竞争潜力（见附表 6－1）。下面分别对它们进行分析讨论。仔细观察表 6－1，我们有如下几个基本发现：

表 6－1　全国奶牛饲养盈亏损益点及市场竞争潜力变化

年份	盈亏损益点			市场竞争潜力		
	产品价格（元/千克）	劳动工价（元/日）	产品产量（千克/头）	产品价格（%）	劳动工价（%）	产品产量（%）
农户散养奶牛						
2004	1.27	51.28	4 258	27.7	272.1	16.2
2005	1.33	49.02	4 223	24.7	218.4	12.4
2006	1.43	50.94	4 285	22.9	200.8	12.1
2007	1.59	62.91	4 255	24.1	232.7	14.3
2008	1.78	78.60	4 226	26.6	260.2	17.8
平均数	1.48	58.55	4 249	25.2	236.8	14.6
增加%	40.2	53.3	−0.8	−4.0	−4.4	9.9

（续）

年份	盈亏损益点			市场竞争潜力		
	产品价格（元/千克）	劳动工价（元/日）	产品产量（千克/头）	产品价格（%）	劳动工价（%）	产品产量（%）
			小规模奶牛饲养			
2004	1.45	55.55	4 717	19.5	224.6	8.6
2005	1.30	72.10	4 357	26.5	291.3	15.8
2006	1.35	72.75	4 366	25.1	270.9	15.2
2007	1.55	88.58	4 252	26.6	295.8	17.6
2008	1.73	112.90	4 128	28.5	344.0	19.9
平均数	1.48	80.38	4 364	25.2	285.3	15.4
增加%	19.3	103.2	−12.5	46.2	53.2	131.4
			中规模奶牛饲养			
2004	1.58	67.97	4 946	19.7	215.4	9.9
2005	1.52	94.32	4 730	24.2	262.4	15.2
2006	1.69	82.14	5 041	18.1	178.3	9.5
2007	1.89	73.77	5 362	13.7	129.6	5.1
2008	1.98	118.09	4 917	20.0	204.1	11.5
平均数	1.73	87.26	4 999	19.1	198.0	10.2
增加%	25.3	73.7	−0.6	1.5	−5.2	16.2
			大规模奶牛饲养			
2004	1.70	87.96	5 729	18.0	203.7	8.2
2005	1.63	102.85	5 421	21.5	234.9	13.3
2006	1.77	98.80	5 563	17.6	197.8	9.6
2007	1.92	106.58	5 781	15.6	200.4	8.5
2008	2.23	142.71	5 605	18.8	242.4	11.7
平均数	1.85	107.78	5 620	18.3	215.8	10.3
增加%	31.2	62.2	−2.2	4.4	19.0	42.7

注：根据《国家发展与改革委员会》价格司《饲养业品种规模分类标准》，10 头或以下为农户散养，10～50 头为小规模饲养，50～500 头为中规模饲养，500 头以上为大规模饲养。

资料来源：国家发展改革委员会价格司：《全国农产品成本收益资料汇编》。

3.1　2004 年以来规模饲养

（1）所有奶牛饲养规模经营形式下，产品销售价格盈亏或损益点均在逐年增大，但各种规模经营形式下，产品价格盈亏或损益点绝对水平和增长幅度差异较大。例如，农户散养和小规模奶牛饲养，研究期内产品盈亏或损益点平均价格水平均为 1.48 元/千克，而中等规模和大规模奶牛饲养，研究期内产品盈亏或损益点平均价格水平分别为 1.73 元/千克和 1.85 元/千克，盈亏或损益点价格水平分别相差 17%（1.73 元/千克/1.48 元/千克×100－100）和 25%（1.85 元/千克/1.48 元/千克×100－100）。另外，主产品价格盈亏或损益点变化幅度差异也较大，例如，农户散养奶牛主产品价格的盈亏或损益点价格增加了 40%，大规模奶牛饲养主产品价格的盈亏或损益点价格增加了 30%，而中等规模和小规模奶牛饲养主产品价格的盈亏或损益点价格分别只增加了 25%和 19%。说明不同规模奶牛饲养经营形式的产品价格优势，正在发生明显的变化。

（2）所有奶牛饲养规模经营形式下，劳动力工价盈亏或损益点也在逐年提高，但各种规模经营形式下，劳动力工价盈亏或损益点绝对水平和增长幅度差异较大。例如，农户散养奶牛，研究期内劳动力工价盈亏或损益点平均水平均最低，若为 59 元/工日。小规模和中等规模奶牛饲养，研究期内劳动力工价盈亏或损益点平均水平分别为 80 元/工日和 87 元/工日。而大规模奶牛饲养，研究期内劳动力盈亏或损益点水平高达 108 元。劳动力工价差异较大，最高的劳动力工价（大规模奶牛饲养）几乎是最低的劳动力工价（农户散养奶牛）的两倍。另外，劳动力工价变化幅度差异也较人。例如，农户散养奶牛的劳动力工价盈亏或损益点增长了 53%，大规模奶牛饲养劳动力工价的盈亏或损益点增长了 62%，而中等规模奶牛饲养劳动力工价的盈亏或损益点增长了 74%，而小规模奶牛饲养劳动力工价的盈亏或损益点却增长了一倍多（103%）。说明不同规模奶牛饲养经营形式的劳动工价竞争潜力也在发生明显的变化。

（3）不同的是，各种奶牛饲养规模经营形式下，主产品单产的盈亏或损益点有较大差异，然而，主产品单产的盈亏或损益点水平呈下降趋势但变化不大。例如，农户散养和小规模奶牛饲养的主产品单产的盈亏和损益点水平稳定在 4 200 千克/头，而中等规模和大规模奶牛饲养主产品单产的盈亏和损益点水平分别稳定在 5 000 千克/头和 5 600 千克/头。尽管各种经营形式下主产品单产的盈亏或损益点水平有所下降，但下降的幅度不大，最大的下降幅度只有 12.5%（小规模奶牛饲养），其他规模经营形式的下降幅度均在 3%以下。

下面我们转向市场竞争潜力观察和分析：

（4）主产品的价格市场竞争潜力差异较大但变化幅度差异不大。例如，农户散养和小规模奶牛饲养的主产品价格市场竞争潜力均在 25%，而中等规模和大规模饲养的主产品价格市场竞争潜力在 18%～19%，显示规模小的价格市场竞争潜力要大些。另外，各种经营形式下价格市场竞争潜力的变化幅度不大，唯有小规模饲养的价格市场竞争潜力增长 46%，其他经营形式下价格市场竞争潜力几乎没有变化，变化幅度均在 5%以内，价格市场竞争潜力基本上稳定在 18%～25%之间，说明各种饲养模式价格的市场竞争潜力趋于平衡，产品市场价格仍有 20%左右下调空间。

（5）劳动工价市场竞争潜力普遍较高，个别奶牛饲养模式增幅较大，各种饲养模式市场竞争潜力呈明显趋同性。具体来说，小规模奶牛饲养的劳动工价市场竞争潜力最高，五年平均为 285%；中等规模奶牛饲养的劳动工价市场竞争潜力水平最低，但五年平均也高达 200%。总的来说，现阶段劳动工价的市场竞争潜力在 200%～350%之间，在三个分析指标中市场竞争潜力最大，甚至高达其他两个市场竞争潜力的 10～20 倍。2004—2008 年，农户散养和中等规模奶牛饲养的劳动工价市场竞争潜力比较稳定，略有下降，但幅度在 5%左右；小规模奶牛饲养劳动工价市场竞争潜力增长最快，达到了 50%以上；大规模奶牛饲养劳动工价市场竞争潜力增长次之，增长接近 20%。近期小规模奶牛饲养劳动工价市场竞争潜力高达 350%，其他饲养模式劳动工价市场竞争潜力也达到 200%～250%。

（6）主产品产量市场竞争潜力普遍较低，个别奶牛饲养模式增幅较大，各种饲养模式的潜力水平也明显趋同。具体来说，2004—2008 年间，农户散养奶牛和小规模奶牛饲养的产品产量市场竞争潜力平均水平为

15%，中等规模和大规模奶牛饲养的产量市场竞争潜力平均水平为 10%；现阶段，农户散养奶牛和小规模奶牛饲养产品产量市场竞争潜力上升到 18%左右，而中等规模和大规模奶牛饲养产品产量市场竞争潜力仍维持在 10%水平，差异有所拉大。同其他两个分析指标相比，产品产量的市场竞争潜力最小。2004—2008 年间，农户散养和小规模奶牛饲养的产品产量市场竞争潜力稳定上升，但中等规模和大规模奶牛饲养产品产量市场竞争潜力在波动中维持在较低水平。小规模奶牛饲养产品产量市场竞争潜力增长 1 倍多，大规模奶牛饲养产品产量市场竞争潜力增长了 50%，其他两种饲养模式市场竞争潜力只增长 10%～15%。

从上面盈亏或损益点和市场竞争潜力比较分析，可以得出如下基本结论：①目前劳动力工资报酬极低，造成劳动工价市场竞争潜力极高。②产品产量市场竞争潜力非常有限，只有 10%左右，现阶段奶牛饲养要保持“满负荷”运行；任何降低和减产的事件发生，都会造成奶牛饲养的亏损经营；销售环节已成为企业成败的关键，必须引起高度重视。③产品价格仍有一定市场竞争潜力，但优势不明显，估计只有 20%左右。④尽管各种饲养模式存在明显差异，但综合来说小规模奶牛饲养的市场竞争潜力最大。

3.2　2003 年以前饲养模式

2003 年以前主要有专业户和国营集体两种奶牛饲养模式，它们的盈亏或损益点和市场竞争潜力估计详见附表 6－1。由于这两种饲养模式现在已不复存在，所以这里只给以简单的观察和分析，从分析指标变化的惯性，延伸探讨以下三个指标的长期变化趋势。通过观察和比较分析，可以得出如下基本结论：

（1）盈亏或损益点和市场竞争潜力格局同 2004 年以后类似。亦即 2003 年以前专业户和国营集体同 2004 年以后规模饲养的盈亏或损益点和市场竞争潜力变化格局基本类似。从附表 6－1 可以看出，劳动工价的市场竞争潜力仍然是最大的，产品价格的市场竞争潜力次之，而产品产量的市场竞争潜力最低。

（2）附表 6－1 的估计结果进一步证明，中国奶牛饲养主要指标的盈亏或损益点逐渐恶化。具体来讲，2003 年国营集体奶牛饲养价格盈亏或损益点只有 1.70 元/千克，而 2008 年大规模奶牛饲养价格盈亏或损益点高达 2.23 元/千克；2003 年国营集体奶牛饲养劳动工价盈亏或损益点只有 67.35 元/工日，而 2008 年大规模奶牛饲养劳动工价盈亏或损益点高达 142.71 元/工日。相反，2003 年国营集体奶牛饲养产量盈亏或损益点只有 4 798 千克/头，而 2008 年大规模奶牛饲养产量盈亏或损益点达到 5 605 千克/头，增加了将近 1 000 千克。

（3）附表 6－1 的估计结果也进一步证明，中国奶牛饲养主要指标的市场竞争潜力在逐渐下降。例如，2003 年国营集体奶牛饲养劳动工价的市场竞争潜力在 400%以上，而 2008 年大规模奶牛饲养劳动工价的市场竞争潜力不足 250%，降低了近 150 个百分点。同样，2003 年国营集体奶牛饲养产量的市场竞争潜力在 20%以上，而 2008 年大规模饲养模式产品产量的市场竞争潜力只有 10%，降低了近 50%。

4 主要奶牛饲养省（区）分析

为了有针对性地指导地区奶牛饲养，我们选择奶牛饲养主要地区进行分析。根据 2008 年牛奶生产情况，选择内蒙古（26%）、黑龙江（14%）、河北（14%）、河南（8%）、山东（6%）、陕西（4%）和新疆（4%）等七个主要奶牛饲养地区，这些地区的牛奶产量占全国牛奶生产总量的 76%。同全国分析不同，我们把分析重点放在 2004 年以后规模奶牛饲养模式上，而只给出 2003 年以前专业户和国营集体饲养模式的估计结果供读者参考（见附表 6－2 至附表 6－8）。下面就分区进行分析：

4.1 内蒙古自治区

内蒙古自治区是中国第一大牛奶生产省区，2008 年牛奶生产占中国生产总量的 26%。2004—2008 年各种规模经营形式奶牛饲养的盈亏或损益点和市场竞争潜力见表 6－2，1992—2003 年专业户和国营集体奶牛饲养盈亏或损益点和市场竞争潜力见附表 6－2（这里不再讨论，仅作为参考）。仔细观察和分析表 6－2，我们有如下几个基本发现：

表6-2　内蒙古奶牛饲养盈亏损益点及市场竞争潜力变化

年份	盈亏损益点			市场竞争潜力		
	产品价格（元/千克）	劳动工价（元/日）	产品产量（千克/头）	产品价格（%）	劳动工价（%）	产品产量（%）
农户散养奶牛						
2004	1.31	54.90	5 248	24.6	298.0	8.5
2005	1.45	35.37	4 702	14.3	131.2	−2.2
2006	1.69	20.48	5 143	2.3	21.2	−12.8
2007	1.71	33.02	5 162	7.4	76.6	−2.4
2008	1.72	104.40	3 857	32.4	383.3	25.2
平均数	1.58	49.63	4 822	16.2	182.1	3.3
增加%	31.3	90.2	−26.5	31.7	28.6	196.5
小规模奶牛饲养						
2004	1.23	59.43	4 461	26.3	264.9	8.2
2005	1.34	57.21	4 350	22.6	228.3	11.6
2006	1.43	44.27	4 639	17.7	140.2	3.4
2007	1.63	49.58	4 791	15.4	139.1	2.2
2008	1.53	149.85	3 114	43.8	486.2	36.3
平均数	1.43	72.07	4 271	25.2	251.7	12.3
增加%	24.4	152.1	−30.2	66.5	83.5	342.7
中规模奶牛饲养						
2004	1.20	132.76	4 306	27.5	477.2	18.9
2005	1.22	129.75	4 152	29.2	419.0	19.8
2006	1.29	74.67	4 479	24.9	198.7	15.3
2007	1.46	82.55	4 592	25.2	244.0	16.4
2008	1.78	159.22	4 069	34.3	218.4	28.1
平均数	1.39	115.79	4 320	28.2	311.5	19.7
增加%	48.3	19.9	−5.5	24.7	−54.2	48.7
大规模奶牛饲养						
2004	—	—	—		—	—
2005	—	—	—	—	—	—
2006	—	—	—	—	—	—
2007	—	—	—	—	—	—
2008	—	—	—	—	—	—
平均数	—	—	—	—	—	—
增加%	—	—	—	—	—	—

注：根据《国家发展与改革委员会》价格司《饲养业品种规模分类标准》，10头或以下为农户散养，10～50头为小规模饲养，50～500头为中规模饲养，500头以上为大规模饲养。

资料来源：国家发展改革委员会价格司：《全国农产品成本收益资料汇编》。

（1）三种奶牛饲养模式产品价格盈亏或损益点均在逐年增大，但各种模式的水平和增长幅度有差异。具体来说，小规模奶牛饲养的产品价格盈亏或损益点增长幅度最大，从 2004 年的 1.23 元/千克增加到 2008 年的 1.53 元/千克，五年增长了不到 25％。中规模奶牛饲养的产品价格盈亏或损益点增长幅度最大，从 2004 年的 1.20 元/千克增加到 2008 年的 1.78 元/千克，五年增长了近 50％。五年平均水平在 1.40～1.60 元/千克，三种模式间差异不大，在 2008 年已经增加到 1.50～1.80 元/千克之间。不同奶牛饲养模式产品价格的盈亏或损益点发生明显变化。

（2）各种饲养模式的劳动工价盈亏或损益点差异明显，而且波动剧烈。具体来说，近五年劳动工价盈亏或损益点的平均水平在 50～115 元/工日之间，中等规模饲养最高，为 115 元/工日，农户散养最低，为 50 元/工日；2008 年农户散养的劳动工价盈亏或损益点约在 105 元/工日，而小规模和中规模饲养的劳动工价盈亏或损益点达到了 155 元/工日左右。由于总体水平较高，中规模奶牛饲养的劳动工价盈亏或损益点变化最小，从 2004 年的 132.76 元/工日增加到 2008 年的 159.22 元/工日，五年增长不到 20％；相反，小规模奶牛饲养的劳动工价盈亏或损益点变化最大，从 2004 年的 59.43 元/工日增加到 2008 年的 149.85 元/工日，五年增长 1.5 倍多；甚至农户散养也从 2004 年的 54.90 元/工日增加到 2008 年的 104.40 元/工日，五年增长近 1 倍。

（3）相反，各种饲养模式的产品产量盈亏或损益点普遍下降，但各种模式间仍存在明显差异。例如，农户散养奶牛的产品产量盈亏或损益点，从 2004 年的 5 248 千克/头降低到 2008 年的 3 857 千克/头，五年间降低了 1/4 多；同理，小规模饲养的产品产量盈亏或损益点，从 2004 年的 4 461千克/头降低到 2008 年的 3 114 千克/头，五年间降低了近 1/3；即便是中等规模奶牛饲养，五年间也降低了 5.5％。2008 年小规模饲养的产品产量盈亏或损益点已经降到 3 100 千克/头，但同年农户散养和中规模奶牛饲养的产品产量盈亏或损益点仍保持在近 4 000 千克/头水平，存在 25％的差别。

（4）各种奶牛饲养模式和分析指标之间的市场竞争潜力均有明显差异。具体来说，农户散养模式产品价格的市场竞争潜力波动较大，但中等规模模式产品价格的市场竞争潜力基本稳定；2008 年，中等规模饲养模式劳动工价的市场竞争潜力只有 218.4%，而小规模饲养模式劳动工价的市场竞争潜力高达 490%，两者相差 260 个百分点。劳动工价的市场竞争潜力最大在 220%～480%之间；相反，产品价格的市场竞争潜力在 30%～40%之间，产品产量的市场竞争潜力在 25%～35%之间。实际上，后两者的市场竞争潜力已经没有什么显著差异。换句话说，任何降低产品价格和产量的事件发生，都可能使内蒙古的奶牛饲养处于亏损经营状态。满负荷运转成为奶牛饲养的基木特点。

4.2　黑龙江省

黑龙江省是中国第二大牛奶生产省区，2008 年牛奶生产占中国生产总量的 14%。2004—2008 年各种规模经营形式奶牛饲养的盈亏或损益点和市场竞争潜力见表 6－3，1992—2003 年专业户和国营集体奶牛饲养盈亏或损益点和市场竞争潜力见附表 6－3（这里不再讨论，仅作为参考）。仔细观察和分析表 6－3，我们有如下几个基本发现：

表 6－3　黑龙江奶牛饲养盈亏损益点及市场竞争潜力变化

年份	盈亏损益点			市场竞争潜力		
	产品价格（元/千克）	劳动工价（元/日）	产品产量（千克/头）	产品价格（%）	劳动工价（%）	产品产量（%）
农户散养奶牛						
2004	1.22	37.92	4 517	24.7	176.8	11.4
2005	1.14	50.90	4 132	30.5	232.7	18.2
2006	1.34	37.43	4 328	18.5	121.5	5.9
2007	—	—	—	—	—	—
2008	1.81	53.87	4 367	18.2	149.4	8.7
平均数	1.38	45.03	4 336	23.0	170.1	11.1
增加%	48.4	42.1	−3.3	−26.3	−15.5	−23.7

（续）

年份	盈亏损益点			市场竞争潜力		
	产品价格（元/千克）	劳动工价（元/日）	产品产量（千克/头）	产品价格（%）	劳动工价（%）	产品产量（%）
小规模奶牛饲养						
2004	1.19	37.90	4 798	23.2	151.8	7.5
2005	1.15	59.45	4 200	30.5	271.8	17.8
2006	1.31	46.93	4 409	21.1	163.1	9.2
2007	1.34	69.19	4 084	28.7	254.7	17.9
2008	1.79	74.59	4 000	24.8	231.8	16.3
平均数	1.36	57.61	4 298	25.7	214.6	13.7
增加%	50.4	96.8	−16.6	6.9	52.7	117.3
中规模奶牛饲养						
2004	1.21	40.13	4 981	22.5	142.6	7.0
2005	1.13	78.42	4 453	31.2	308.2	19.9
2006	1.25	67.80	4 632	25.1	239.9	14.2
2007	1.33	89.69	4 351	28.4	289.3	17.9
2008	1.86	77.08	4 456	22.1	185.9	14.2
平均数	1.36	70.62	4 575	25.9	233.2	14.6
增加%	53.7	92.1	−10.5	−1.8	30.4	102.9
大规模奶牛饲养						
2004	1.15	59.52	4 636	26.8	191.2	12.2
2005	1.12	90.53	4 569	31.6	346.2	20.2
2006	1.34	68.48	4 505	20.9	234.2	9.5
2007	1.27	89.73	3 837	28.2	253.7	16.5
2008	1.81	110.47	4 612	23.7	247.7	12.3
平均数	1.34	83.75	4 432	26.2	254.6	14.1
增加%	57.4	85.6	−0.5	−11.6	29.6	0.8

注：根据《国家发展与改革委员会》价格司《饲养业品种规模分类标准》，10 头或以下为农户散养，10～50 头为小规模饲养，50～500 头为中规模饲养，500 头以上为大规模饲养。

资料来源：国家发展改革委员会价格司：《全国农产品成本收益资料汇编》。

（1）各种奶牛饲养模式产品价格的盈亏或损益点以及变化幅度差异不

大，但近期陡然上升。具体来说，五年间各种奶牛饲养模式产品价格的盈亏或损益点平均水平均在 1.35 元/千克左右，2008 年突然猛升增加 1.80～1.90 元/千克，增幅均在 50%～60%之间。

(2) 各种奶牛饲养模式劳动工价的盈亏或损益点及变化幅度有明显差异，而且年际间差异较大。具体来说，农户散养模式劳动工价的盈亏或损益点，五年间仅平均为 45 元/工日，2008 年增加到 54 元/工日，增幅为 42%；而大规模饲养模式劳动工价的盈亏或损益点，五年间平均为 84 元/工日，2008 年增加到 110 元/工日，增幅为 86%。其他两种饲养模式的劳动工价盈亏或损益点变化基本相似，五年间平均水平在 60～70 元/工日，2008 年在 75～77 元/工日，增幅接近一倍。

(3) 各种奶牛饲养模式产量的盈亏或损益点普遍呈下降趋势，但下降幅度不大，而且各种饲养模式的盈亏或损益点没有明显差异。具体来说，五年间，农户散养模式产品产量的盈亏或损益点下降了不足 5%，大规模饲养模式的产品产量的盈亏或损益点下降了不足 1%。五年间小规模饲养模式产品产量的盈亏或损益点下降幅度最大但只有 16.6%，中规模饲养模式产品产量的盈亏或损益点也只下降了 10%。农户散养模式 2004 年和 2008 年分别为 4 517 千克/头和 4 367 千克/头，下降了不足 5%。各种奶牛饲养模式产量的盈亏或损益点年际间波动不大，目前稳定在 4 000～4 600千克/头。

(4) 各种奶牛饲养模式和分析指标之间的市场竞争潜力均有明显差异。具体来说，2008 年，农户散养模式劳动工价的市场竞争潜力只有 150%，而大规模饲养模式劳动工价的市场竞争潜力高达 250%，两者相差 100 个百分点。劳动工价的市场竞争潜力最大在 150%～250%之间。相反，产品价格的市场竞争潜力在 22%～26%之间，而产品产量的市场竞争潜力仅在 9%～16%之间。可以看出，牛奶生产量的市场竞争潜力非常脆弱，任何降低产品产量的事件发生，都可能使奶牛饲养处于亏损经营状态，满负荷运转成为奶牛饲养的基本特点。

4.3　河北省

河北是中国牛奶生产第三大省份，2008 年牛奶生产占中国生产总量的 14%。但遗憾的是，现阶段的《全国农产品成本收益资料汇编》仅提供 2004—2008 年小规模奶牛饲养模式的成本收益资料，所以这里再对 1999—2003 年国营集体（这里视为大中规模）饲养模式稍加分析，以补充成本收益调查资料不足。观察分析表 6-4 和附表 6-4 有如下几个基本结论：

（1）小规模饲养模式劳动工价盈亏或损益点变化幅度最大，产品产量盈亏或损益点最稳定，市场竞争潜力指标差异较大。具体来说，劳动工价盈亏或损益点由 2004 年的 79 元/工日，增加到 2008 年的 196 元/工日，五年间增加了近 1.5 倍。相反，产品产量盈亏或损益点由 2004 年的 4 400 千克/头，降低到 2008 年的 4 000 千克/头以下，五年间降低了近 10%，但年际间变化不大稳定在 4 200 千克/头。劳动工价的市场竞争潜力最高，变化也最大，由 2004 年的 388%，增加到 2008 年的 800%，五年间增加了 1 倍多。而产品价格和产品产量的市场竞争潜力则分别稳定在 35% 和 25%。

（2）国营集体饲养模式的盈亏或损益点变化不大，市场竞争潜力呈稳定或下降趋势。具体来说，三种盈亏或损益点变化最大的也只有 15%（产品价格和产品产量），有的不足 5%（劳动工价）。劳动工价的市场竞争潜力基本稳定在 500 元/工日，增幅在 5%左右；而产品价格和产品产量的市场竞争潜力下降了 20%左右，保持在 26%～28%之间。

表 6-4　河北奶牛饲养盈亏损益点及市场竞争潜力变化

年份	盈亏损益点			市场竞争潜力		
	产品价格（元/千克）	劳动工价（元/日）	产品产量（千克/头）	产品价格（%）	劳动工价（%）	产品产量（%）
			农户散养奶牛			
2004	0.95	80.04	4 180	47.0	484.2	21.5
2005	—	—	—	—	—	—
2006	—	—	—	—	—	—
2007	—	—	—	—	—	—
2008	—	—	—	—	—	—
平均数	—	—	—	—	—	—
增加%	—	—	—	—	—	—

（续）

年份	盈亏损益点			市场竞争潜力		
	产品价格（元/千克）	劳动工价（元/日）	产品产量（千克/头）	产品价格（%）	劳动工价（%）	产品产量（%）
			小规模奶牛饲养			
2004	1.16	78.97	4 395	31.0	388.0	20.4
2005	1.14	87.79	4 430	32.8	396.5	18.8
2006	1.14	112.14	4 494	35.6	482.1	23.2
2007	1.26	162.95	3 992	39.0	762.0	29.4
2008	1.54	195.79	3 998	33.6	802.3	26.0
平均数	1.25	127.53	4 262	34.4	566.2	23.6
增加%	32.8	147.9	−9.0	8.4	106.8	27.5
			中规模奶牛饲养			
2004	1.37	59.44	4 828	23.7	294.5	19.3
2005	—	—	—	—	—	—
2006	—	—	—	—	—	—
2007	—	—	—	—	—	—
2008	—	—	—	—	—	—
平均数	—	—	—	—	—	—
增加%	—	—	—	—	—	—
			大规模奶牛饲养			
2004	—	—	—	—	—	—
2005	—	—	—	—	—	—
2006	—	—	—	—	—	—
2007	—	—	—	—	—	—
2008	—	—	—	—	—	—
平均数	—	—	—	—	—	—
增加%	—	—	—	—	—	—

注：根据《国家发展与改革委员会》价格司《饲养业品种规模分类标准》，10头或以下为农户散养，10～50头为小规模饲养，50～500头为中规模饲养，500头以上为大规模饲养。

资料来源：国家发展改革委员会价格司：《全国农产品成本收益资料汇编》。

4.4 河南省

河南是中国牛奶生产第四大省份，2008 年牛奶生产占中国生产总量的 8%。2004—2008 年各种规模经营形式奶牛饲养的盈亏或损益点和市场竞争潜力见表 6-5，1992—2003 年专业户和国营集体奶牛饲养盈亏或损益点和市场竞争潜力见附表 6-5（这里仅作参考）。仔细观察分析表 6-5，有如下几个基本发现：

表 6-5 河南奶牛饲养盈亏损益点及市场竞争潜力变化

年份	盈亏损益点			市场竞争潜力		
	产品价格（元/千克）	劳动工价（元/日）	产品产量（千克/头）	产品价格（%）	劳动工价（%）	产品产量（%）
			农户散养奶牛			
2004	1.55	47.36	3 662	25.0	245.7	20.7
2005	1.72	44.97	3 911	23.7	193.9	11.2
2006	1.63	53.90	3 874	25.8	219.0	16.0
2007	1.82	53.99	3 829	23.0	188.7	15.2
2008	1.97	66.58	3 660	26.5	208.3	17.5
平均数	1.74	53.36	3 787	24.8	211.1	16.1
增加%	27.1	40.6	−0.1	6.0	−15.2	−15.5
			小规模奶牛饲养			
2004	1.41	70.02	3 508	24.2	360.7	15.2
2005	1.29	69.30	4 372	25.9	288.7	13.6
2006	1.42	58.06	4 712	19.9	194.5	7.4
2007	1.61	54.12	4 837	12.9	146.2	2.3
2008	1.86	81.90	4 149	21.6	225.9	9.5
平均数	1.52	66.68	4 316	20.9	243.2	9.6
增加%	31.9	17.0	18.3	−10.7	−37.4	−37.5
			中规模奶牛饲养			
2004	1.19	70.29	3 835	29.8	310.2	18.4
2005	1.36	53.39	4 423	20.7	152.9	8.6
2006	1.50	51.53	5 031	16.0	129.6	3.8
2007	1.65	63.53	5 055	13.6	120.7	3.6
2008	1.84	106.66	4 461	23.5	206.6	13.6
平均数	1.51	69.08	4 561	20.7	184.0	9.6
增加%	54.6	51.7	16.3	−21.1	−33.4	−26.1

（续）

年份	盈亏损益点			市场竞争潜力		
	产品价格（元/千克）	劳动工价（元/日）	产品产量（千克/头）	产品价格（%）	劳动工价（%）	产品产量（%）
大规模奶牛饲养						
2004	1.27	70.83	4 485	30.4	208.4	20.8
2005	1.34	66.07	4 978	24.8	156.1	13.0
2006	1.54	62.70	5 619	15.7	138.8	3.9
2007	1.66	64.37	5 581	13.0	106.1	2.8
2008	1.95	122.45	4 497	25.3	217.4	15.1
平均数	1.55	77.28	5 032	21.8	165.4	11.1
增加%	53.5	72.9	0.3	−16.8	4.3	−27.4

注：根据国家发展和改革委员会价格司《饲养业品种规模分类标准》，10头或以下为农户散养，10～50头为小规模饲养，50～500头为中规模饲养，500头以上为大规模饲养。

资料来源：国家发展改革委员会价格司：《全国农产品成本收益资料汇编》。

（1）各种奶牛饲养模式产品价格的盈亏或损益点变化幅度差异较大，呈现明显趋同性。具体说来，五年间产品价格的盈亏或损益点，农户散养和小规模饲养模式分别增长了30%左右，而中等规模和大规模饲养模式分别增长50%左右。但它们的绝对水平差异很小，五年间产品价格的盈亏或损益点平均差异只有4分钱（1.34～1.38元/千克），2008年产品价格的盈亏或损益点水平差异也只有7分钱（1.79～1.86元/千克）。

（2）各种奶牛饲养模式劳动工价的盈亏或损益点差异较大，而且变化幅度较大，2008年呈现陡然上升趋势。具体来说，五年间各种饲养模式劳动工价变动范围在53～77元/工日之间，农户散养模式最低为53元/工日，大规模饲养模式最高，为77元/工日，两者相差45%；2008年各种饲养模式劳动工价盈亏或损益点差异又在扩大，其变动范围在66～122元/工日之间，农户散养模式最低，为66元/工日，大规模饲养模式最高，为122元/工日，两者相差85%。五年间，小规模饲养模式劳动工价的盈亏或损益点只增加了 17%，大规模饲养模式劳动工价的盈亏或损益点增加了 73%。中规模和大规模饲养模式劳动工价的盈亏或损益点，从 2007 年的不足 65 元/工日，陡然增加 2008 年的 100 元/工日以上，增加了近一倍。

(3) 各种奶牛饲养模式产品产量的盈亏或损益点差异明显，但基本稳定变化幅度不大。具体来说，五年间各种饲养模式产品产量的盈亏或损益点变动范围在 3 800～5 000 千克/头之间，农户散养模式最低，为 3 800千克/头，大规模饲养模式最高，为 5 000 千克/头，两者相差 30%多。2008 年各种饲养模式产品产量的盈亏或损益点差异在缩小，其变动范围在3 660～4 500 千克/头之间，其中，农户散养模式最低，为 3 660 千克/头，大规模饲养模式最高，为 4 500 千克/头，两者相差 20%多。五年间农户散养和大规模饲养模式的产品产量的盈亏或损益点基本上没有变化，即便是小规模和中规模饲养模式的产品产量的盈亏或损益点变化也只有 20%。

(4) 市场竞争潜力普遍下降，各种模式市场竞争潜力差异明显。具体来说，农户散养劳动工价和产品产量的市场竞争潜力下降了 15%；其他饲养模式的劳动工价和产品产量的市场竞争潜力下降 30%～40%；只有两个表现出微弱增长趋势。劳动工价的市场竞争潜力最大，在 205%～225%之间；产品价格的市场竞争潜力次之，在 20%～27%之间；产品产量的市场竞争潜力最小，在 9%～18%之间。可以看出，牛奶生产量的市场竞争潜力非常脆弱，任何降低产品产量的事件发生，都可能很容易地使河南奶牛饲养处于亏损经营状态。满负荷运转成为河南奶牛饲养的基本特点。

4.5 山东省

山东是中国牛奶生产第五大省份，2008 年牛奶生产占中国生产总量的 6%。2004—2008 年各种规模经营形式奶牛饲养的盈亏或损益点和市场竞争潜力见表 6 - 6，1992—2003 年专业户和国营集体奶牛饲养盈亏或损益点和市场竞争潜力见附表 6 - 6（这里仅做参考）。仔细观察分析表 6 - 6，有如下几个基本发现：

表 6-6　山东奶牛饲养盈亏损益点及市场竞争潜力变化

年份	盈亏损益点			市场竞争潜力		
	产品价格（元/千克）	劳动工价（元/日）	产品产量（千克/头）	产品价格（%）	劳动工价（%）	产品产量（%）
			农户散养奶牛			
2004	1.57	39.43	4 706	20.0	187.8	7.6
2005	1.52	42.15	4 620	20.1	175.5	11.7
2006	1.56	45.24	4 701	19.0	167.7	10.4
2007	1.56	69.92	4 511	26.5	254.3	18.3
2008	1.60	74.19	4 546	24.9	214.0	16.3
平均数	1.56	54.19	4 617	22.1	199.9	12.9
增加%	1.9	88.2	−3.4	24.5	14.0	114.5
			小规模奶牛饲养			
2004	1.20	78.38	4 474	33.1	398.7	17.9
2005	1.04	100.12	3 880	40.9	508.5	25.8
2006	1.30	76.36	4 079	27.4	321.5	20.0
2007	1.41	84.52	4 365	27.7	263.8	16.3
2008	1.42	53.46	5 061	11.3	88.6	4.1
平均数	1.27	78.57	4 372	28.1	316.2	16.8
增加%	18.3	−31.8	13.1	−65.9	−77.8	−77.1
			中规模奶牛饲养			
2004	—	—	—		—	—
2005	—	—	—	—	—	—
2006	—	—	—	—	—	—
2007	—	—	—	—	—	—
2008	—	—	—	—	—	—
平均数	—	—	—	—	—	—
增加%	—	—	—	—	—	—

（续）

年份	盈亏损益点			市场竞争潜力		
	产品价格（元/千克）	劳动工价（元/日）	产品产量（千克/头）	产品价格（%）	劳动工价（%）	产品产量（%）
大规模奶牛饲养						
2004	1.70	142.00	6 325	13.0	305.4	−0.3
2005	1.72	151.90	6 937	11.9	317.3	1.4
2006	1.93	61.69	6 745	2.8	59.1	−8.1
2007	2.07	27.62	7 602	−1.8	−33.8	−11.9
2008	2.07	−20.54	8 027	−7.6	−152.7	−18.3
平均数	1.90	72.53	7 127	3.7	99.1	−7.4
增加%	21.8	−114.5	26.9	−158.5	−150.0	6 000.0

注：根据国家发展与改革委员会价格司《饲养业品种规模分类标准》，10 头或以下为农户散养，10～50 头为小规模饲养，50～500 头为中规模饲养，500 头以上为大规模饲养。

资料来源：国家发展改革委员会价格司：《全国农产品成本收益资料汇编》。

（1）各种奶牛饲养模式产品价格的盈亏或损益点差异明显，但变化幅度不大。具体说来，五年间各种饲养模式产品价格的盈亏或损益点变动范围在 1.30～1.90 元/千克之间，小规模散养模式最低，为 1.27 元/千克，大规模饲养模式最高，为 1.90 元/千克，两者相差接近 50%多。2008 年各种饲养模式产品价格盈亏或损益点差异维持不变，其变动范围在 1.40～2.10元/千克之间，农户散养模式最低，为 1.42 元/千克，大规模饲养模式最高，为 2.07 元/千克，两者相差接近 50%。五年间，农户散养模式的产品价格盈亏或损益点基本没有变化，即便是小规模和大规模饲养模式的产品价格盈亏或损益点变化也在 20%。

（2）各种奶牛饲养模式劳动工价的盈亏或损益点年际间波动剧烈，变化幅度差异显著。具体来说，农户散养模式的劳动工价盈亏或损益点，由 2006 年的 45 元/工日，猛增加到 2007—2008 年的 70 元/工日，增加了 50%多；小规模饲养模式的劳动工价盈亏或损益点，由 2007 年的 85 元/工日，猛降低到 2008 年的 53 元/工日，降低接近 40%；同样，大规模饲养模式的劳动工价盈亏或损益点，由 2007 年的 28 元/工日，猛降低到

2008 年的－20.54 元/工日，降低了接近 2 倍。结果造成了变化幅度显著差异，五年间农户散养模式的劳动工价盈亏或损益点实际上增长了近 90%，而小规模和大规模饲养模式的劳动工价盈亏或损益点则分别降低了 32%和 115%。

(3) 各种奶牛饲养模式产品产量的盈亏或损益差异明显，而且变化幅度差距也大。具体来说，五年间各种饲养模式产品产量的盈亏或损益点平均水平变动范围在 4 370～7 130 千克/头之间，小规模饲养模式最低，为 4 370千克/头，大规模饲养模式最高，为 7 130 千克/头，两者相差近 40%。2008 年各种饲养模式劳动工价盈亏或损益点差异有所拉大，其变动范围在 4 550～8 030 千克/头之间，农户散养模式最低，为 4 550 千克/头，大规模饲养模式最高，为 8 030 千克/头，两者相差近 45%。2004—2008 年五年间，农户散养产品产量盈亏或损益点基本没变，农户散养产品产量盈亏或损益点增长了 13%，大规模饲养模式的产品产量盈亏或损益点增长了 27%。大规模饲养模式的产品产量盈亏或损益点，不仅水平高，而且增长快。

(4) 各种饲养模式市场竞争潜力差异明显，有些饲养模式的实际生产经营指标已经降低到盈亏或损益点以下，结果市场竞争潜力表现为负值。具体来说，2008 年农户散养模式的产品价格、劳动工价和产品产量的市场竞争潜力分别为 25%、215%和 16%；然而，大规模饲养模式的产品价格、劳动工价和产品产量的市场竞争潜力分别为－8%、－150%和－18%，说明大规模奶牛饲养企业已经在保本点以下运行。近年小规模饲养模式的产品价格和产品产量的市场竞争潜力很低，分别为 11.3%和 4.1%，基本上没有市场竞争潜力可言。可以看出，山东牛奶生产市场竞争潜力非常脆弱，任何降低产品价格和限制产量的事件发生，都可能给山东奶牛饲养沉重打击。保持较高市场价格和满负荷运转成为山东奶牛饲养的关键。

4.6　陕西省

陕西是中国牛奶生产第六大省份，2008 年牛奶生产占中国生产总量的 4%。2004—2008 年农户散养和中规模奶牛饲养模式的盈亏或损益点和市场竞争潜力见表 6－7，1992—2003 年专业户和国营集体饲养模式的盈亏或损益点和市场竞争潜力见附表 6-7（这里仅作参考）。仔细观察分析表 6-7，有如下几个基本发现：

表 6-7 陕西奶牛饲养盈亏损益点及市场竞争潜力变化

年份	盈亏损益点			市场竞争潜力		
	产品价格（元/千克）	劳动工价（元/日）	产品产量（千克/头）	产品价格（%）	劳动工价（%）	产品产量（%）
			农户散养奶牛			
2004	0.79	67.02	3 929	39.6	389.2	25.8
2005	0.74	69.18	4 273	44.5	352.2	12.2
2006	1.25	34.40	5 026	16.9	103.5	−4.5
2007	1.84	65.04	3 511	29.6	247.8	16.5
2008	2.05	65.82	3 664	26.8	204.7	14.5
平均数	1.33	60.29	4 081	31.5	259.5	12.9
增加%	159.5	−1.8	−6.7	−32.3	−47.4	−43.8
			小规模奶牛饲养			
2004	—	—	—	—	—	—
2005	—	—	—	—	—	—
2006	—	—	—	—	—	—
2007	—	—	—	—	—	—
2008	—	—	—	—	—	—
平均数	—	—	—	—	—	—
增加%	—	—	—	—	—	—
			中规模奶牛饲养			
2004	1.32	177.55	6 261	28.8	1 194.1	18.5
2005	1.28	226.40	6 314	35.9	1 360.6	20.6
2006	1.43	177.52	6 019	29.8	491.7	20.2
2007	2.04	46.97	8 243	0.4	3.0	−12.7
2008	1.99	87.08	7 548	5.3	36.9	−7.6
平均数	1.61	143.10	6 877	20.0	617.3	7.8
增加%	50.8	−51.0	20.6	−81.6	−96.9	−141.1

（续）

年份	盈亏损益点			市场竞争潜力		
	产品价格（元/千克）	劳动工价（元/日）	产品产量（千克/头）	产品价格（%）	劳动工价（%）	产品产量（%）
大规模奶牛饲养						
2004	—	—	—	—	—	—
2005	—	—	—	—	—	—
2006	—	—	—	—	—	—
2007	—	—	—	—	—	—
2008	—	—	—	—	—	—
平均数	—	—	—	—	—	—
增加%	—	—	—	—	—	—

注：根据国家发展与改革委员会价格司《饲养业品种规模分类标准》，10头或以下为农户散养，10～50头为小规模饲养，50～500头为中规模饲养，500头以上为大规模饲养。

资料来源：国家发展改革委员会价格司：《全国农产品成本收益资料汇编》。

（1）产品价格的盈亏或损益点饲养模式间差异较大，最终趋于一致。具体说来，五年间，农户散养产品价格的盈亏或损益点增长高达160%，但中规模饲养模式产品价格的盈亏或损益点只增长了50%。尽管五年间的平均水平仍然差异较大，在1.33～1.61元/千克之间，但两种饲养模式近期的产品价格盈亏或损益点均在2.00元/千克水平。

（2）劳动工价的盈亏或损益点年际间波动较大，变化幅度不同，均呈下降趋势。例如，中等规模饲养模式劳动工价的盈亏或损益点，2004—2006年在200元/工日的水平，但2007—2008年却陡降到90元/工日以下的水平，降低了一倍多。五年间，农户散养模式劳动工价的盈亏或损益点几乎没变，但中等规模饲养模式劳动工价的盈亏或损益点却降低了50%多。

（3）两种饲养模式产品产量的盈亏或损益点差异明显，而且变化幅度较大。具体来说，五年间产品产量的盈亏或损益点平均水平，农户饲养模式为4 080千克/头，而中规模饲养模式高达6 870千克/头，两者相差40%多。2008年产品产量的盈亏或损益点平均水平，农户饲养模式为

3 660千克/头，而中规模饲养模式高达 7 550 千克/头，两者相差 50%多。前者呈稍微降低趋势（—6.7%），后者呈明显上升趋势（20.6%）。

（4）市场竞争潜力均呈下降趋势，但两种饲养模式间差异较大，有些饲养模式的实际生产经营指标已经在盈亏或损益点以下，结果市场竞争潜力指标表现为负值。具体来说，五年间，农户散养模式的产品价格、劳动工价和产品产量的市场竞争潜力分别下降了 32%、47%和 44%，中等规模饲养模式的产品价格、劳动工价和产品产量的市场竞争潜力分别下降高达 82%、97%和 140%。2008 年农户散养模式劳动工价的市场竞争潜力仍为 200%，但中等规模饲养模式劳动工价的市场竞争潜力只有 36%，两者相差甚远。两种饲养模式的产品产量基本上失去了市场竞争潜力。可以看出，陕西牛奶市场竞争潜力更加脆弱，基本上失去了任何市场竞争潜力。任何降低产品价格、提高工资和限制产量的事件发生，都可能对陕西奶牛饲养一沉重打击，特别是对中等规模饲养模式的打击会更大。

4.7 新疆维吾尔自治区

新疆也是中国牛奶生产第六大省份，2008 年牛奶生产占中国生产总量的 4%。2004—2008 年各种饲养模式的盈亏或损益点和市场竞争潜力见表 6－8，1992—2003 年专业户和国营集体饲养模式的盈亏或损益点和市场竞争潜力见附表 6－8（这里仅作参考）。仔细观察分析表 6－8，有如下几个基本发现：

（1）各种奶牛饲养模式产品价格的盈亏或损益点和变化幅度差异明显。具体来说，农户散养模式产品价格的盈亏或损益点，五年间平均仅为 1.20 元/千克，2008 年增加到 1.50 元/千克，增幅为 55%多；而大规模饲养模式产品价格的盈亏或损益点，五年间平均为 1.50 元/千克，2008 年增加 1.70 元/千克，但增幅仅有 10%。总的来说，产品价格的盈亏或损益点变化范围在 1.30～1.70 元/千克之间。

（2）各种奶牛饲养模式劳动工价的盈亏或损益点及变化幅度差异更大，而且不稳定。具体来说，农户散养模式劳动工价的盈亏或损益点，五年间仅平均为 67 元/工日，2008 年增加到近 90 元/工日，增幅为 30%多；而大规模饲养模式劳动工价的盈亏或损益点，五年间平均高达 245 元/工日，2008年又增加300元/工日以上，增幅高达120%多。小规模和中规模饲养模式的劳动工价盈亏或损益点变化不大，前者下降了11%，后者仅增长了3.5%。

表6-8　新疆奶牛饲养盈亏损益点及市场竞争潜力变化

年份	盈亏损益点			市场竞争潜力		
	产品价格（元/千克）	劳动工价（元/日）	产品产量（千克/头）	产品价格（%）	劳动工价（%）	产品产量（%）
			农户散养奶牛			
2004	0.95	67.71	3 079	44.6	394.3	38.5
2005	1.13	55.32	3 898	25.7	248.2	15.0
2006	1.12	46.34	4 170	25.4	168.1	15.0
2007	1.37	77.18	4 007	29.7	295.1	18.8
2008	1.49	89.39	3 981	30.9	301.9	21.0
平均数	1.21	67.19	3 827	31.3	281.5	21.7
增加%	56.8	32.0	29.3	−30.7	−23.4	−45.5
			小规模奶牛饲养			
2004	1.06	146.87	4 081	35.7	742.6	28.1
2005	—	—	—	—	—	—
2006	1.01	67.70	4 294	25.0	242.9	11.9
2007	1.34	130.07	4 069	34.5	519.3	26.1
2008	—	—	—	—	—	—
平均数	1.14	114.88	4 148	31.7	501.6	22.0
增加%	26.4	−11.4	−0.3	−3.4	−30.1	−7.1
			中规模奶牛饲养			
2004	—	—	—	—	—	—
2005	1.05	130.86	4 447	32.7	405.8	24.7
2006	1.12	128.12	4 748	30.8	355.4	18.9
2007	1.53	37.84	4 911	13.0	59.8	5.2
2008	1.41	135.38	4 115	31.6	297.5	25.2
平均数	1.28	108.05	4 555	27.0	279.6	18.5
增加%	34.3	3.5	−7.5	−3.4	−26.7	2.0

（续）

年份	盈亏损益点			市场竞争潜力		
	产品价格（元/千克）	劳动工价（元/日）	产品产量（千克/头）	产品价格（%）	劳动工价（%）	产品产量（%）
大规模奶牛饲养						
2004	1.56	140.47	5 022	22.1	461.0	14.0
2005	1.29	216.24	6 047	29.1	733.6	24.2
2006	1.42	257.50	5 527	32.5	930.0	27.2
2007	1.50	298.84	4 879	37.4	896.1	32.7
2008	1.73	312.17	4 860	36.0	830.5	32.9
平均数	1.50	245.04	5 267	31.4	770.2	26.2
增加%	10.9	122.2	−3.2	62.9	80.2	135.0

注：根据国家发展与改革委员会价格司《饲养业品种规模分类标准》，10 头或以下为农户散养，10～50 头为小规模饲养，50～500 头为中规模饲养，500 头以上为大规模饲养。

资料来源：国家发展改革委员会价格司：《全国农产品成本收益资料汇编》。

（3）多数奶牛饲养模式产品产量的盈亏或损益点呈稍微下降趋势，水平仍有差异。具体来说，只有农户散养模式产品产量的盈亏或损益点上升了近 30%，其他三种饲养模式均有不同程度的微弱下降。农户散养和小规模饲养模式产品产量的盈亏或损益点稳定在 4 000 千克/头，但中规模和大规模饲养模式的产品产量的盈亏或损益点基本上保持在 4 500～5 000 千克/头的水平。

（4）大规模饲养模式市场竞争潜力在增长，规模小的饲养模式市场竞争潜力在下降；劳动工价的市场竞争潜力最大，产品价格和产量的市场竞争潜力有限。具体来说，2008 年大规模饲养模式的产品价格、劳动工价和产品产量的市场竞争潜力分别为 36%、830% 和 33%，而其他饲养模式的劳动工价的市场竞争潜力高达 300%～830% 之间，产品价格和产量的市场竞争潜力仅在 20%～30%之间。可以看出，虽然新疆劳动工价的市场竞争潜力非常大，但产品价格和产品产量的市场竞争潜力仍然有限，是影响新疆牛奶市场竞争潜力的主要因素。降低产品价格和产量的事件发生，最有可能使奶牛饲养处于亏损经营状态。

5 主产区盈亏损益点及竞争潜力比较

以上分别对全国和主要省区的盈亏或损益点及市场竞争潜力进行了具体分析。下面我们比较分析各主要省区各种饲养模式之间差异，为确定中国奶牛饲养的优势地区和优势饲养模式提供实证分析参考。为此，我们汇编了2008年各省区不同饲养模式下的盈亏或损益点及市场竞争潜力指标(见表6-9)。

表6-9 主产区奶牛饲养盈亏损益点及市场竞争潜力比较(2008)

饲养方式/省区	盈亏损益点			市场竞争潜力		
	产品价格(元/kg)	劳动工价(元/日)	产品产量(kg/头)	产品价格(%)	劳动工价(%)	产品产量(%)
农户散养:						
内蒙古	1.72	104	3 860	32	383	25
黑龙江	1.81	54	4 370	18	150	9
河北[a]	—	—	—	—	—	—
河南	1.97	67	3 660	27	208	18
山东	1.60	74	4 550	25	214	16
陕西	2.05	66	3 660	27	205	15
新疆	1.49	89	3 980	31	302	21
小规模饲养:						
内蒙古	1.53	150	3 110	44	486	36
黑龙江	1.79	75	4 000	25	232	16
河北[a]	1.54	196	4 000	37	802	26
河南	1.86	82	4 150	22	226	10
山东	1.42	53	5 060	11	89	4
陕西	—	—	—	—	—	—
新疆	1.34	130	4 070	35	519	26

（续）

饲养方式/省区	盈亏损益点			市场竞争潜力		
	产品价格（元/kg）	劳动工价（元/日）	产品产量（kg/头）	产品价格（%）	劳动工价（%）	产品产量（%）
中规模饲养：						
内蒙古	1.78	159	4 070	34	218	28
黑龙江	1.86	77	4 460	22	186	14
河北[a]	—	—	—	—	—	—
河南	1.84	107	4 460	24	207	14
山东	—	—	—	—	—	—
陕西	1.99	87	7 550	5	37	−8
新疆	1.41	135	4 120	32	298	25
大规模饲养：						
内蒙古	—	—	—	—	—	—
黑龙江	1.81	110	4 610	24	248	12
河北[a]	—	—	—	—	—	—
河南	1.95	122	4 500	25	217	15
山东	2.07	−21	8 030	−8	−153	−18
陕西	—	—	—	—	—	—
新疆	1.73	312	4 860	36	831	33

注：根据《国家发展与改革委员会》价格司《饲养业品种规模分类标准》，10 头或以下为农户散养，10～50 头为小规模饲养，50～500 头为中规模饲养，500 头以上为大规模饲养。

a 河北只有小规模奶牛饲养成本收益调查资料。

资料来源：分别摘自表 6－2 到表 6－8。

表 6－9 列出 2008 年各主要省区各种饲养模式的盈亏或损益点及市场竞争潜力估计。从表 6－9 可以清楚地看到，主要省区的盈亏或损益点及市场竞争潜力差异明显。综合不同饲养模式来看，产品价格盈亏或损益点，新疆最低，山东、河南和陕西较高；相反，反映在市场竞争潜力上则是新疆最高，山东、河南和陕西较低。劳动工价的盈亏或损益点则是，内蒙古和新疆较高而黑龙江、山东、河南和陕西较低；同样，反映在市场竞争潜力上则是内蒙古和新疆较高而黑龙江、山东、河南和陕西较低。

为了更清楚地观察和分析主要省区之间盈亏或损益点和市场竞争潜力的差别，我们提供了图6－1、图6－2、图6－3和图6－4，分别展示了农户散养、小规模、中规模和大规模等四种奶牛饲养模式的盈亏或损益点和市场竞争潜力。为了方便我们的观察分析，将相同指标的坐标图刻度定为一致，亦即直方图的高度直接代表盈亏或损益点的高低和市场竞争潜力的大小。

从图6－1可以看出，在农户散养模式下，产品价格盈亏或损益点差异不太明显，最低省区有山东和新疆；劳动工价盈亏或损益点差异较大，最高的省区有内蒙古和新疆；产品产量盈亏或损益点差异也不大，最低的省区有河南和陕西。很清楚，对于市场竞争潜力来说，最高的省区是内蒙古和新疆，河南、山东和陕西次之，黑龙江最低。

从图6－2可以看出，在小规模奶牛饲养模式下，产品价格盈亏或损益点差异较大，最低省区是新疆，其次是山东、河北和内蒙古；劳动工价盈亏或损益点差异较大，最高的省区是河北，其次是内蒙古和新疆；产品产量盈亏或损益点差异较大，最低的省区是内蒙古，最高的是山东。很清楚，对于市场竞争潜力来说，最高的省区是内蒙古、河北和新疆，黑龙江和河南次之，山东最低。

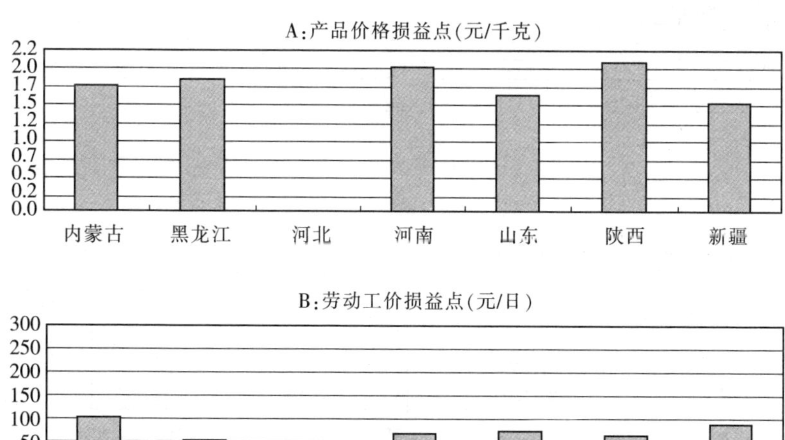

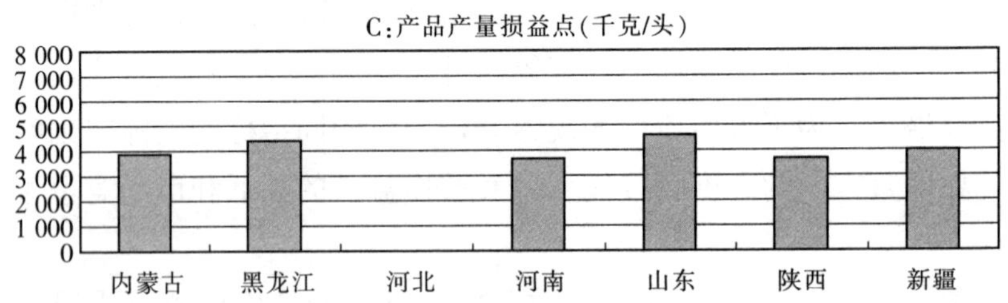

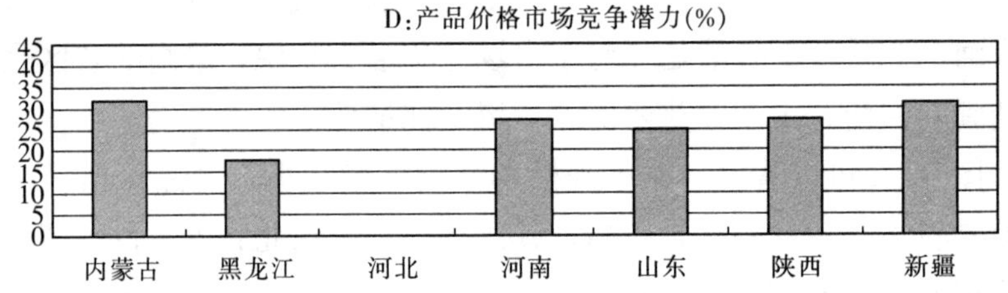

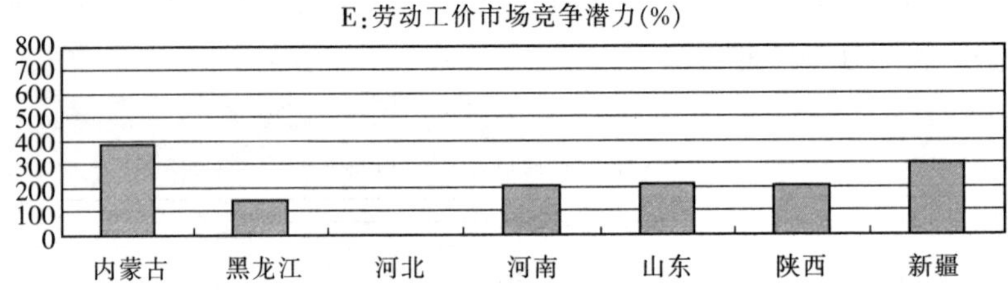

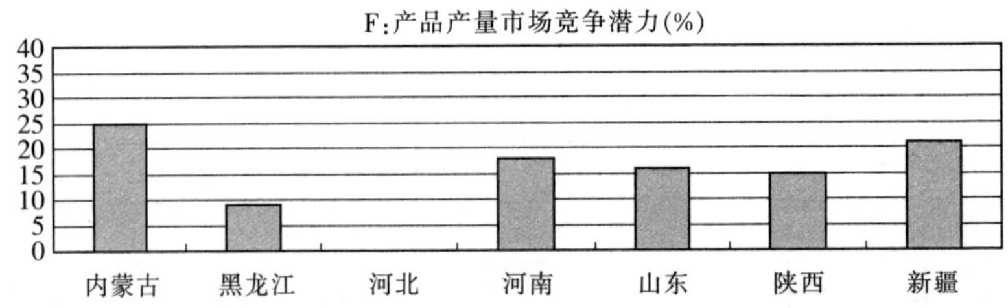

图 6－1　主产区农户散养奶牛盈亏损益点及市场竞争潜力比较

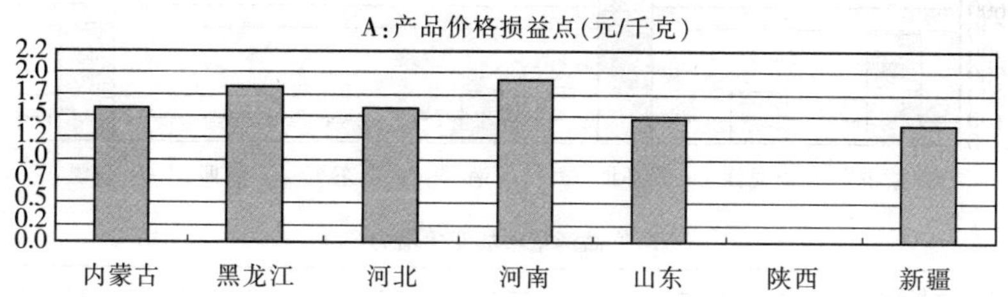
A:产品价格损益点(元/千克)
2.2
2.0
1.7
1.5
1.2
1.0
0.7
0.5
0.2
0.0
内蒙古
黑龙江
河北
河南
山东
陕西
新疆

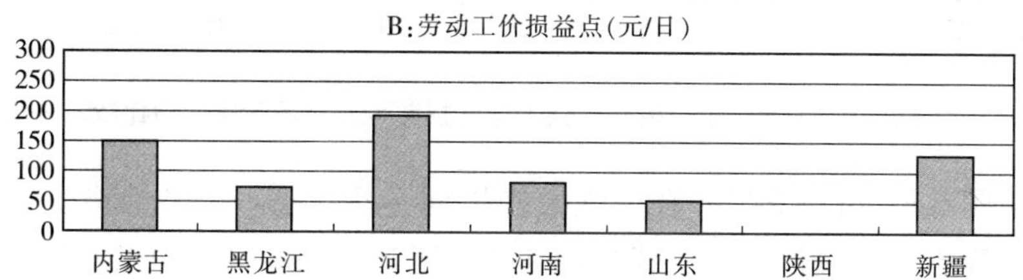
B:劳动工价损益点(元/日)
300
250
200
150
100
50
0
内蒙古
黑龙江
河北
河南
山东
陕西
新疆

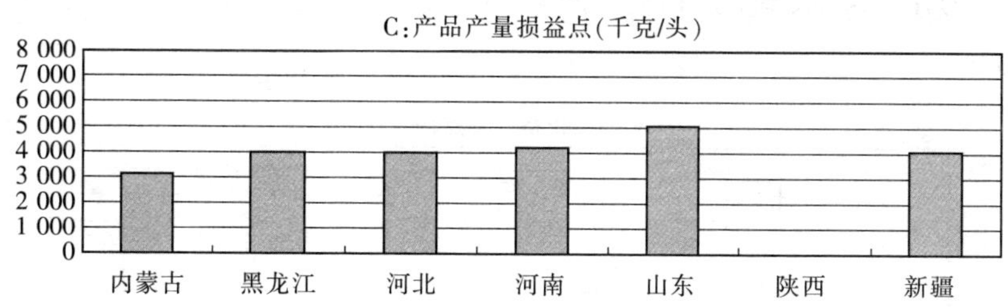
C:产品产量损益点(千克/头)
8 000
7 000
6 000
5 000
4 000
3 000
2 000
1 000
0
内蒙古
黑龙江
河北
河南
山东
陕西
新疆

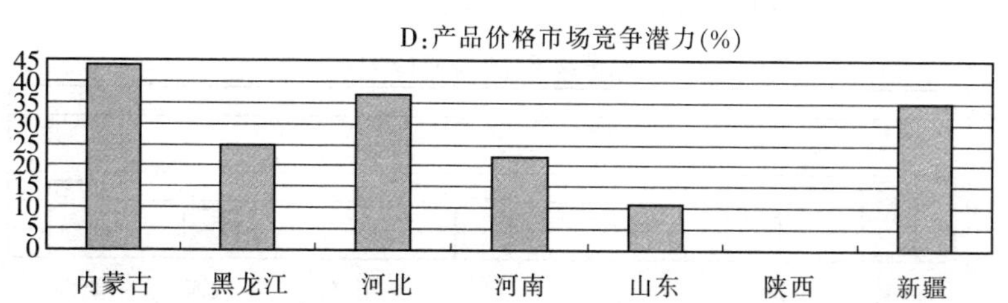
D:产品价格市场竞争潜力(%)
45
40
35
30
25
20
15
10
5
0
内蒙古
黑龙江
河北
河南
山东
陕西
新疆

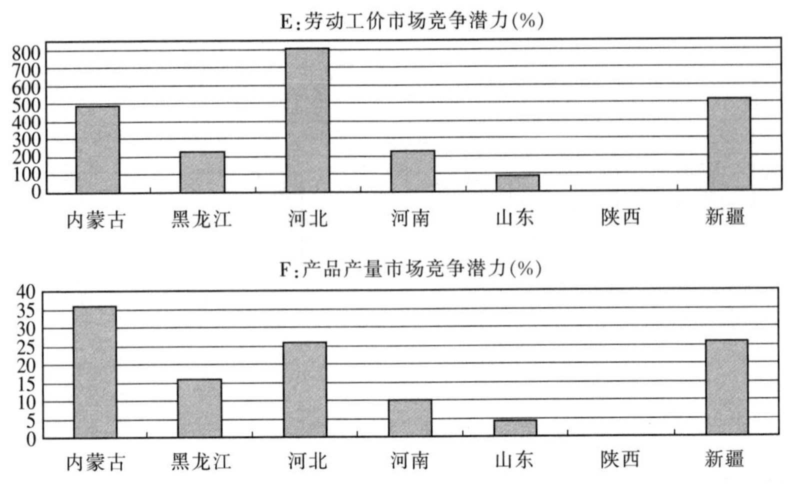

图 6-2 主产区小规模奶牛饲养盈亏损益点及市场竞争潜力比较

从图 6-3 可以看出，在中规模奶牛饲养模式下，产品价格盈亏或损益点差异不大，最低省区是新疆，其他省区基本相同；劳动工价盈亏或损益点差异较大，最高的省区是内蒙古，其次新疆；产品产量盈亏或损益点差异也不大，所有省区基本类似，唯有陕西高得出奇。很清楚，对于市场竞争潜力来说，最高的省区是内蒙古、新疆次之，黑龙江和河南位居第三。

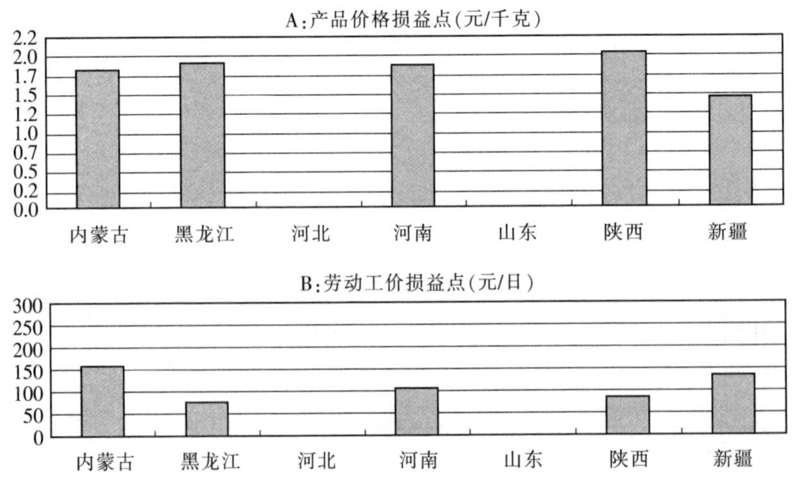

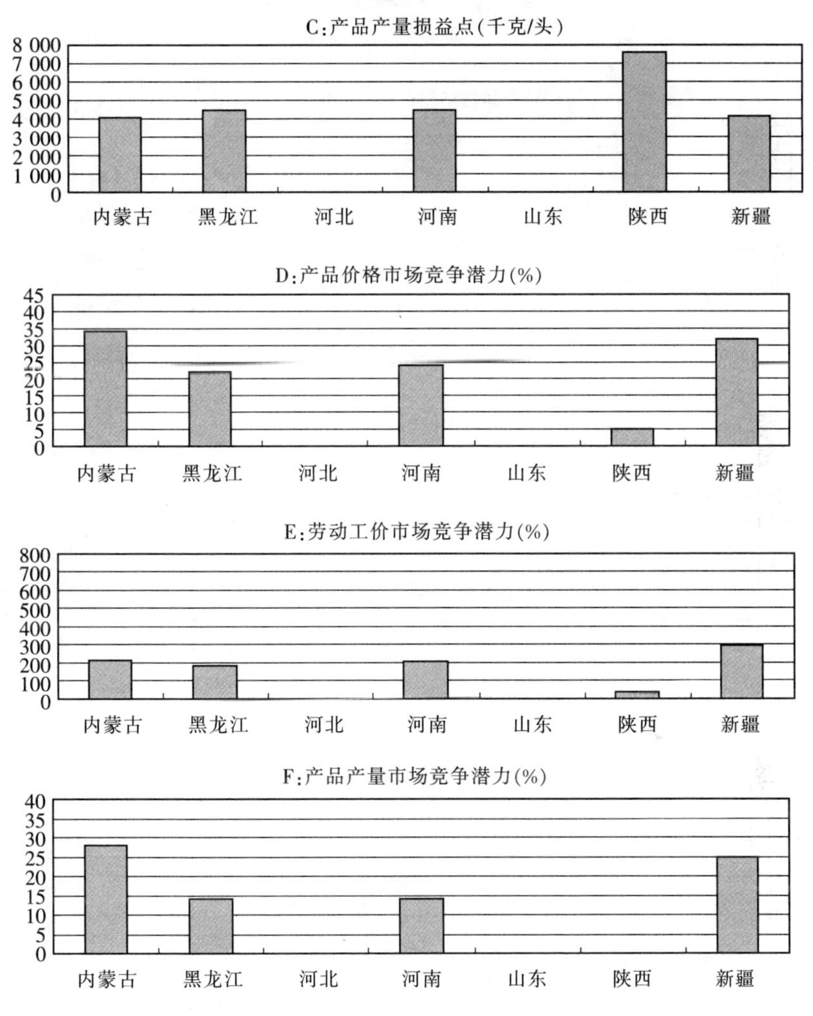

图6-3 主产区中规模奶牛饲养盈亏损益点及市场竞争潜力比较

从图6-4可以看出，在大规模奶牛饲养模式下，产品价格盈亏或损益点差异不大，最低省区是新疆，最高省区是山东；劳动工价盈亏或损益点差异较大，最高的省区是新疆，黑龙江和河南基本相同，但山东已经降到负值以下；产品产量盈亏或损益点差异也不大，所有省区基本类似，唯有山东高得出奇。很清楚，对于市场竞争潜力来说，最高的省区是新疆，黑龙江和河南次之，山东最差。

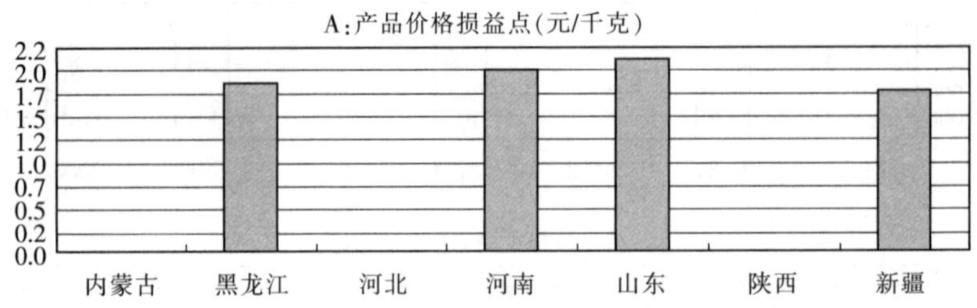
A:产品价格损益点(元/千克)
2.2
2.0
1.7
1.5
1.2
1.0
0.7
0.5
0.2
0.0
内蒙古
黑龙江
河北
河南
山东
陕西
新疆

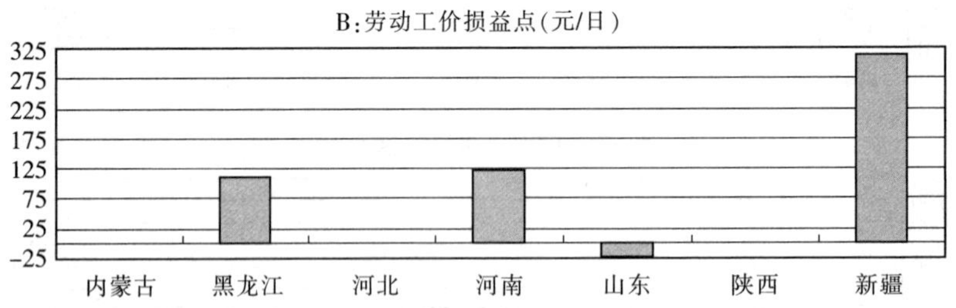
B:劳动工价损益点(元/日)
325
275
225
175
125
75
25
-25
内蒙古
黑龙江
河北
河南
山东
陕西
新疆

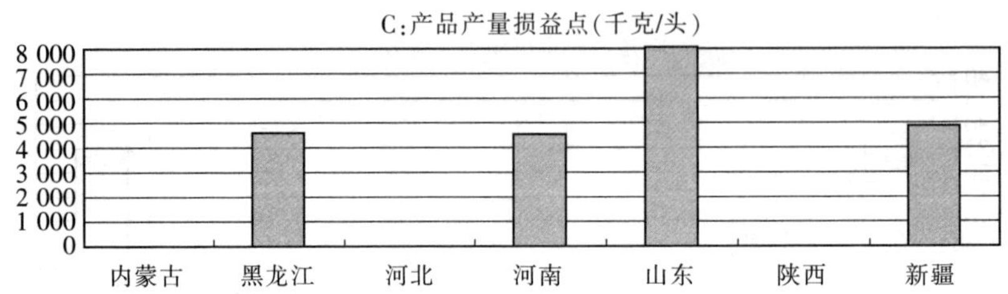
C:产品产量损益点(千克/头)
8 000
7 000
6 000
5 000
4 000
3 000
2 000
1 000
0
内蒙古
黑龙江
河北
河南
山东
陕西
新疆

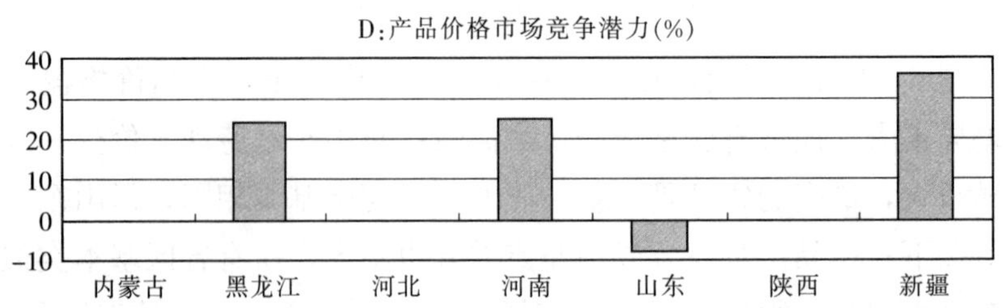
D:产品价格市场竞争潜力(%)
40
30
20
10
0
-10
内蒙古
黑龙江
河北
河南
山东
陕西
新疆

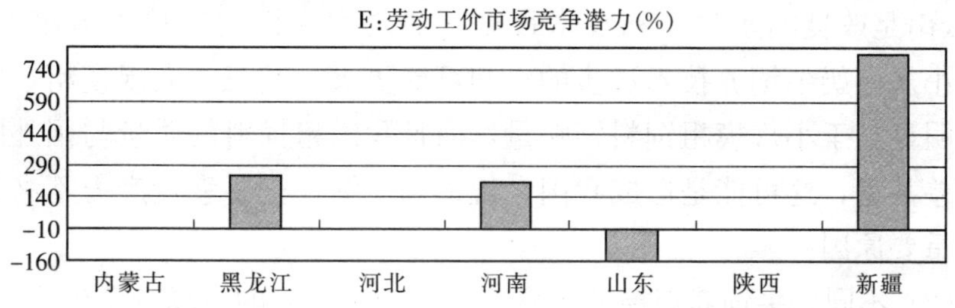

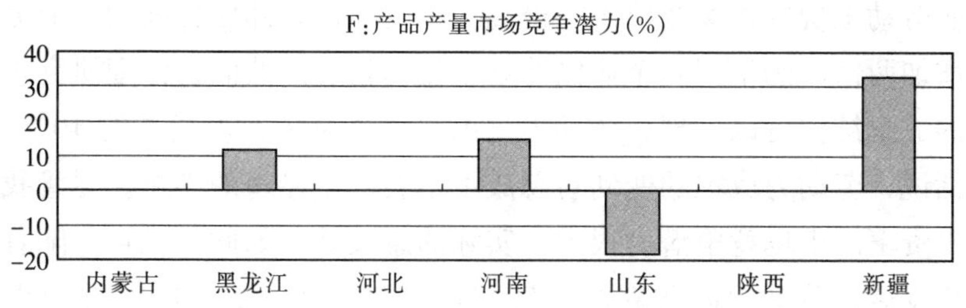

图6-4　主产区大规模奶牛饲养盈亏损益点及市场竞争潜力比较

6　基本结论和政策建议

本部分估算了我国及主产区奶牛饲养的盈亏损益点以及市场竞争潜力，从以上的观察、比较和分析中，我们可以得出如下基本结论和政策建议：

（1）我国不同规模奶牛饲养的盈亏损益点以及市场竞争潜力差异较大。是什么原因造成不同奶牛饲养规模之间市场竞争潜力的差异，已经超出了本研究的范围，需要更加深入具体的分析研究。但有几个事实是显而易见的：其一，我国大规模奶牛饲养的起点很高，在技术和装备上都是现代化的，也都是优质进口奶牛，饲养管理有的也照搬国外模式，在这样的情况下，技术进步的空间已经非常有限，同时，由于国内实际的饲养管理水平与国外先进的饲养管理模式有一定差距，先进的饲养技术有可能得不到有效发挥，技术效率的下降可能变为现实。其二，由于小规模（特别是农户）散养的起点较低，多采用当地或改良奶牛品种（如云南是改良的水牛）和技术设施，加之大规模饲养技术溢出效应，这样小规模奶牛饲养技术进步的空间可能更大。其三，大规模粗饲料饲喂量明显高于小规模粗饲料饲喂量，而且我国粗饲料的质量与国外的相比相差甚远，这可能是造成我国大规模奶牛饲养全要素生产力不高的另一个重要原因。

（2）不同奶牛饲养规模的工资率（劳动工价）的市场竞争潜力极高，大都在200%以上。很显然，目前我国农业劳动力工资报酬极低，造成了饲养业劳动工价的市场竞争潜力极高。也就是说，即使目前的农业劳动工资率增加两倍，奶牛饲养企业仍然处于盈利状态。然而，仔细研究奶牛饲养业的成本结构可以发现，劳动力支出只占总奶牛饲养成本的10%左右。换句话说，劳动力成本的变动对总成本不会产生显著的影响。尽管我们估计的工资率的市场竞争潜力很大，实际的意义并非如此。况且，随着我国城市化发展、劳动力向非农产业转移，农业劳动力短缺的状况会很快出现。那么，随之而来就可能是工资率的上涨，结果这种市场竞争潜力会很快消失。

（3）产品产量市场竞争潜力非常有限，现在平均只有10%～15%。也就是说，现阶段我国的奶牛饲养基本是在保持“满负荷”运行，任何降低和减产的事件发生，都会造成奶牛饲养的亏损经营。可以看出，目前我国不仅不能降低奶牛单产，而且还要提高奶牛产奶量。实际上，受饲料质量和奶牛品种的制约，我国奶牛的产奶量是非常低的，根据成本调查资料，我国每头饲养奶牛平均产奶在5 000千克左右，而日本、以色列和韩国都在8 500千克以上。因此，改进奶牛品种和遗传基因、生产系统和管理水平，增加饲养奶牛产奶量，提高原奶质量，是我国奶牛饲养环节的关键问题。

（4）产品价格仍有一定市场竞争潜力，但潜力不明显，估计结果只有20%～25%空间。因此，任何来自加工企业的压级、压价和生产企业之间的降价行为，都可能置奶牛饲养单位的资金流动于非常不稳定状态。事实上，2004—2008年间，我国原奶销售价增长很快。如农户散养价格提高了38.1%，小规模饲养价格提高了34.3%，大规模饲养价格提高了32.1%。尽管中规模饲养价格增长较慢，但是4年间也提高了25.8%。这就是说，我国奶牛饲养的这种不明显的价格市场竞争潜力，是在迅速提高原奶价格前提下才体现出来的。如果未来原奶的价格不快速增长，那么，这种原奶价格市场竞争潜力很可能就随之消失。因此，能否合理调节奶业各环节间利润分配，提高原奶销售价格，切实保护奶牛饲养企业的利益，可能成为今后我国奶业健康发展的关键之一。

总之，我国各种奶牛饲养规模的盈亏或损益点以及市场竞争潜力差异较大；主要省区的盈亏或损益点以及市场竞争潜力差异也比较较大，有些主要省区已经都在盈亏或损益点运行。具体来说，内蒙古和新疆是中国主要奶牛饲养省区，市场竞争潜力最大；黑龙江是中国第三大奶牛饲养省区，但市场竞争潜力有限，基本上落到和河南持平的地位。劳动工价的市场竞争潜力最大，主要原因可能是中国劳动力工资待遇极其低下，特别是农业和农村劳动力工资待遇更差；随着要素市场的发展，这一优势会逐渐变弱，而且是经营管理的下策。产品产量的市场竞争潜力最低，基本上在20%，有的省区甚至更低，说明中国的奶牛饲养必须是满负荷运行，任何限制产量或产销不畅的事件发生，都会造成奶牛饲养的亏损经营。产品价格有一定的市场竞争潜力，但省区间差异明显，如山东非常低，有的饲养模式已经沦为负值。中国奶牛饲养重点区域划分标准，应当采用类似的研究结果；过去奶牛饲养优势地区可能正在或已经失去它们的优势地位，新的优势地区可能正在出现。国家发展和改革委员会价格司，要对现有奶牛饲养主产区（特别是河北）的成本收益进行全面的跟踪调查，以准确掌握它们的成本收益变动情况，为研究它们的优势地位变动以及原因提供数据支持。

事实上，我国奶牛饲养空间有多大？不同奶牛饲养方式的饲养管理和比较优势有什么差别，国内许多学者都进行了很多研究。例如，刘玉满（2005）分析了我国奶业的增长潜力，冯艳秋等（2010）调查了我国15省（市、区）的规模奶牛饲养生产管理状况，周鑫宇等（2010）评价分析了我国不同规模奶牛养殖方式的优劣。

参考文献

[1] 曹志军，李胜利．2007年中国原料奶价格分析［J］．中国畜牧杂志，2008（2）．

[2] 冯艳秋，聂迎利，赵京颐，林少华，韦璐．全国15省（区、市）规模奶牛场生产管理状况调查报告［J］．中国乳业，2010（4）．

[3] 黄季焜，马恒运．差在经营规模上——主要农产品生产成本的国际比较［J］．国际贸易，2000（4）．

[4] 黄季焜，马恒运．价格差异——我国主要农产品价格的国际比较［J］．国际贸易，2000（10）．

[5] 黄季焜，马恒运．中国主要农产品生产成本与主要国际竞争者的比较［J］．中国农村经济，2000（5）．

[6] 黄季焜，马恒运．中国农产品生产成本的国际比较和差别［J］．战略与管理，2000（6）．

[7] 黄季焜，马恒运．如何提高中国农产品的国际竞争力［J］．发展，2002（3）．

[8] 黄季焜，徐志刚，马恒运．我国粮棉主产区的比较优势与农业结构调整［J］．产业经济研究，2001（1）．

[9] 靖飞．中国农产品显性比较优势变动的实证分析［J］．南京农业大学学报（社会科学版），2007（4）．

[10] 孔祥智，钟真．奶价大幅上涨情况下奶农缘何增收困难——呼和浩特市奶牛养殖效益分析［J］．中国奶业，2008（3）．

[11] 李崇光，于爱芝．以比较优势为基础培植农产品竞争优势［J］．国际经贸探索，2000（6）．

[12] 李崇光．论中国农产品比较优势因素与比较优势模式［J］．华中农业大学学报（社会科学版），2000（1）．

[13] 李崇光．中国农产品比较优势研究［D］．华中农业大学博士学位论文，1998.

[14] 李建．我国畜产品比较优势和国际竞争力的实证分析［J］．管理世界，2002（1）．

[15] 李胜利，曹志军，周鑫宇，杨敦启，刘玉满．当前我国奶业面临的困境及应对措施［J］．中国乳业，2009（3）．

[16] 刘新楼．中国农产品比较优势的实证分析研究［J］．现代农业科学，2009（1）．

[17] 刘玉满．我国奶业的增长潜力分析［J］．中国动物保健，2005（10）．

[18] 吕玲丽．中国与东盟农产品比较优势分析［J］．中国农村经济，2004（9）．

[19] 牛宝俊，姚长春，刘克刚．中国农产品对外贸易比较优势变动及其政策取向［J］．中国农村观察，1996（6）．

[20] 牛宝俊．中国农产品对外贸易比较优势格局与剖析［J］．农业经济问题，1996（10）．

[21] 乔娟，颜军林．中国柑橘鲜果国际竞争力的比较分析［J］．中国农村经济，2002（11）．

[22] 帅传敏，程国强，张金鑫．中国农产品国际竞争力的估计［J］．管理世界，2003（1）．

[23] 汤承超，李先德．中国农产品对美国出口的比较优势探讨［J］．财贸研究，2007（2）．

[24] 汤勇，黄军，李岳云．中国蔬菜的比较优势与出口竞争力分析［J］．农业技术经济，2006（4）．

[25] 汪琳．中国农产品比较优势动态分析［J］．北方经济，2006（8）．

[26] 王秀清，李德发．生猪生产的国际环境与竞争力研究［J］．中国农村经济，1998（8）．

[27] 徐志刚，钟甫宁，傅龙波．中国农产品的国内资源成本及比较优势［J］．农业技术经济，2000（4）．

[28] 徐志刚．比较优势与中国农业生产结构调整［D］．南京农业大学博士学位论文，2001.

[29] 于爱芝．试论我国农产品比较优势与竞争优势［J］．国际经贸探索，1999（2）．

[30] 于爱芝．中国生猪饲养业比较优势分析［J］．农业技术经济，2005（1）．

[31] 章泽武．比较优势的动态性质：来自中国农产品的经验分析［J］．技术经济与管理研究，2007（4）．

[32] 钟甫宁，羊文辉．中国对欧盟主要农产品比较优势变动分析［J］．中国农村经济，2000（2）．

[33] 钟甫宁，徐志刚，傅龙波．中国种植业地区比较优势的测定及调整结构的思路［J］．福建论坛（经济社会版），2001（12）．

[34] 周鑫宇，杨君香，黄文明，李胜利．对我国规模奶牛养殖模式的思考［J］．中国畜牧杂志，2010（12）．

附表 6-1　专业户和国营集体奶牛饲养盈亏点及生产竞争潜力估算

年份	盈亏平衡点估算			生产竞争潜力估算		
	产品价格（元/千克）	劳动工价（元/日）	产品产量（千克/头）	产品价格（%）	劳动工价（%）	产品产量（%）
专业户奶牛饲养						
1992	0.61	15.89	3 244	32.5	367.2	25.2
1993	0.77	12.77	3 422	25.8	211.6	19.2
1994	0.83	17.64	4 430	23.3	221.2	14.1
1995	1.18	15.08	4 413	16.0	159.1	11.7
1996	1.25	39.03	3 533	27.3	357.0	24.9
1997	1.39	36.12	4 337	24.0	271.6	14.5
1998	1.19	48.60	3 372	33.0	389.9	26.7
1999	1.20	48.18	3 131	32.5	415.3	29.2
2000	1.11	48.68	3 477	35.1	396.7	30.9
2001	1.16	51.73	3 788	31.3	397.4	26.0
2002	1.23	48.77	3 939	31.3	364.5	24.6
2003	1.17	65.88	3 983	34.4	463.1	25.4
五年均	1.17	52.65	3 664	32.9	407.4	27.2
五年 Δ%	0.3	35.9	19.7	2.6	15.6	−12.2
国营集体奶牛饲养						
1992	0.81	10.68	3 981	20.0	214.1	16.1
1993	0.95	9.51	4 408	10.4	132.0	6.9
1994	1.24	14.68	4 276	12.1	124.8	4.5
1995	1.63	22.83	4 404	12.5	164.6	7.4
1996	1.85	21.76	4 813	9.9	107.0	6.3
1997	1.76	32.22	4 485	16.0	199.2	13.0
1998	1.58	68.21	4 184	29.2	493.6	23.0
1999	1.55	65.18	4 460	27.6	446.3	24.3
2000	1.60	59.41	4 817	24.4	416.6	20.0
2001	1.60	61.93	4 663	25.6	495.5	22.3
2002	1.60	73.42	4 466	28.9	487.4	26.0
2003	1.70	67.35	4 798	24.7	414.1	21.2
五年均	1.61	65.46	4 641	26.2	452.0	22.8
五年 Δ%	7.8	4.8	6.9	−8.7	−8.4	−5.5

资料来源：国家发展改革委员会价格司：《全国农产品成本收益资料汇编》。

附表6-2　内蒙古专业户和国营集体奶牛饲养盈亏点及生产竞争潜力估算

年份	盈亏平衡点估算			生产竞争潜力估算		
	产品价格（元/千克）	劳动工价（元/日）	产品产量（千克/头）	产品价格（%）	劳动工价（%）	产品产量（%）
专业户奶牛饲养						
1992	—	—	—	—	—	—
1993	—	—	—	—	—	—
1994	—	—	—	—	—	—
1995	—	—	—	—	—	—
1996	—	—	—	—	—	—
1997	—	—	—	—	—	—
1998	0.65	54.52	2 181	54.8	581.5	51.9
1999	0.90	113.92	2 332	59.8	1 240.3	59.3
2000	0.91	50.04	3 268	44.6	488.7	38.3
2001	1.22	72.08	3 668	39.5	758.1	33.7
2002	0.91	61.38	3 405	51.5	667.2	40.6
2003	1.26	56.60	4 357	34.4	565.8	20.6
五年均	1.04	70.80	3 406	46.0	744.0	38.5
五年Δ%	53.7	−22.3	68.0	−35.2	−26.5	−58.7
国营集体奶牛饲养						
1992	—	—	—	—	—	—
1993	—	—	—	—	—	—
1994	—	—	—	—	—	—
1995	—	—	—	—	—	—
1996	—	—	—	—	—	—
1997	—	—	—	—	—	—
1998	—	—	—	—	—	—
1999	—	—	—	—	—	—
2000	—	—	—	—	—	—
2001	—	—	—	—	—	—
2002	—	—	—	—	—	—
2003	—	—	—	—	—	—
五年均	—	—	—	—	—	—
五年Δ%	—	—	—	—	—	—

资料来源：国家发展改革委员会价格司：《全国农产品成本收益资料汇编》。

附表 6-3　黑龙江专业户和国营集体奶牛饲养盈亏点及生产竞争潜力估算

年份	盈亏平衡点估算			生产竞争潜力估算		
	产品价格（元/千克）	劳动工价（元/日）	产品产量（千克/头）	产品价格（%）	劳动工价（%）	产品产量（%）
专业户奶牛饲养						
1992	—	—	—	—	—	—
1993	—	—	—	—	—	—
1994	0.76	18.38	3 726	24.2	162.5	17.6
1995	0.90	26.89	3 241	31.4	212.7	26.1
1996	1.05	26.33	3 598	25.8	178.4	21.6
1997	0.95	27.21	3 353	27.3	199.0	21.2
1998	0.88	18.41	4 172	18.0	102.3	3.9
1999	0.89	29.02	3 328	33.8	241.4	28.5
2000	0.88	31.36	2 799	41.3	268.9	39.1
2001	0.97	34.92	3 786	33.2	288.0	28.9
2002	0.94	44.89	3 888	35.5	372.5	28.1
2003	0.99	48.58	3 987	38.3	385.8	24.3
五年均	0.93	37.75	3 558	36.4	311.3	29.8
五年Δ%	12.1	85.0	16.1	23.4	88.9	2.0
国营集体奶牛饲养						
1992	—	—	—	—	—	—
1993	—	—	—	—	—	—
1994	—	—	—	—	—	—
1995	—	—	—	—	—	—
1996	—	—	—	—	—	—
1997	—	—	—	—	—	—
1998	—	—	—	—	—	—
1999	—	—	—	—	—	—
2000	—	—	—	—	—	—
2001	—	—	—	—	—	—
2002	—	—	—	—	—	—
2003	—	—	—	—	—	—
五年均	—	—	—	—	—	—
五年Δ%	—	—	—	—	—	—

资料来源：国家发展改革委员会价格司：《全国农产品成本收益资料汇编》。

附表 6-4　河北专业户和国营集体奶牛饲养盈亏点及生产竞争潜力估算

年份	盈亏平衡点估算			生产竞争潜力估算		
	产品价格（元/千克）	劳动工价（元/日）	产品产量（千克/头）	产品价格（%）	劳动工价（%）	产品产量（%）
专业户奶牛饲养						
1992	0.63	15.25	2 925	36.0	348.6	25.6
1993	0.69	13.54	3 825	31.0	287.0	22.6
1994	0.61	19.92	4 449	40.1	398.0	21.4
1995	1.24	8.54	4 569	8.1	70.8	2.9
1996	1.57	23.41	2 591	19.3	212.1	13.9
1997	1.10	47.63	3 965	34.7	460.3	18.2
1998	1.10	32.82	4 610	20.5	286.1	−0.6
1999	1.15	44.05	2 530	34.4	418.2	29.4
2000	0.90	59.74	2 881	43.1	602.8	33.2
2001	0.75	77.37	3 455	49.9	810.2	33.1
2002	0.90	71.16	3 673	43.2	737.2	30.7
2003	0.84	80.40	4 067	39.4	845.8	35.8
五年均	0.91	66.54	3 321	42.0	682.8	32.4
五年 Δ%	−20.0	76.6	21.8	20.6	94.1	73.2
国营集体奶牛饲养						
1992	0.76	13.27	3 755	27.9	290.2	20.8
1993	0.95	13.90	4 514	19.7	297.0	16.0
1994	1.16	16.38	4 945	14.6	309.5	11.4
1995	1.23	44.96	3 994	23.0	799.1	17.0
1996	1.81	34.80	4 010	20.1	364.0	18.4
1997	1.18	75.24	3 906	42.4	785.1	36.0
1998	1.25	48.62	4 154	32.4	472.0	29.3
1999	0.97	48.43	3 841	39.6	469.7	34.7
2000	1.16	52.19	3 970	36.1	514.0	32.4
2001	1.11	74.60	3 591	40.0	777.6	38.4
2002	1.22	66.97	4 017	36.7	687.9	35.5
2003	1.29	51.98	4 609	28.3	511.5	26.4
五年均	1.15	58.83	4 006	36.1	592.1	33.5
五年 Δ%	14.5	4.5	15.6	−21.5	5.4	−17.8

资料来源：国家发展改革委员会价格司：《全国农产品成本收益资料汇编》。

附表 6-5　河南专业户和国营集体奶牛饲养盈亏点及生产竞争潜力估算

年份	盈亏平衡点估算			生产竞争潜力估算		
	产品价格（元/千克）	劳动工价（元/日）	产品产量（千克/头）	产品价格（%）	劳动工价（%）	产品产量（%）
			专业户奶牛饲养			
1992	—	—	—	—	—	—
1993	0.78	11.59	2 834	31.2	297.0	24.4
1994	0.81	20.63	3 037	39.2	403.1	35.3
1995	1.07	19.21	2 896	32.8	240.6	27.5
1996	1.01	43.07	2 991	43.3	474.3	38.2
1997	1.09	32.58	3 034	45.8	297.3	33.2
1998	1.32	41.23	2 310	42.5	402.9	38.4
1999	1.44	28.52	2 321	30.8	307.4	25.7
2000	1.27	37.85	2 839	34.7	367.3	31.2
2001	1.11	49.89	3 071	39.6	487.0	37.1
2002	1.14	55.47	3 112	41.5	523.3	38.8
2003	1.20	58.62	3 005	39.6	551.4	36.7
五年均	1.23	46.07	2 870	37.2	447.3	33.9
五年 Δ%	—10.7	63.4	20.7	10.0	53.5	15.5
			国营集体奶牛饲养			
1992	0.64	14.72	2 787	33.4	332.9	22.2
1993	0.80	8.85	3 389	22.7	203.0	14.2
1994	1.19	6.51	2 961	7.2	58.7	—0.5
1995	1.48	12.94	2 563	15.4	129.5	7.6
1996	1.35	29.84	3 021	22.9	297.9	9.8
1997	1.79	21.66	2 793	13.6	164.2	11.9
1998	1.52	19.18	3 223	10.5	133.9	0.0
1999	1.41	23.80	3 086	16.9	240.0	3.8
2000	1.86	18.31	2 372	12.1	126.1	8.6
2001	1.23	41.42	2 572	29.2	387.2	25.1
2002	1.25	42.07	2 756	29.5	372.7	26.2
2003	1.44	45.85	2 803	25.1	409.4	20.6
五年均	1.44	34.29	2 718	22.6	307.1	16.9
五年 Δ%	−9.8	124.4	—3.1	90.6	145.6	398.4

资料来源：国家发展改革委员会价格司：《全国农产品成本收益资料汇编》。

附表 6-6　山东专业户和国营集体奶牛饲养盈亏点及生产竞争潜力估算

年份	盈亏平衡点估算			生产竞争潜力估算		
	产品价格（元/千克）	劳动工价（元/日）	产品产量（千克/头）	产品价格（%）	劳动工价（%）	产品产量（%）
专业户奶牛饲养						
1992	—	—	—	—	—	—
1993	—	—	—	—	—	—
1994	—	—	—	—	—	—
1995	—	—	—	—	—	—
1996	—	—	—	—	—	—
1997	2.06	34.57	5 175	12.9	252.7	12.5
1998	1.11	69.77	2 799	41.3	612.0	38.2
1999	1.23	50.51	3 495	27.8	443.1	24.9
2000	1.22	57.84	3 883	29.0	490.2	25.9
2001	1.35	46.65	3 734	24.9	357.4	22.3
2002	1.08	85.41	3 792	44.1	655.8	37.5
2003	1.17	80.67	4 044	40.0	583.7	32.9
五年均	1.21	64.22	3 790	33.2	506.0	28.7
五年 Δ%	−1.4	35.9	19.2	22.3	13.3	10.9
国营集体奶牛饲养						
1992	0.81	17.72	3 845	31.5	421.1	30.7
1993	0.90	8.69	4 636	11.4	158.6	7.1
1994	1.13	7.12	4 895	3.4	31.8	−4.5
1995	1.68	24.60	3 238	19.8	355.6	15.7
1996	1.97	7.57	4 914	−0.2	−2.3	−2.7
1997	1.74	1.81	5 227	−8.7	−81.6	−10.0
1998	1.53	41.51	3 826	26.3	323.6	24.7
1999	1.52	11.96	4 796	2.5	28.6	0.1
2000	1.57	60.31	5 163	20.1	515.4	13.6
2001	1.50	79.38	5 862	21.2	678.2	18.2
2002	1.55	1 033.35	5 681	18.5	9 044.7	11.2
2003	1.49	191.51	6 195	21.6	1 523.0	8.2
五年均	1.53	275.30	5 539	16.8	2 358.0	10.3
五年 Δ%	−3.2	404.9	34.8	32.5	426.6	−35.9

资料来源：国家发展改革委员会价格司：《全国农产品成本收益资料汇编》。

附表 6-7 陕西专业户和国营集体奶牛饲养盈亏点及生产竞争潜力估算

年份	盈亏平衡点估算			生产竞争潜力估算		
	产品价格（元/千克）	劳动工价（元/日）	产品产量（千克/头）	产品价格（%）	劳动工价（%）	产品产量（%）
			专业户奶牛饲养			
1992	—	—	—	—	—	—
1993	0.49	13.75	3 498	35.9	292.8	26.2
1994	—	—	—	—	—	—
1995	1.16	24.12	4 979	18.8	323.2	16.0
1996	1.22	33.64	4 367	25.2	320.5	23.9
1997	1.05	90.54	4 017	34.2	990.9	24.7
1998	0.95	81.51	3 734	40.5	972.5	31.3
1999	0.54	37.73	4 247	48.8	349.2	35.5
2000	0.70	32.03	3 887	41.8	264.0	27.6
2001	0.80	26.95	4 004	33.0	177.8	19.4
2002	0.89	22.75	4 306	26.0	129.8	11.4
2003	1.16	24.12	4 979	18.8	323.2	16.0
五年均	0.82	28.72	4 285	33.7	248.8	22.0
五年 Δ%	58.9	−52.2	25.9	−57.0	−38.9	−49.2
			国营集体奶牛饲养			
1992	0.96	9.02	2 657	23.2	165.3	17.4
1993	0.79	15.99	5 373	14.7	356.7	13.0
1994	—	—	—	—	—	—
1995	—	—	—	—	—	—
1996	—	—	—	—	—	—
1997	1.39	48.52	6 002	14.0	484.6	13.6
1998	1.22	62.65	5 696	22.3	654.8	15.9
1999	1.32	83.79	6 829	21.0	897.5	15.1
2000	1.34	92.33	6 772	22.6	949.2	18.5
2001	1.43	79.31	6 459	19.7	717.7	19.6
2002	1.35	101.94	6 069	22.7	929.7	22.6
2003	1.39	48.52	6 002	14.0	484.6	13.6
五年均	1.37	81.18	6 426	20.0	795.7	17.9
五年 Δ%	7.5	−39.0	−6.7	−36.3	−41.9	−17.6

资料来源：国家发展改革委员会价格司：《全国农产品成本收益资料汇编》。

附表 6-8　新疆专业户和国营集体奶牛饲养盈亏点及生产竞争潜力估算

年份	盈亏平衡点估算			生产竞争潜力估算		
	产品价格（元/千克）	劳动工价（元/日）	产品产量（千克/头）	产品价格（%）	劳动工价（%）	产品产量（%）
			专业户奶牛饲养			
1992	—	—	—	—	—	—
1993	—	—	—	—	—	—
1994	—	—	—	—	—	—
1995	—	—	—	—	—	—
1996	—	—	—	—	—	—
1997	1.39	35.69	8 409	18.1	264.2	−5.7
1998	—	—	—	—	—	—
1999	1.51	22.00	3 464	13.4	108.5	9.6
2000	—	—	—	—	—	—
2001	1.00	55.97	3 303	42.5	508.3	28.9
2002	—	—	—	—	—	—
2003	0.61	100.51	3 252	59.3	958.0	49.3
五年均	1.04	59.49	3 340	38.4	524.9	29.3
五年 Δ%	−53.1	165.3	−35.7	140.4	226.2	350.9
			国营集体奶牛饲养			
1992	—	—	—	—	—	—
1993	0.98	2.28	5 305	−5.2	−57.8	−7.2
1994	0.96	18.04	3 976	21.8	234.1	2.9
1995	—	—	—	—	—	
1996	1.45	20.14	6 773	14.9	187.8	2.8
1997	—	—	—	—	—	—
1998	—	—				
1999	1.66	52.95	6 542	17.4	401.9	10.8
2000	1.35	76.48	8 151	22.1	713.6	4.3
2001	1.44	40.83	7 900	15.4	343.8	8.7
2002	1.64	36.67	6 934	17.8	298.5	11.2
2003	1.76	43.44	7 056	12.4	357.3	6.6
五年均	1.57	50.07	7 317	17.0	423.0	8.3
五年 Δ%	18.4	−12.9	−1.4	−31.6	−17.8	10.6

资料来源：国家发展改革委员会价格司：《全国农产品成本收益资料汇编》。

第7章 边界生产函数和无效率模型估计

1 实际估计模型定义

根据全要素生产率增长理论的讨论，以及我们所能掌握的统计分析资料，实际模型估计中，我们选择劳动力（X_1）作为投入变量的测度标准或量纲，其他投入指标用相对于劳动力的比率表示或者说转化为单位劳动力的投入量，并选用标准的超越对数投入距离边界生产函数理论框架（Karagiannis，Midmore，and Tzouvelekas，2004；Brümmer，Glauben，and Thijssen，2002；Coelli，and Perelman，2000），并假设有如下实际模型估计基本定义：

$$\begin{aligned}\ln D_{it}^{I} = {} & \alpha_0 + \sum_{k=1}^{2}\alpha_k \ln Y_{kit} + \sum_{j=1}^{5}\beta_j \ln X_{jit} + 0.5\sum_{k=1}^{2}\sum_{l=1}^{2}\alpha_{kl}\ln Y_{kit}\ln Y_{lit} \\ & + 0.5\sum_{j=1}^{5}\sum_{g=1}^{5}\beta_{jg}\ln X_{jit}\ln X_{git} + \sum_{j=1}^{5}\sum_{k=1}^{2}\delta_{jk}\ln Y_{kit}\ln X_{jit} \\ & + \sum_{j=1}^{5}\theta_j t\ln X_{jit} + \sum_{k=1}^{2}\varepsilon_k t\ln Y_{kit} + \omega t + \eta t^2 + (\varepsilon_{it} - u_{it}^{I})\end{aligned}$$

$$\text{其中}, u_{it}^{I} = \phi_0 + \phi_1 t + \sum\nolimits_{1}^{n}\phi_{2n} Z \qquad (7-1)$$

公式（7－1）中，D_{it}^{I} 为实际生产水平到生产边界的距离，定义为 $D_{it}^{I} = u_{it}^{I}$，Y 为产出变量，X 为投入变量，t 为时间变量，Z 为任意行为变量或虚变量，ε_{it} 为随机变量，服从正态分布。然而，实际经济生活中，在地区、饲养方式、自然条件、农业生产规模以及其他因素之间的实际差异，决定了实际存在的超自然投入距离边界生产函数和无效率模型之间的差异。因此，为了捕获这些变异，同时提高模型估计的拟合优度，在实际模型定义时，我们有如下经济计量假设，并引入相应的行为变量或虚变量，进行经济计量假设的显著性检验。

（1）奶牛饲养效率随时间成正比变化。一般情况是，奶牛饲养技术进步越快，奶牛饲养技术效率越低。因为，要提高奶牛饲养技术效率，奶牛饲养企业需要经过技术培训过程，或在实践中经历新饲养技术，以掌握新饲养技术的应用能力，才能达到提高饲养技术效率的目的。可以看出，饲养技术效率与社会生产经历有密切关系，假设时间变量显著影响奶牛饲养效率。因此，我们将时间变量（t）引入到无效率函数模型中，并检验其假设的统计显著性。

（2）奶牛饲养行为对奶牛饲养效率有显著影响。奶牛饲养行为体现在多方面：一是市场对生产行为的影响，二是生产者管理水平对饲养行为的影响。这里主要指市场对饲养行为的影响，亦即价格对要素投入水平及结构的影响。畜牧业生产中的要素投入主要是饲料投入，包括精饲料和粗饲料的投入。各种饲料相对价格的变化，影响精饲料和粗饲料的投入比例，进而影响奶牛饲养的技术效率的发挥。为了捕获奶牛饲养行为对技术效率的影响，我们将精饲料和粗饲料投入比率 R_{it} 引入到无效率函数中，并检验饲养行为 R_{it} 的显著性。

（3）农作物生产规模对奶牛饲养效率有显著影响。我国的奶牛饲养主要在农区或农牧结合的地区。因此，农业生产，特别是农作物生产规模和结构，对畜牧业生产有显著影响。这里的基本经济计量假设是：农作物生产规模大，提供的饲料资源潜力大，可能饲养的牲畜数量大。除内蒙古、四川和新疆等省区外，图 7－1 显示，地区奶牛饲养量同地区作物秸秆生产潜力有明显相同的波动关系。河南省是另一个特例，最近几年奶牛饲养量开始迅速增加。

同时，由于饲料资源潜力大，饲料市场价格较低的可能性大；特别是，由于农作物秸秆体积大，不便于长距离运输，因此，其市场价格较低的可能性更大。饲料资源潜力和市场价格变化，都会影响奶牛饲养行为和饲料投入结构。为了反映农作物生产规模对生产效率的影响，我们把农作物秸秆生产潜力 C_{it} 引入到无效率函数中，并检验农作物秸秆生产潜力 C_{it} 的显著性。

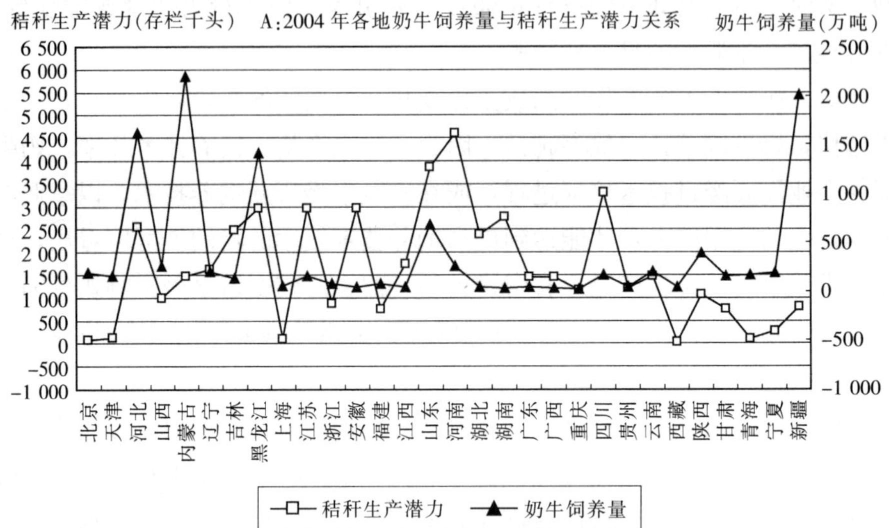

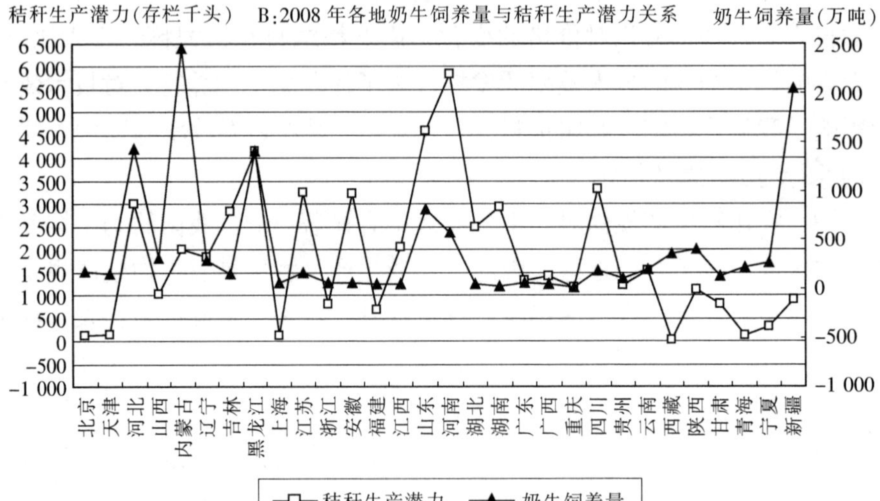

图 7-1 各地奶牛饲养量和农作物秸秆生产潜力相关关系

注：这里农作物包括稻谷、小麦、玉米、豆类、薯类、花生和油菜，秸秆生产潜力按经济产量 1∶1 折算。

(4) 乳品行业加工能力对生产效率有显著影响。任何行业都有一个产业链，每一个产业链条都会对其他链条产生正、反两方面影响。例如，“三鹿事件”对我国乳业产品的零售环节产生致命的影响。同样，乳品行业加工能力对奶牛饲养会产生明显的拉动作用。乳品行业加工能力增大，需求的原料奶就越多，奶牛饲养投入就会越大，总产量越高，最后技术效率可能会更高。图7-2清楚地显示，地区乳品行业资产额同地区牛奶生产总量呈明显的正相关关系。这里，我们选择乳品行业资产总额（K_{it}）代表乳品行业加工能力，并把它引入到无效率函数中，检验其显著性。

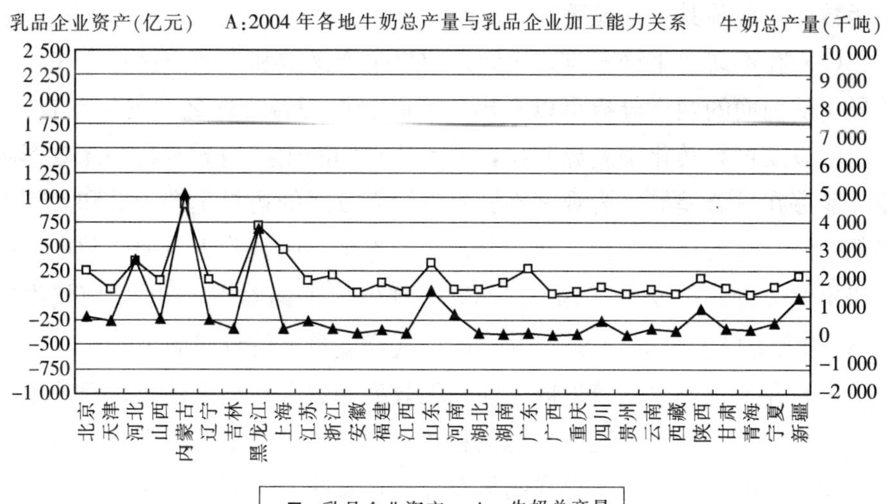

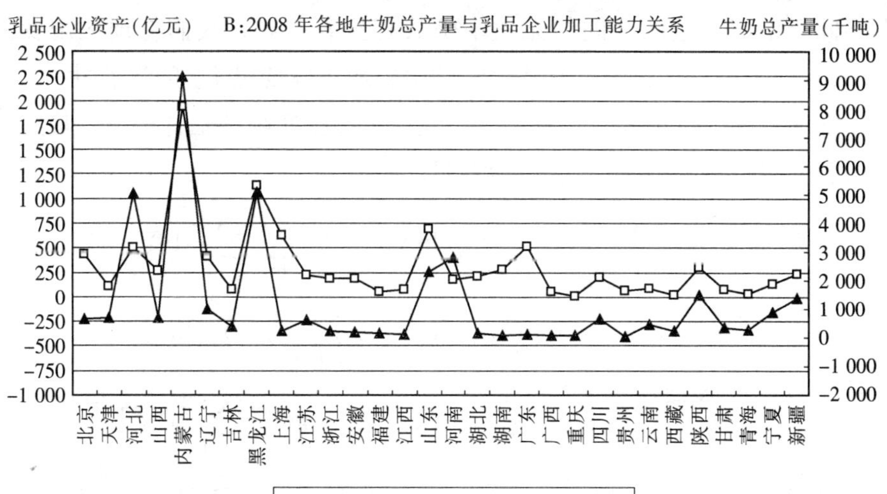

图7-2　各地牛奶总产量和乳品企业加工能力相关关系

（5）人力资本对奶牛饲养效率有显著影响。人力资本对任何生产都有显著影响，是一个不争的事实。要准确地衡量人力资本，实际工作中是非常困难的，但是，教育和培训是人力资本形成的基础，得到许多经济计量学家的认同和使用（Tian and Wan，2000；Liu and Zhuang，2000）。同样，这里也用接受教育和培训的时间（ E_{it} ）代表人力资本，并引入无效率函数中，检验其统计显著性。

（6）在不同奶牛饲养方式之间，边界生产函数和无效率函数存在显著差异。从前面的两章分析可以看出，不同奶牛饲养方式之间的饲料投入、产奶率以及饲料转化率差异明显，预示着它们的生产边界函数和无效率函数可能存在显著差异。为观察不同奶牛饲养方式的边界生产函数和无效率函数之间的这种显著差异，我们分别在边界生产函数和无效率函数中，引入奶牛饲养方式虚变量（ S_k ），亦即小规模奶牛饲养 S_1 、中规模奶牛饲养 S_2 和大规模奶牛饲养 S_3 ，并检验这些虚变量的统计显著性。

（7）在不同奶牛饲养地区之间，无效率函数存在显著差异。反映生产效率高低的指标很多，这里考虑饲料转化率。从第五章分析看出，不同奶牛饲养地区的饲料转化率存在明显差异，这意味着不同地区奶牛饲养的饲料投入效率存在明显差异。那么，这种地区间的饲料转化率差异，能否说明不同奶牛饲养地区之间的无效率函数有显著差异，我们将地区虚变量 D_{it} 引入到无效率函数中，并联合统计检验地区虚变量 D_{it} 的显著性。

那么，基于以上经济计量假设，我们可以把实际的估计模型，最终定义为公式（7－2），并把其设定为零假设模型 H_0 。

$$\begin{aligned}\ln D_{it}^{I} = {} & \alpha_0 + \sum_{k=1}^{2}\alpha_k \ln Y_{kit} + \sum_{j=1}^{5}\beta_j \ln X_{jit} + 0.5\sum_{k=1}^{2}\sum_{l=1}^{2}\alpha_{kl}\ln Y_{kit}\ln Y_{lit} \\ & + 0.5\sum_{j=1}^{5}\sum_{g=1}^{5}\beta_{jg}\ln X_{jit}\ln X_{git} + \sum_{j=1}^{5}\sum_{k=1}^{2}\delta_{jk}\ln Y_{kit}\ln X_{jit} \\ & + \sum_{j=1}^{5}\theta_j t\ln X_{jit} + \sum_{k=1}^{2}\varepsilon_k t\ln Y_{kit} + \omega t + \eta t^2 + \sum_{k=1}^{3}\phi_{6k}S_k + (\varepsilon_{it} - u_{it}^{I})\end{aligned}$$

$$\text{其中，} u_{it}^{I} = \phi_0 + \phi_1 t + \phi_2 R_{it} + \phi_3 C_{it} + \phi_4 K_{it} + \phi_5 E_{it} + \sum_{k=1}^{3}\phi_{6k}S_k + \sum \phi_{7i}D_{it} \qquad (7-2)$$

公式（7-2）中，R_{it} 为精饲料和粗饲料投入比率变量，用以反映奶牛饲养行为对效率的影响；C_{it} 为农作物秸秆生产潜力变量（万吨），用以反映农作物生产规模对奶牛饲养效率的影响；K_{it} 为乳品行业资产总额（万元），用以反映乳品行业加工能力对饲养效率的影响；E_{it} 为人力资本变量，用接受教育和培训的时间（年限）表示，以反映人力资本对奶牛饲养效率的影响；S_k 为奶牛饲养方式虚变量，其中小规模奶牛饲养为 S_1 、中规模奶牛饲养为 S_2 、大规模奶牛饲养为 S_3 ；D_{it} 为地区虚变量，代表各省（市、区）。其他变量定义同公式（7-1）。

2　备择假设模型设定

我们上面的经济计量假说是否成立，需要设定相应的备择假设模型，再进行统计检验。那么，基于上面的经济计量假设，有如下9个备择假设模型。

（1）超越对数生产函数与柯布—道格拉斯（Cobb-Douglas）生产函数的显著不同。要定义这一备择假设模型，需要把公式（7-2）中的超越对数函数定义，换成柯布—道格拉斯函数定义，亦即假设在公式（7-2）中的待估计参数 $\alpha_{kl}=\beta_{jg}=\delta_{jk}=\theta_j=\varepsilon_k=\eta=0$，于是我们有备择假设模型 H_{1CD} ，其可表述为公式（7-3）：

$$\ln D_{it}^I=\alpha_0+\sum_{k=1}^{2}\alpha_k\ln Y_{kit}+\sum_{j=1}^{5}\beta_j\ln X_{jit}+\omega t+\sum_{k=1}^{3}\phi_{6k}S_k+(\varepsilon_{it}-u_{it}^I)$$

$$\text{其中},u_{it}^I=\phi_0+\phi_1 t+\phi_2 R_{it}+\phi_3 C_{it}+\phi_4 K_{it}+\phi_5 E_{it}+\sum_{k=1}^{3}\phi_{6k}S_k+\sum\phi_{7i}D_{it} \tag{7-3}$$

（2）时间变量对无效率函数模型的显著影响。要定义这一备择假设模型，需要把 $\phi_1 t$ 从无效率函数模型中剔除，亦即假设待估计参数 $\phi_1=0$，于是我们有备择假设模型 H_{2t} ，其可表述为公式（7-4）：

$$\begin{aligned}\ln D_{it}^I=&\alpha_0+\sum_{k=1}^{2}\alpha_k\ln Y_{kit}+\sum_{j=1}^{5}\beta_j\ln X_{jit}+0.5\sum_{k=1}^{2}\sum_{l=1}^{2}\alpha_{kl}\ln Y_{kit}\ln Y_{lit}\\&+0.5\sum_{j=1}^{5}\sum_{g=1}^{5}\beta_{jg}\ln X_{jit}\ln X_{git}+\sum_{j=1}^{5}\sum_{k=1}^{2}\delta_{jk}\ln Y_{kit}\ln X_{jit}\\&+\sum_{j=1}^{5}\theta_j t\ln X_{jit}+\sum_{k=1}^{2}\varepsilon_k t\ln Y_{kit}+\omega t+\eta t^2+\sum_{k=1}^{3}\phi_{6k}S_k+(\varepsilon_{it}-u_{it}^I)\end{aligned}$$

$$其中，u_{it}^{I}=\phi_0+\phi_2 R_{it}+\phi_3 C_{it}+\phi_4 K_{it}+\phi_5 E_{it}+\sum_{k=1}^{3}\phi_{6k}S_k+\sum\phi_{7i}D_{it} \quad (7-4)$$

（3）奶牛饲养行为对奶牛饲养效率的显著影响。要定义这一备择假设模型，需要把 $\phi_2 R_{it}$ 从无效率函数模型中剔除，亦即假设待估计参数 $\phi_2=0$，于是我们有备择假设模型 H_{3R}，其可表述为公式（7－5）：

$$\begin{aligned}\ln D_{it}^{I}=&\alpha_0+\sum_{k=1}^{2}\alpha_k\ln Y_{kit}+\sum_{j=1}^{5}\beta_j\ln X_{jit}+0.5\sum_{k=1}^{2}\sum_{l=1}^{2}\alpha_{kl}\ln Y_{kit}\ln Y_{lit}\\&+0.5\sum_{j=1}^{5}\sum_{g=1}^{5}\beta_{jg}\ln X_{jit}\ln X_{git}+\sum_{j=1}^{5}\sum_{k=1}^{2}\delta_{jk}\ln Y_{kit}\ln X_{jit}\\&+\sum_{j=1}^{5}\theta_j t\ln X_{jit}+\sum_{k=1}^{2}\varepsilon_k t\ln Y_{kit}+\omega t+\eta t^2+\sum_{k=1}^{3}\phi_{6k}S_k+(\varepsilon_{it}-u_{it}^{I})\end{aligned}$$

$$其中，u_{it}^{I}=\phi_0+\phi_1 t+\phi_3 C_{it}+\phi_4 K_{it}+\phi_5 E_{it}+\sum_{k=1}^{3}\phi_{6k}S_k+\sum\phi_{7i}D_{it} \quad (7-5)$$

（4）农作物生产规模对奶牛饲养效率的显著影响。要定义这一备择假设模型，需要把 $\phi_3 C_{it}$ 从无效率函数模型中剔除，亦即假设待估计参数 $\phi_3=0$，于是我们有备择假设模型 H_{4C}，其可表述为公式（7－6）：

$$\begin{aligned}\ln D_{it}^{I}=&\alpha_0+\sum_{k=1}^{2}\alpha_k\ln Y_{kit}+\sum_{j=1}^{5}\beta_j\ln X_{jit}+0.5\sum_{k=1}^{2}\sum_{l=1}^{2}\alpha_{kl}\ln Y_{kit}\ln Y_{lit}\\&+0.5\sum_{j=1}^{5}\sum_{g=1}^{5}\beta_{jg}\ln X_{jit}\ln X_{git}+\sum_{j=1}^{5}\sum_{k=1}^{2}\delta_{jk}\ln Y_{kit}\ln X_{jit}\\&+\sum_{j=1}^{5}\theta_j t\ln X_{jit}+\sum_{k=1}^{2}\varepsilon_k t\ln Y_{kit}+\omega t+\eta t^2+\sum_{k=1}^{3}\phi_{6k}S_k+(\varepsilon_{it}-u_{it}^{I})\end{aligned}$$

$$其中，u_{it}^{I}=\phi_0+\phi_1 t+\phi_2 R_{it}+\phi_4 K_{it}+\phi_5 E_{it}+\sum_{k=1}^{3}\phi_{6k}S_k+\sum\phi_{7i}D_{it} \quad (7-6)$$

（5）乳品行业加工能力对奶牛饲养效率的显著影响。要定义这一备择假设模型，需要把 $\phi_4 K_{it}$ 从无效率函数模型中剔除，亦即假设待估计参数 $\phi_4=0$，于是我们有备择假设模型 H_{5K}，其可表述为公式（7－7）：

$$\ln D_{it}^{I} = \alpha_0 + \sum_{k=1}^{2}\alpha_k \ln Y_{kit} + \sum_{j=1}^{5}\beta_j \ln X_{jit} + 0.5\sum_{k=1}^{2}\sum_{l=1}^{2}\alpha_{kl}\ln Y_{kit}\ln Y_{lit}$$
$$+ 0.5\sum_{j=1}^{5}\sum_{g=1}^{5}\beta_{jg}\ln X_{jit}\ln X_{git} + \sum_{j=1}^{5}\sum_{k=1}^{2}\delta_{jk}\ln Y_{kit}\ln X_{jit}$$
$$+ \sum_{j=1}^{5}\theta_j t\ln X_{jit} + \sum_{k=1}^{2}\varepsilon_k t\ln Y_{kit} + \omega t + \eta t^2 + \sum_{k=1}^{3}\phi_{6k}S_k + (\varepsilon_{it} - u_{it}^{I})$$
$$\text{其中}, u_{it}^{I} = \phi_0 + \phi_1 t + \phi_2 R_{it} + \phi_3 C_{it} + \phi_5 E_{it} + \sum_{k=1}^{3}\phi_{6k}S_k + \sum \phi_{7i}D_{it} \tag{7-7}$$

(6) 人力资本对奶牛饲养效率的显著影响。要定义这一备择假设模型，需要把 $\phi_5 E_{it}$ 从无效率函数模型中剔除，亦即假设待估计参数 $\phi_5 = 0$，于是我们有备择假设模型 H_{6E}，其可表述为公式（7－8）：

$$\ln D_{it}^{I} = \alpha_0 + \sum_{k=1}^{2}\alpha_k \ln Y_{kit} + \sum_{j=1}^{5}\beta_j \ln X_{jit} + 0.5\sum_{k=1}^{2}\sum_{l=1}^{2}\alpha_{kl}\ln Y_{kit}\ln Y_{lit}$$
$$+ 0.5\sum_{j=1}^{5}\sum_{g=1}^{5}\beta_{jg}\ln X_{jit}\ln X_{git} + \sum_{j=1}^{5}\sum_{k=1}^{2}\delta_{jk}\ln Y_{kit}\ln X_{jit}$$
$$+ \sum_{j=1}^{5}\theta_j t\ln X_{jit} + \sum_{k=1}^{2}\varepsilon_k t\ln Y_{kit} + \omega t + \eta t^2 + \sum_{k=1}^{3}\phi_{6k}S_k + (\varepsilon_{it} - u_{it}^{I})$$
$$\text{其中}, u_{it}^{I} = \phi_0 + \phi_1 t + \phi_2 R_{it} + \phi_3 C_{it} + \phi_4 K_{it} + \sum_{k=1}^{3}\phi_{6k}S_k + \sum \phi_{7i}D_{it} \tag{7-8}$$

(7) 奶牛饲养方式对奶牛饲养效率的显著影响。要定义这一备择假设模型，需要把 $\sum_{k=1}^{3}\phi_{6k}S_k$ 从无效率函数模型中剔除，亦即假设所有的待估计参数 $\phi_{6k} = 0$，于是我们有备择假设模型 H_{7S}，其可表述为公式（7－9）：

$$\ln D_{it}^{I} = \alpha_0 + \sum_{k=1}^{2}\alpha_k \ln Y_{kit} + \sum_{j=1}^{5}\beta_j \ln X_{jit} + 0.5\sum_{k=1}^{2}\sum_{l=1}^{2}\alpha_{kl}\ln Y_{kit}\ln Y_{lit}$$
$$+ 0.5\sum_{j=1}^{5}\sum_{g=1}^{5}\beta_{jg}\ln X_{jit}\ln X_{git} + \sum_{j=1}^{5}\sum_{k=1}^{2}\delta_{jk}\ln Y_{kit}\ln X_{jit}$$
$$+ \sum_{j=1}^{5}\theta_j t\ln X_{jit} + \sum_{k=1}^{2}\varepsilon_k t\ln Y_{kit} + \omega t + \eta t^2 + \sum_{k=1}^{3}\phi_{6k}S_k + (\varepsilon_{it} - u_{it}^{I})$$
$$\text{其中}, u_{it}^{I} = \phi_0 + \phi_1 t + \phi_2 R_{it} + \phi_3 C_{it} + \phi_4 K_{it} + \phi_5 E_{it} + \sum \phi_{7i}D_{it} \tag{7-9}$$

（8）不同奶牛饲养地区对奶牛饲养效率的显著影响。要定义这一备择假设模型，需要把 $\sum \phi_{7i} D_{it}$ 从无效率函数模型中剔除，亦即假设所有的待估计参数 $\phi_{7i}=0$，于是我们有备择假设模型 H_{8D}，其可表述为公式（7－10）：

$$\begin{aligned}\ln D_{it}^{I} = {} & \alpha_0 + \sum_{k=1}^{2} \alpha_k \ln Y_{kit} + \sum_{j=1}^{5} \beta_j \ln X_{jit} + 0.5 \sum_{k=1}^{2} \sum_{l=1}^{2} \alpha_{kl} \ln Y_{kit} \ln Y_{lit} \\ & + 0.5 \sum_{j=1}^{5} \sum_{g=1}^{5} \beta_{jg} \ln X_{jit} \ln X_{git} + \sum_{j=1}^{5} \sum_{k=1}^{2} \delta_{jk} \ln Y_{kit} \ln X_{jit} \\ & + \sum_{j=1}^{5} \theta_j t \ln X_{jit} + \sum_{k=1}^{2} \varepsilon_k t \ln Y_{kit} + \omega t + \eta t^2 + \sum_{k=1}^{3} \phi_{6k} S_k + (\varepsilon_{it} - u_{it}^{I})\end{aligned}$$

$$\text{其中}, u_{it}^{I} = \phi_0 + \phi_1 t + \phi_2 R_{it} + \phi_3 C_{it} + \phi_4 K_{it} + \phi_5 E_{it} + \sum_{k=1}^{3} \phi_{6k} S_k \qquad (7-10)$$

（9）还可以检验以上备择假设各种组合对零假设模型的显著影响。例如，可以联合检验乳品行业加工能力、饲养行为、农作物生产潜力以及人力资本积累，即所有经济行为变量，对零假设模型的显著影响；可以联合检验奶牛饲养方式和地区差异，亦即所有虚变量假定，对零假设模型的显著影响；可以联合检验所有备择假设对零假设模型的显著影响。然而，在实际经济生活中，如果某些假设是显著的，那么这些假设的联合检验很有可能也是显著的，只要这些假定之间没有必然的联系。故本章只对这里提及的三个联合假设进行联合检验（表 7－1）。

3　模型定义检验结果

3.1　检验基本思路

要确定我们的经济计量假设是否正确，就是要检验我们设定的零假设模型和备择假设模型，在统计上有无显著差异。如果统计检验结果显著，说明我们的经济计量假设正确，要接受零假设模型 H_0，而拒绝备择假设模型 H_{1k}（第 k 个经济计量假设）；如果统计检验结果不显著，说明我们的经济计量假设不正确，要拒绝零假设模型 H_0，而接受备择假设模型 H_{1k}。

3.2　检验基本方法

统计检验基本方法是：第一，估计备择假设模型或限制性模型的似然函数值 L_R ；第二，估计零假设模型或非限制性模型的似然函数值 L_U ；第三，计算这两个似然函数值比率 LR ，其公式为：$LR=-2\times(L_R-L_U)$。LR 是一个服从 χ^2 分布的随机变量，其自由度等于备择假设模型的限制性参数的个数。

为进行以上统计检验，我们估计了各种假设模型的似然函数值 L_R 以及零假设模型的似然函数值 L_U ，根据卡方分布表，可以得出不同自由度（或限制性参数的个数）的 χ^2 分布临界值。计算 χ^2 统计量或称似然函数比率（ LR ），按照自由度个数得到其 χ^2 分布临界值 χ^2_α ，这里取1%的显著性水平，亦即 $\alpha=0.01$。

3.3　最终检验结果

根据上面的检验程序和有关数据计算，我们编制备择假设模型定义以及经济行为假设下的显著性检验表。表7-1列出了各种不同的备择假设模型以及它们的限制性参数、备择假设模型和零假设模型的似然函数 L_R 和 L_U 、自由度个数、χ^2 临界值 $\chi^2_{0.01}$ 以及 χ^2 统计量 LR。

表7-1　备择假设模型定义及经济行为假设的统计检验结果

备择假设和经济行为假设	似然函数		自由度	卡方临界值	卡方统计量
	L_R	L_U	df	$\chi^2_{0.01}$	$\chi^2=LR$
H_{1CD} ：α_{kl} 、β_{jg} 、δ_{jk} 、θ_j 、ε_k 和 η 均等于零	270.5	340.2	22	40.29	139.4***
H_{3t} ：$\phi_1=0$	210.0	340.2	1	6.63	260.4***
H_{3R} ：$\phi_2=0$	307.1	340.2	1	6.63	66.2***
H_{4C} ：$\phi_3=0$	296.7	340.2	1	6.63	87.0***
H_{5K} ：$\phi_4=0$	251.6	340.2	1	6.63	177.2***
H_{6E} ：$\phi_5=0$	264.4	340.2	1	6.63	151.6***
H_{7S} ：$\phi_{6k}=0$	198.0	340.2	3	11.34	284.4***
H_{8D} ：$\phi_{7i}=0$	250.3	340.2	29	49.59	179.8***

（续）

备择假设和经济行为假设	似然函数		自由度	卡方临界值	卡方统计量
	L_R	L_U	df	$\chi^2_{0.01}$	$\chi^2=LR$
H_9：$\phi_2=\phi_3=0, \phi_4=\phi_5=0$	253.4	340.2	5	15.09	173.6***
H_{10}：$\phi_{6k}=\phi_{7i}=0$	237.8	340.2	32	53.49	204.8***
H_{11}：ϕ_2、ϕ_2、ϕ_3、ϕ_4、ϕ_5、ϕ_{6k} 和 ϕ_{7i} 均为零	234.7	340.2	37	59.89	211.0***

注：*** 表示 1%显著性水平。L_R 为限制性模型似然函数；L_U 为非限制性模型似然函数；df 等于限制性参数个数；$\chi^2_{0.01}$ 卡方临界值根据 df 查表得；$\chi^2=LR=-2\times(L_R-L_U)$。

从表 7-1 可以看出，在各种备择假设模型情况下，其 χ^2 统计量 LR 均显著大于其 χ^2 临界值 $\chi^2_{0.01}$，说明我们的零假设模型均显著不同于备择假设模型，因此我们的经济计量行为假设是正确的。具体来说，柯布—道格拉斯函数的似然函数值 L_R 等于 270.5，当自由度（即限制性参数个数）等于 22 时，在 1%显著性水平下，χ^2 检验临界值等于 40.29，而实际估计模型定义的 χ^2 统计量 LR 等于－2×（270.5－340.2）＝139.4，显著大于 $\chi^2_{0.01}$＝40.29，表明超越对数函数定义显著不同于柯布—道格拉斯函数定义，故实际中我们选用超越对数函数定义来估计我国奶牛饲养的投入距离边界生产函数。同样，其他经济计量行为和虚拟变量也对零假设模型有显著的影响，故我们在估计模型定义中加以保留。

4 经济计量假设讨论

基于第二章的估计程序，估计了我国奶牛饲养随机投入距离边界生产函数模型（$\ln D^I_{it}$）和无效率模型（u^I_{it}）的参数，估计结果见表 7-2。根据结果可以看出，随机投入距离生产边界函数模型估计良好，符合函数定义的基本特点，如在近似点，产量是非增的或而投入是非减的等。σ^2_u 和 γ 估计值分别为 0.116 和 0.951，显著性水平高达 1%，说明技术无效率的存在是非常显著的，或者说产量变化显著部分可用饲养单位技术效率差异解释（Karagiannis et al.，2004）。根据最终估计的模型，讨论分析我们的经济计量假设。

表 7-2　我国牛奶生产超越对数随机边界投入距离函数和无效率模型估计结果

变　　量	回归系数	t 统计量	变　　量	回归系数	t 统计量
投入距离函数模型（$\ln D_{it}^{I}$）：			tY_2	0.037	1.75
Constant	4.219***	4.25	tX_1	−0.009[a]	—
Y_1（主产品）	−1.416**	−2.03	tX_2	0.046**	1.98
Y_2（副产品）	0.161	0.21	tX_3	−0.020*	−1.82
X_1（劳动力）	2.417[a]	—	tX_4	−0.018	−0.92
X_2（精饲料）	−2.013**	−2.18	规模虚变量：		
X_3（粗饲料）	0.485	0.68	小规模	0.131***	5.11
X_4（资本投入）	0.111	0.12	中规模	0.117***	3.94
$Y_1Y_1/2$	0.080	0.47	大规模	0.084**	2.78
Y_1Y_2	−0.087	−0.87			
$Y_2Y_2/2$	0.118**	2.04	无效率模型（u_{it}^{I}）：		
$X_1X_1/2$	−0.021[a]	—	Constant	−10.194***	8.16
X_1X_2	−0.156[a]	—	时间变量	0.131***	5.11
X_1X_3	−0.003[a]	—	精粗料比	0.140***	6.43
X_1X_4	0.180[a]	—	秸秆潜力	−0.001***	−3.11
$X_2X_2/2$	0.670***	4.25	乳业资产	0.000	−0.51
X_2X_3	−0.289***	−3.51	教育水平	1.079***	6.38
X_2X_4	−0.225***	−2.88	规模虚变量：		
$X_3X_3/2$	0.197***	4.49	小规模	0.371**	2.73
X_3X_4	0.095*	1.83	中规模	0.415***	3.00
$X_4X_4/2$	−0.049	−0.67	大规模	0.328**	1.99
Y_1X_1	−0.314[a]	—			
Y_1X_2	0.225	1.77			
Y_1X_3	0.034	0.37	σ_u^2	0.116***	20.00
Y_1X_4	0.054	0.47	γ	0.951***	136.9
Y_2X_1	0.078[a]	—	Log LF	340.2	—
Y_2X_2	−0.097	−1.07	观察值数	311	—
Y_2X_3	−0.068	−1.37	估计参数：		—
Y_2X_4	0.087	1.17	距离函数	30	—
T	1.405***	4.88	无效率模型	38	—
$tt/2$	0.011	1.18			
tY_1	−0.203***	−5.35			

注：Y_1 为鲜奶产量（千克），Y_2 为副产品产值（2000 年不变价，元），X_1 为活劳动投入量（工日），X_2 为精饲料使用量（千克），X_3 为粗饲料使用量（2000 年不变价，元），X_4 为资本投入量（2000 年不变价，元），所有变量均为对数形式。地区虚变量未列出，结果显示地区间差别显著。***，** 和 * 分别代表 1%、5% 和 10%的显著性水平。a 根据距离函数的约束条件计算得出。

4.1 饲养方式和地区之间差异显著

（1）不同奶牛饲养方式存在显著差异。小规模、中规模饲养和大规模饲养方式虚变量在两个模型中的回归估计系数均达到显著水平，这表明农户散养生产边界和技术效率同其他饲养方式有显著差异。具体来说，在边界生产函数中，小规模、中规模和大规模奶牛饲养虚变量的回归估计系数分别为0.131、0.117和0.084，同时达到显著水平，故小规模、中规模和大规模奶牛饲养比农户散养要远离生产边界（或离生产边界距离大）；同时，由于在无效率模型中，小规模、中规模和大规模奶牛饲养虚变量的回归估计系数为0.371、0.415和0.328，也分别达到显著水平，故小规模、中规模和大规模奶牛饲养的技术效率要显著低于农户散养的技术效率。

（2）地区间距离函数和技术效率差异显著。在无效率模型中，有9个地区虚变量的回归系数估计值达到显著水平。具体来说，辽宁省地区虚变量回归系数估计值为−0.120 5，t统计量为−2.02；江苏省地区虚变量回归系数估计值为0.202 6，t统计量为2.61；福建省地区虚变量回归系数估计值为0.126 6，t统计量为2.17；海南省地区虚变量回归系数估计值为0.188 2，t统计量为2.38；贵州省地区虚变量回归系数估计值为0.190 9，t统计量为2.05；云南省地区虚变量回归系数估计值为−0.477 2，t统计量为−4.50；新疆维吾尔自治区地区虚变量回归系数估计值为−0.170 8，t统计量为−3.47。也就是说，这些省区的技术效率水平，显著不同于全国技术效率的平均水平。有些省区低于全国平均技术效率水平（辽宁、江苏、福建、贵州），因为他们的回归系数估计值大于零；有些省区高于全国平均技术效率水平（云南、新疆），因为他们的回归系数估计值小于零。

4.2 奶牛饲养技术进步方式

精饲料减少和粗饲料增加型的奶牛饲养饲料技术进步。从表7-2可以看出，我国奶牛饲养采用精饲料节约型和粗饲料使用型技术进步方式。一方面，模型中tX_2的回归系数估计值小于零（−2.013），t统计量达

5%的显著性水平（$t=-2.18$），说明精饲料使用量随着时间变化显著减少。另一方面，模型 tX_3 的回归系数估计值也在暗示，我国奶牛饲养正在采用粗饲料消耗型技术进步方式，因为 tX_3 的回归系数估计值为正值（尽管没有达到显著水平），说明随着时间变化，我国奶牛饲养的粗饲料使用量在逐渐增加。

4.3　奶牛饲养技术效率逐步上升

我国现阶段奶牛饲养技术效率处在逐渐上升阶段。从表 7－2 可以看出，随着时间变化，我国奶牛饲养的技术效率在逐渐提高。因为，在无效率模型中，时间变量 t 的回归系数估计值大于零（0.131），而且 t 统计量的显著性达到 1%的水平（$t=5.11$），说明技术效率随着时间变化得到显著改善。同时，在全国整体奶牛饲养水平上，我国奶牛饲养技术效率上升较快，大约平均每年以 0.131 的速度递增。

4.4　社会经济行为影响

从无效率模型中可以看到，饲料投入结构（*CFR*）、农作物生产潜力（*CPP*）以及人力资本积累（*EDU*）等的回归系数估计均达到显著水平，因此，这些社会经济行为变量对奶牛饲养的技术效率有显著影响。这些结果说明，我们前面的经济计量行为备择假设是正确的，而且这些结果也在我们的预料之中。具体分析讨论如下：

（1）精粗料比回归系数在统计上达到显著水平，表明精粗料比对于我国奶牛饲养的技术效率有明显的推动作用。换句话说，就是精粗料比与技术效率水平成正比关系。根据精粗料比定义，可以进一步解释精粗料比越高，技术效率越高。相似的，也可以解释为精粗料比越低，技术效率越低。这一检验结果暗示应该增加精粗料比，亦即加大精饲料和饲料粮的投入，以提高技术效率水平。事实上，我国精粗料比一直在增加。例如，小规模奶牛饲养的精粗料比，从 2004 年的 2.75 增加到 2008 年的 3.46；中规模奶牛饲养的精粗料比，从 2004 年的 1.88 增加到 2008 年的 2.11；大规模奶牛饲养的精粗料比，从 2004 年的 1.50 增加至 2008 年的 1.83。

（2）作物生产潜力与技术无效率呈负相关。虽然作物生产潜力的回归系数很小，但与技术无效率呈显著负相关关系，亦即，作物生产潜力越大，技术效率越低。换句话说，作物生产潜力对技术效率没有促进作用，反而使技术效率下降。事实上，在边界生产函数模型中，粗饲料回归系数也没有达到显著水平。

（3）教育水平能显著促进技术效率提高。对于我国奶牛饲养来说，教育水平越高，生产者管理能力越强，结果技术效率越高。这个结果也在我们的预料之中。事实上，Tian（2000）发现小麦和玉米生产效率同教育水平有显著正相关关系，但与水稻技术效率呈负相关。这种不一致现象可能是由于水稻生产主要在南方，而南方受过高等教育劳动力更愿意从事非农产业。

5 模型估计的基本结论

总结以上模型估计结果分析，我们有如下基本结论：

第一，超越对数投入距离函数模型的定义是正确的，而且模型参数估计结果在统计上是可靠的；第二，精饲料减少和粗饲料增加，是我国奶牛饲养技术进步的基本特点，这一点不符合我国的国情，特别是当前低碳经济要求，应当引起充分注意；第三，我国奶牛饲养的技术效率在逐渐提高，预示着我国的奶牛饲养基本上走向正规，奶牛饲养技术基本成熟；第四，受成本调查资料的限制，模型定义比较简单，许多其他行为变量没有得到进一步验证；第五，我国奶牛饲养模式和地区之间，生产边界和技术效率存在显著差异，其中，大规模奶牛饲养的生产边界最远，而农户散养的技术效率最高。

参考文献

[1] Brümmer, B., Glauben, T., and Thijssen, G. Decomposition of productivity growth using distance function: the case of dairy farms in three European countries [J]. *American Journal of Agricultural Economics*, 2002, 84: 628-644.

[2] Coelli, T. J., and Perelman, S. Technical efficiency of European railway: a distance function approach [J]. *Applied Economics*, 2000, 32: 1967-1976.

[3] Coelli, T., 1996. A guide to frontier version 4.1: a computer program for stochastic frontier production and cost function estimation [C]. *CEPA* working paper 96/07. University of New England, Armidale, Australia.

[4] Karagiannis, G., Midmore, P., and Tzouvelekas, V. Parametric decomposition of output growth using a stochastic input distance function [J]. *American Journal of Agricultural Economics*, 2004, 86: 1044 - 1057.

[5] Khumbakar, S. C., and Lovell, C. A. K. Stochastic Frontier Analysis [M]. Cambridge University Press, 2000.

[6] Liu, Z. N., and Zhuang, J. Z. Determinants of technical efficiency in post-collective Chinese agriculture: evidence from farm-level data [J]. *Journal of Comparative Economics*, 2000, 28: 545 - 564.

[7] Mundlak, Y. Production function estimation: reviving the primal [J]. *Econometrica*, 1993, 64: 431 - 518.

[8] Paul, C. J. M., Johnson, W., and Frengley, G. Efficiency in New Zealand sheep and cattle farming: the impacts of regulatory reform [J]. *Review of Economics and Statistics*, 2000, 82: 325 - 337.

[9] Schmidt, P. Estimation of a fixed-effect Cobb-Douglas system using panel data [J]. *Journal of Econometrics*, 1988, 37: 361 - 380.

[10] Tian, W. M., and Wan, G. H. Technical efficiency and its determinants in China's grain production [J]. *Journal of Productivity Analysis*, 2000, 13: 159 - 174.

第8章 全要素生产率增长方式分析

1 研究文献回顾

我国全要素生产率研究文献较多。首先，鲍学东和郑循刚（2008）、陈诗波和王亚（2009）、陈卫平（2006）、余建斌和李大胜（2008）、李录堂和薛继亮（2008）、郑循刚（2010）、薛春玲等（2006）、李树明等（2010）等对我国农业全要素生产率进行比较深入的研究分析。其次，田维明（1998）、Tian and Wan（2000）、高玉强和贺伊琦（2010）、魏丹、闵锐和王雅鹏（2010）、黄金波（2010）、亢霞和刘秀梅（2005）、乔世君（2004）、叶慧和王雅鹏（2006）等对我国粮食生产全要素生产率以及粮食直补效率进行分析。第三，张莉侠、刘荣茂和孟令杰（2006）、张莉侠（2007a，b）等对我国乳品行业全要素生产率进行了分析研究。第四，Frank et al.（2006）、Jin et al.（2010）、Ma et al.（2007）、Rae et al.（2006）等国外学者对我国畜牧业全要素生产率及其影响因素进行了分析研究。最后，王德祥和徐德徽（1997a，b）、曹暕等（2005）、马恒运等（2007）、马恒运（2009）、彭秀芬（2008）等学者对我国奶牛饲养的全要素生产率进行了深入系统的分析研究。

其实，还有许多区域性农业全要素生产率研究文献，例如，包国宪（2005）研究了西北农业产业结构科技进步及结构调整的技术效率；郑循刚（2010b）分析了西部地区农业生产全要素生产率增长方式变化；基于TFP增长分析理论，吕甜（2009）对上海市农业经济增长因素进行了实证分析；李尽法（2008）对河南省农业生产全要素生产率的变动进行了实证研究；李谷成等（2007）对我国农户家庭经营技术效率和全要素生产率增长方式进行了研究；郑循刚（2010a）研究了四川省农户农业生产全要素生产率增长方式；田露和张越杰（2008）分析吉林省农户生猪饲养的生产效率；张越杰（2008）和丁岩、翟印礼（2008）分别对我国东北地区玉米生产效率进行了实证研究；李碧芳（2010）对我国大豆全要素生产率进行了分析；李谷成等（2009）估计了我国三种油料作物生产的全要素生产率，并进行了分解分析和行业比较；张艳（2008）对我国烟草产业全要素生产率及其变动进行了实证研究；李树明等（2010）对我国出口型农产品的生产效率进行了研究；孙骏（2010）研究了对外开放对福建农业全要素生产率增长的影响；李谷成（2009）考察了人力资本与我国区域农业全要素生产率增长的关系；考虑到气候因素影响，高峰（2008）测算我国农业全要素生产率。

尽管研究我国全要素生产率的文献较多，但主要集中在对大农业和粮食生产全要素生产率研究上，而对我国奶牛饲养业的全要素生产率研究文献较少。曹暕（2005）和彭秀芬（2008）估计了我国原料奶生产的技术效率，但是他们使用非参数方法，而且也没有研究全要素生产率的增长方式。马恒运等（2007，2009）使用参数方法，估计了我国奶牛饲养全要素生产率增长方式，分析了技术进步和技术效率对我国奶牛饲养全要素生产率增长变化的影响。但是，面对迅速发展的我国奶牛饲养业，很明显，这些研究结果显得已经跟不上形势的需要，我国奶牛饲养全要素生产率变化趋势和增长方式如何，需要重新进行实证研究和评价。

这里基于前面随机边界投入距离函数回归系数的估计结果，分别把农户散养奶牛、小规模奶牛饲养、中规模奶牛饲养和大规模奶牛饲养以及相应的省区的全要素生产率（TFP）分解为技术效率（TE）和技术进步（TC）。农户散养奶牛、小规模奶牛饲养、中规模奶牛饲养和大规模奶牛饲养的全要素生产率分解结果，分别见表8-1、表8-2、表8-3、表8-4和表8-5。全国奶牛饲养TFP增长方式变化、地区农户散养奶牛TFP增长方式变化、地区小规模奶牛饲养TFP增长方式变化、地区中规模奶牛饲养TFP增长方式变化以及地区大规模奶牛饲养TFP增长方式变化的比较分析，分别见图8-1、图8-2、图8-3、图8-4和图8-5。

2　全国奶牛饲养 TFP 增长方式

2.1　农户散养奶牛

农户散养奶牛的全要素生产率增长比较快，年均增长 3.14%（见表 8-1）。全要素生产率分解的结果清楚地显示全要素生产率提高的主要原因在于技术进步的加快，而不是技术效率的提高。农户散养奶牛的技术进步增长速度年均增长 2.79%。这意味着，通过引进优良的奶牛品种、改进奶牛饲养方式以及挤奶方法等，对农户散养奶牛的全要素生产率产生了显著的推动作用。相反，奶牛饲养的技术推广、培训和应用跟不上奶牛饲养技术发展的步伐，结果现有的奶牛饲养技术发挥不了充分的作用，导致了技术效率的改善非常的缓慢，几乎停滞，年均增长只有 0.35%。

表 8-1　全国奶牛饲养全要素生产率增长方式

饲养方式	时　期	观察值	全要素生产率 TFP 分解（%）		
			TFP	TE	TC
农户散养奶牛	2004—2008	5	3.14	0.35	2.79
小规模奶牛饲养	2004—2008	5	3.20	0.92	2.28
中规模奶牛饲养	2004—2008	5	0.52	0.75	−0.23
大规模奶牛饲养	2004—2008	5	−1.76	1.00	−2.76

数据来源：根据模型估计。

2.2　小规模奶牛饲养

小规模奶牛饲养的全要素生产率、技术进步和技术效率的增长方式几乎经历了一个同样的变化趋势。小规模奶牛饲养的全要素生产率增长速度相当快，年均增长 3.20%。同农户散养奶牛类似，小规模奶牛饲养的全要素生产率的增长，其主要拉动因素是技术进步的加快（年均增长 2.28%），但技术效率的提高对于全要素生产率增长的贡献也同样重要，年均增长 1.00%，并且在小规模奶牛饲养全要素生产率增长中，大约有 30%的贡献率（表 8-1）。

2.3　中规模奶牛饲养

同农户散养奶牛和小规模奶牛饲养相比，中规模奶牛饲养的全要素生产率经历了一个完全不同的增长态势。我们可以清楚地看到，中规模奶牛饲养的全要素生产率增长幅度不大，甚至技术进步呈现负的增长。具体地说，中规模奶牛饲养的技术效率年均增长 0.75%，同时，技术进步有微弱的下降，年均下降 0.23%。最终导致中规模奶牛饲养的全要素生产率年均增长只有 0.52%。由此可以看出，在 2004—2008 年，我国中规模奶牛饲养全要素生产率是徘徊不前的。当然，即使我国中规模奶牛饲养的技术进步保持不变，我国中规模奶牛饲养的全要素生产率年均增长也达不到 1%水平。

2.4　大规模奶牛饲养

大规模奶牛饲养全要素生产率变化情况（见表 8－1）。可以看到，全国大规模奶牛饲养全要素生产率增长方式同中规模奶牛饲养全要素生产率增长方式有些相似，但同农户散养奶牛和小规模奶牛饲养全要素生产率增长方式截然不同。明显地，大规模奶牛饲养全要素生产率增长，主要是技术效率提高的驱动。而事实上，我国大规模奶牛饲养的技术进步是处在严重恶化状态的。具体来说，大规模奶牛饲养的技术进步年均下降 2.76%，而技术效率却年均提高 1.00%。显然，如果能够保持技术进步，那么，我国大规模奶牛饲养全要素生产率增长会更快。因此，保持稳定我国大规模奶牛饲养技术水平，是提高全要素生产率的关键。

2.5　不同饲养方式 TFP 增长比较

在分别观察四种奶牛饲养方式全要素生产率变化以后，来比较分析不同奶牛饲养方式全要素生产率变动趋势和变化特点。观察分析图 8－1，我们有如下基本结论：

（1）较小规模奶牛饲养 TFP 比较大规模奶牛饲养 TFP 增长的要快些。具体来说，农户散养奶牛和小规模奶牛饲养的 TFP 增长速度呈上升趋势，到 2008 年大约增长到 3.0%左右；而中规模奶牛饲养的 TFP 增长速度年际间波动很大，到 2008 年大约在 2.0%左右；大规模奶牛饲养的 TFP 增长速度呈明显下降趋势，到 2008 年大约保持在 1.6%的下降速度。

(2) 不同奶牛饲养模式的全要素生产力增长方式存在明显差异。亦即，有的是技术进步推动的，有的是技术效率改进推动的。具体来说，农户散养奶牛和小规模奶牛饲养的全要素生产率增长属于技术进步拉动型，而中规模和大规模奶牛饲养的全要素生产率增长属于技术效率改进拉动型。

(3) 不同奶牛饲养模式的技术进步速度存在明显差异。具体来说，较小规模奶牛饲养技术进步较快，相反，较大规模奶牛饲养的技术进步较慢。例如，农户散养奶牛和小规模奶牛饲养的技术进步，基本上保持在年均增长 2.0%～3.5%；中规模奶牛饲养的技术进步，基本上年均变动在 −1.0%～1.0%，实际上大部分年份出现负增长迹象；大规模奶牛饲养的技术进步，在研究期内一直处在负增长状态，其年均下降速度在−2.0% ～ −4.0%。

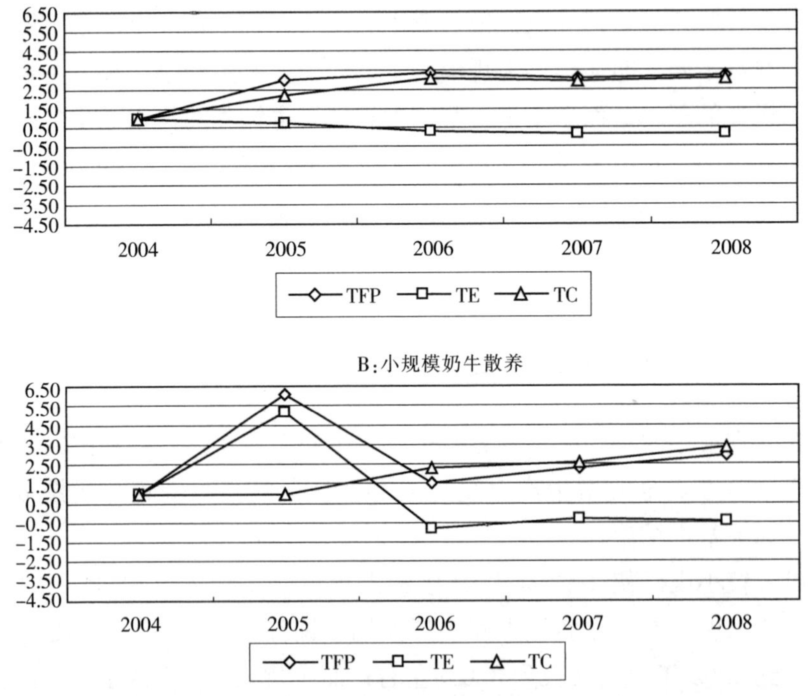

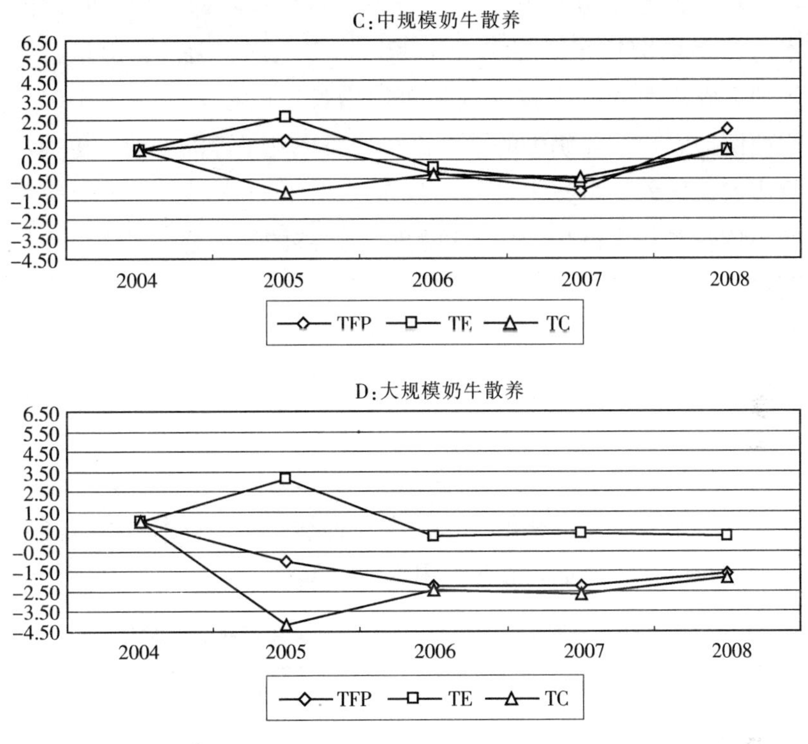

图 8-1　全国奶牛饲养 TFP 增长方式变化

3　各地区奶牛饲养 TFP 增长方式

3.1　农户散养奶牛

首先，我们分析地区农户散养奶牛 TFP 增长方式，主要包括：不同地区农户散养奶牛 TFP 增长方式比较、TFP 增长幅度差异、技术效率的变动幅度和方向、技术进步的变动幅度和方向、主产区农户散养奶牛 TFP 增长方式的比较分析、主产区农户散养奶牛 TFP 增长方式和变化趋势。根据表 8-2 计算和分析结果，可以得出如下基本结论：

(1) 地区农户散养奶牛全要素生产率增长方式不同。例如，有些地区技术进步呈现高速增长，而有些地区技术效率呈现迅速下降，导致地区全要素生产率增长幅度存在明显差异。具体来说，云南农户散养奶牛的技术进步，年均增长速度为 9.46%；内蒙古、吉林和陕西等地，农户散养奶牛技术进步年均增长在 3.70%～5.30%；黑龙江、浙江、山东、河南和新疆等地，农户散养奶牛技术进步年均增长速度在 2.00%～3.00%；山西、广西两地农户散养奶牛的技术进步增长率几乎停滞不前；更为严重的是，重庆农户散养奶牛技术进步出现负增长（－0.14%）。农户散养奶牛技术效率增长和技术进步增长大致相同。最终的结果是，云南农户散养奶牛全要素生产率增长幅度最高，年均增长在 10.95%；内蒙古、吉林、黑龙江和河南等地，农户散养奶牛全要素生产率增长幅度在 4.00%～6.20%；山西、重庆和贵州等地，农户散养奶牛的全要素生产率几乎停滞不前，年均增长速度在 1%以下；而陕西农户散养奶牛的全要素生产率呈现负增长，年均下降 2.11%。很明显，有些地区农户散养奶牛技术进步加速，提升了全要素生产率增长，但在某种程度上，技术效率下降同时抵消了这种增长效果，例如，在浙江和陕西等地。

表 8-2　不同地区农户散养奶牛全要素生产率增长方式

省份	时　期	观察值	全要素生产率 TFP 分解（%）		
			TFP	TE	TC
山西	2004—2008	5	0.3	－0.41	0.7
内蒙	2004—2008	5	4.64	0.22	4.42
吉林	2004—2008	5	4.84	1.08	3.76
黑龙江	2004—2008	4	4.16	2.37	1.79
浙江	2004—2006	3	1.47	－1.23	2.7
山东	2004—2008	5	2.11	－0.17	2.28
河南	2004—2008	5	6.19	2.97	3.22
广西	2004—2008	5	1.38	1.3	0.08
重庆	2004—2008	5	0.08	0.22	－0.14
贵州	2005—2008	4	0.85	－0.34	1.18
云南	2004—2007	4	10.95	1.49	9.46
陕西	2004—2008	5	－2.11	－7.45	5.34
新疆	2004—2008	5	3.76	0.79	2.97

注：表中只保留具有 3 个或 3 个以上观察值的省份。

（2）地区间农户散养奶牛技术效率和技术进步增长幅度并不平衡。总的来讲，全要素生产率增长主要由技术进步决定的，当然我们也能看到在有些地区，全要素生产率增长是由技术进步和技术效率共同推动的。例如，黑龙江农户散养奶牛技术效率年均增长为2.37%，同时技术进步年均增长保持在1.79%。同样，河南农户散养奶牛的技术进步年均下降速度为3.22%，而其技术效率年均增长速度在2.79%。很明显，技术效率的下降在很大程度上抵消了技术进步增长对于全要素生产率提高的影响，从而导致全要素生产率增长的缓慢，例如，在浙江和陕西等地。

（3）全要素生产率增长方式的极端情形。亦即，有些地区农户散养奶牛技术进步速度很快，而有些地区技术效率增长速度很快。例如，云南农户散养奶牛技术进步增长速度高达每年9.46%，而陕西农户散养奶牛的技术效率下降高达7.45%。很明显，农户散养奶牛技术效率提高，是由奶牛饲养科学和技术政策优先实施的结果。同时，因为农户散养奶牛有较快的技术进步速度，所以，云南农户散养奶牛的生产实践值得关注。

3.2　小规模奶牛饲养

我们分析地区小规模奶牛饲养TFP增长方式，主要包括：不同地区小规模奶牛饲养TFP增长方式比较、TFP增长幅度差异、技术效率的变动幅度和方向、技术进步的变动幅度和方向、主产区小规模奶牛饲养TFP增长方式比较分析、主产区小规模奶牛饲养TFP增长方式和变化趋势。根据表8-3计算和分析结果，可以得出如下基本结论：

表8-3　不同地区小规模奶牛饲养全要素生产率增长方式

省份	时　期	观察值	全要素生产率TFP分解（%）		
			TFP	TE	TC
天津	2004—2008	5	−5.78	−7.79	2.01
河北	2004—2008	5	3.23	1.14	2.09
山西	2006—2008	3	0.99	−0.94	1.94
内蒙	2004—2008	5	1.26	−2.86	4.12
辽宁	2004—2008	5	−1.73	−0.46	−1.27

（续）

省份	时　期	观察值	全要素生产率 TFP 分解（%）		
			TFP	TE	TC
吉林	2004—2008	5	3.31	0.68	2.63
黑龙江	2004—2008	5	6.26	5.08	1.18
福建	2004—2008	5	3.15	4.92	−1.77
山东	2004—2008	5	5.02	1.67	3.36
河南	2004—2008	5	1.3	−0.77	2.07
湖南	2004—2008	5	11.82	5.72	6.1
广西	2004—2008	5	6.2	5.8	0.39
四川	2004—2008	5	3.52	1.69	1.82
云南	2004—2008	5	7.62	0.17	7.46
宁夏	2004—2008	4	−0.42	−0.1	−0.32
新疆	2004—2007	3	2.06	0.19	1.87

注：表中只保留具有 3 个或 3 个以上观察值的省份。

（1）不同地区小规模奶牛饲养的全要素生产率的增长幅度有明显的不同，有些地区小规模奶牛饲养的全要素生产率增长很快，而有些地区则出现了负的增长。例如，湖南的小规模奶牛饲养全要素生产率年均增长幅度高达 11.82%；而黑龙江、山东、广西和云南小规模奶牛饲养的全要素生产率年均增长速度在 5%～7%；河北、吉林、福建和四川小规模奶牛饲养的全要素生产率年均增长速度在 3%左右；同时，辽宁和宁夏两地小规模奶牛饲养的全要素生产率下降最快，年均下降分别为 1.73%和 0.42%；特别的，天津小规模奶牛饲养的全要素生产率下降幅度年均达到 5.78%。

（2）小规模奶牛饲养全要素生产率的增长方式也有所不同。换句话说，不同地区，小规模奶牛饲养全要素生产率增长的拉动因素是不同的。有些地区小规模奶牛饲养全要素生产率增长，明显是由技术效率改进推动的（例如，黑龙江、福建、湖南和广西）；而有些地区小规模奶牛饲养全要素生产率增长，则是由技术进步加速驱动的（例如，内蒙古、吉林、山东和云南）。然而，还有些地区小规模奶牛饲养的全要素生产率增长，则是技术进步和技术效率共同作用的结果。例如，湖南的小规模奶牛饲养，技术效率年均速度为5.72%，技术进步年均速度为6.10%，表明技术效率和技术进步对全要素生产率增长有同等作用。虽然，河北、四川两地小规模奶牛饲养全要素生产率增长幅度较低，但这两地有类似湖南的增长方式。

（3）全要素生产率增长方式极端情形。例如，天津小规模奶牛饲养的技术效率下降速度年均高达7.79%，而云南小规模奶牛饲养技术进步增长速度年均高达7.46%。很明显，黑龙江、福建、湖南和广西等地，小规模奶牛饲养技术效率增长速度保持5%左右。有些地区，小规模奶牛饲养技术效率和技术进步停滞不前。例如，在云南、宁夏和新疆等地，小规模奶牛饲养技术效率几乎没有改变；在广西和宁夏，小规模奶牛饲养技术进步也没有多大变化。

3.3　中规模奶牛饲养

我们分析地区中规模奶牛饲养TFP增长方式，内容包括：比较不同地区中规模奶牛饲养TFP增长方式、TFP增长幅度差异、技术效率的变动幅度和方向、技术进步的变动幅度和方向，比较主产区中规模奶牛饲养TFP增长方式、主产区中规模奶牛饲养TFP增长方式和变化趋势等。同样，从表8-4计算和分析结果，可以得出如下基本结论：

表8-4　不同地区中规模奶牛饲养全要素生产率增长方式

省份	时　期	观察值	全要素生产率TFP分解（%）		
			TFP	TE	TC
北京	2004—2008	5	1.52	0.6	0.92
天津	2004—2008	5	−0.58	−3.12	2.54
山西	2006—2008	3	1.78	−1.58	3.35
内蒙	2004—2008	5	1.36	0	1.36
吉林	2004—2008	5	12.16	10.53	1.64
黑龙江	2004—2008	5	4.86	4.98	−0.12
上海	2004—2008	5	−3.88	2.34	−6.22
浙江	2004—2006	3	−2.92	−0.47	−2.45
安徽	2004—2008	5	1.47	0.4	1.08

（续）

省份	时　期	观察值	全要素生产率 TFP 分解（%）		
			TFP	TE	TC
福建	2004—2008	5	0.43	2.87	−2.44
河南	2004—2008	5	0.58	−0.31	0.89
湖南	2004—2008	4	−4.12	−2.59	−1.53
广西	2004—2008	5	13.37	11.78	1.6
海南	2004—2006	3	2.46	0.54	1.92
重庆	2004—2008	5	−0.78	−0.51	−0.27
陕西	2004—2008	5	−3.75	0.38	−4.13
甘肃	2004—2008	5	−0.54	−1.47	0.93
宁夏	2004—2008	5	9.89	9.25	0.64
新疆	2005—2008	4	−1.13	0.18	−1.31

注：表中只保留具有 3 个或 3 个以上观察值的省份。

（1）中规模奶牛饲养全要素生产率增长幅度明显不同。有些地区中规模奶牛饲养全要素生产率大幅度增长，而有些地区全要素生产率呈现大幅度下降。例如，吉林、广西和新疆中规模奶牛饲养，全要素生产率增长分别高达年均 12.16%、13.37%和 9.89%；黑龙江和海南中规模奶牛饲养，全要素生产率增长也分别达到年均 4.86%和 2.46%。然而，上海、湖南、陕西中规模奶牛饲养，全要素生产率下降速度分别年均为 3.88%、4.12%和 3.75%；还有些地区中规模奶牛饲养，全要素生产率增长率保持在年均 1.5%左右（例如，北京、山西、内蒙古和安徽）。然而，有些地区中规模奶牛饲养，全要素生产率呈现恶化趋势，例如，在天津、重庆和新疆，全要素生产率年均下降幅度分别为 0.58%、0.78%和 1.13%。

（2）地区间全要素生产率增长方式差别较大，主要表现在技术效率和技术进步增减幅度差别较大。有些地区中规模奶牛饲养技术效率增长速度显著，例如，吉林、广西和宁夏，中规模奶牛饲养技术效率年均分别增长高达 10.53%、11.78%和 9.89%；有些地区中规模奶牛饲养的技术效率则呈现负增长，例如，天津和湖南中规模奶牛饲养技术效率分别下降 3.12%和 2.59%。同时，部分地区中规模奶牛饲养技术进步增长速度较快，例如，天津和山西中规模奶牛饲养技术进步年均增长分别为 2.54%

和3.35%；有些地区中规模奶牛饲养技术进步呈现负增长，例如，上海和陕西年均分别下降6.22%和4.13%。可以看出，地区间中规模奶牛饲养全要素生产率的增长幅度和增长方式有显著差异。换句话说，中规模奶牛饲养全要素生产率的变化差异很大。有些地区中规模奶牛饲养的全要素生产率增长，主要是技术效率驱动的，例如，吉林、黑龙江和宁夏；而有些地区中规模奶牛饲养全要素生产率增长，主要是技术进步驱动的，例如，天津、山西和海南。

（3）中规模奶牛饲养全要素生产率变化极端情形。例如，有些地区中规模奶牛饲养全要素生产率、技术效率和技术进步，均表现为停滞不前的状态，例如，河南和重庆；有些地区中规模奶牛饲养的技术效率增长速度较快，例如，吉林、甘肃和宁夏，年均增长10%左右；有些地区中规模奶牛饲养的技术进步则出现迅速恶化态势，例如，上海和陕西；有些地区中规模奶牛饲养全要素生产率、技术效率和技术进步，几乎停滞不前。因此，为了加强中规模奶牛饲养全要素生产率，改善技术效率，加速技术进步，这些地区性的观察分析结果应当引起有关部门注意。因为这些地区性调查分析结果，对我国中规模奶牛饲养全要素生产率发展有关键性作用。

3.4 大规模奶牛饲养

我们分析地区大规模奶牛饲养TFP增长方式，内容包括：比较不同地区大规模奶牛饲养TFP增长方式、TFP增长幅度差异、技术效率的变动幅度和方向、技术进步的变动幅度和方向，比较主产区大规模奶牛饲养TFP增长方式、主产区大规模奶牛饲养TFP增长方式和变化趋势等。同样，从表8-5计算和分析结果，可以得出如下基本结论：

（1）大部分地区全要素生产率呈现负增长。观察地区大规模奶牛饲养全要素生产率增长速度，可以很容易发现，大部分地区大规模奶牛饲养全要素生产率出现负增长态势。例如，在北京、天津、江苏、浙江、山东、甘肃和新疆等地，大规模奶牛饲养全要素生产率年均下降幅度在4.03%～6.88%之间。同时可以看到，只有在黑龙江、福建和青海三个地区，大规模奶牛饲养全要素生产率增长速度在1.00%～2.50%之间。此外，其他地区大规模奶牛饲养全要素生产率基本保持不变。因此，总体上讲，我国大规模奶牛饲养全要素生产率呈现全面下降趋势。同其他三种奶牛饲养方式相比，我们可以得出这样结论：大规模奶牛饲养全要素生产率增长幅度最低，而且大部分地区处在负增长状态。

表 8-5　不同地区大规模奶牛饲养全要素生产率增长方式

省份	时　期	观察值	全要素生产率 TFP 分解（%）		
			TFP	TE	TC
北京	2004—2008	3	−6.88	0.06	−6.95
天津	2004—2008	5	−6.12	−1.60	−4.52
辽宁	2004—2008	5	−1.21	0.47	−1.68
黑龙江	2004—2008	5	2.51	1.49	1.02
江苏	2004—2008	5	−5.72	0.68	−6.40
浙江	2004—2008	5	−4.82	−0.27	−4.55
安徽	2004—2008	5	−2.46	−0.18	−2.28
福建	2004—2007	4	1.27	3.44	−2.17
山东	2004—2008	5	−4.03	0.32	−4.35
河南	2004—2008	5	−0.57	0.25	−0.82
湖北	2004—2008	5	0.28	2.97	−2.69
广东	2004—2008	5	0.94	−0.39	1.34
甘肃	2004—2008	5	−4.27	1.28	−5.54
青海	2004—2008	5	2.51	−0.11	2.61
新疆	2004—2008	5	−5.92	0.48	−6.40

注：表中只保留具有 3 个或 3 个以上观察值的省份。

（2）大规模奶牛饲养技术进步一直呈现大幅度下降趋势。为什么大规模奶牛饲养全要素生产率增长最为缓慢？观察大规模奶牛饲养的技术效率和技术进步速度可以发现，大规模奶牛饲养的技术进步呈现大幅度下降趋势。这意味着，如果地区奶牛饲养技术进步出现较明显下降趋势，那么，地区大规模奶牛饲养全要素生产率可能出现显著负增长。例如，北京大规模奶牛饲养的技术进步年均下降 6.95%，结果全要素生产率年均下降 6.88%；江苏大规模奶牛饲养的技术进步年均下降 6.40%，结果全要素生产率年均下降 5.72%。此外，在天津、浙江、山东、广西和新疆，也发现同样情况。因此，大规模奶牛饲养技术进步速度，确实对全要素生产率增长有关键性作用。为了保持我国奶牛饲养技术水平，加速技术进步，大规模奶牛饲养将面临更多的挑战。

（3）大规模奶牛饲养技术效率改善同时减缓了技术恶化的负面影响。我们仍然可以看到，通过提高大规模奶牛饲养的技术效率，也可以明显部分抵消技术进步恶化带来的负面影响。例如，福建、湖北的大规模奶牛饲养，技术效率有明显提高，否则的话，全要素生产率下降速度会更加明显。此外，在黑龙江和甘肃，大规模奶牛饲养的技术效率，也有较快的增长速度，年均增长分别为1.49%和1.28%。

（4）大规模奶牛饲养技术效率和技术进步同时恶化状态。通常情况下，随着技术进步停滞，技术效率会有相应提高。然而，我们注意到一个事实，亦即，在我国大规模奶牛饲养中，如果技术进步出现负增长，技术效率增长也不快，甚至出现停滞不前的状态。例如，在北京、天津、江苏、浙江、山东和新疆等地，大规模奶牛饲养技术进步出现负增长，而技术效率却没有得到明显改善，相反，出现稳定或者停滞状态。

4　主产区奶牛饲养TFP增长方式

4.1　主产区农户散养

从图8-2显示结果看出，主产区农户散养奶牛全要素生产率增长幅度差异明显，而且全要素生产率增长方式不尽相同。主要表现在，有些主产区全要素生产率增长主要依靠技术进步推动，而有些主产区全要素生产率增长来源具有双重性，亦即技术进步和技术效率几乎起到同等作用。具体有如下主要观察分析：

（1）主产区农户散养奶牛全要素生产率增长差异较大。内蒙古农户散养奶牛的全要素生产率增长最快，年均增长4.64%，主要因为其技术进步速度高达4.42%，而且技术效率仍然保持上升趋势。黑龙江农户散养奶牛的全要素生产率增长较快，年均增长4.16%，主要因为其技术进步和技术效率均保持高速增长，分别达到年均1.79%和2.37%。新疆和山东农户散养奶牛的全要素生产率增幅相对较慢，年均增长速度分别为3.76%和2.11%，主要由技术进步推动的，其年均增长率分别为2.97%和2.28%。

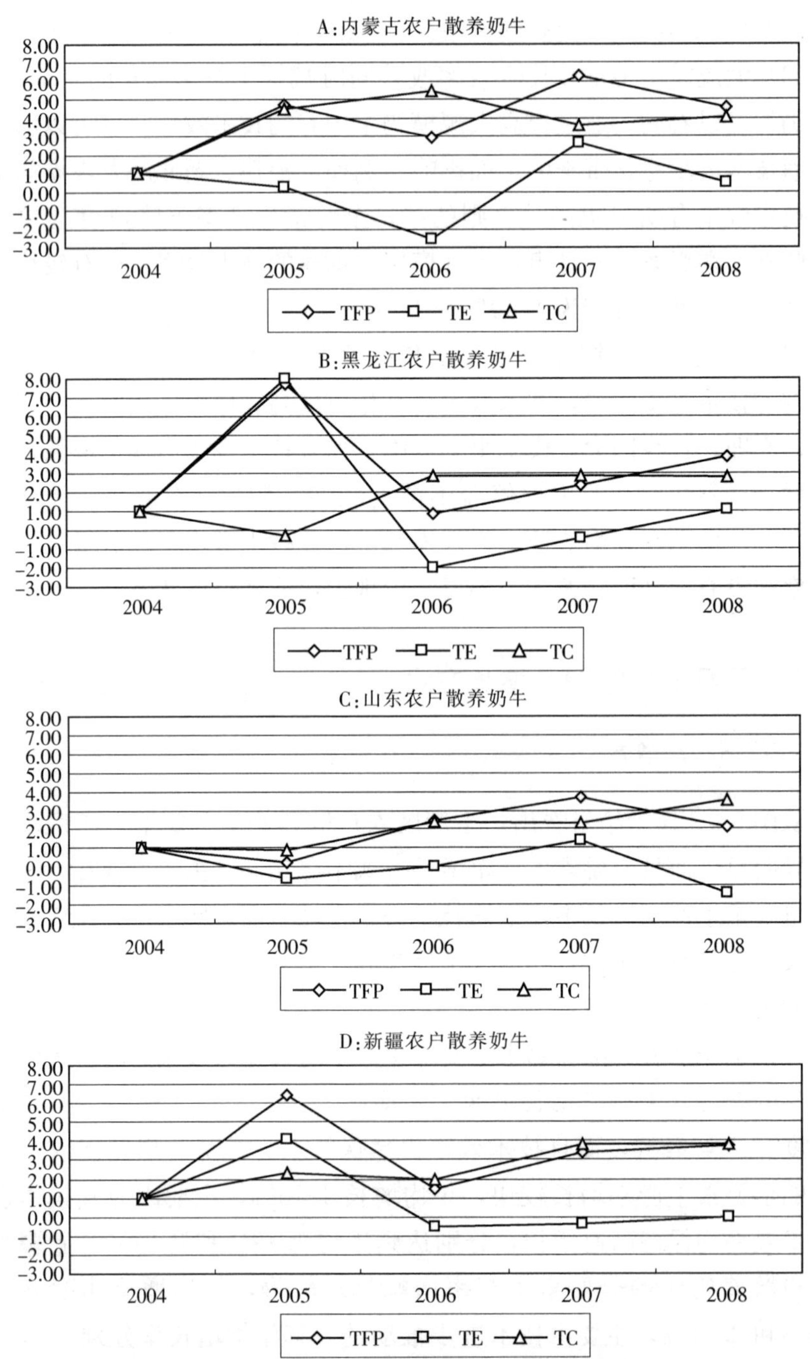

图 8-2　主产区农户散养奶牛 TFP 增长方式变化

（2）主产区农户散养奶牛全要素生产率波动幅度较大。主要表现在，前期波动明显，后期趋向稳定，形成上升或下降趋势。具体来说，有几个主要观察看点。其一，个别年份主产区农户散养奶牛全要素生产率增长出现较大波动。例如，在2005年，黑龙江和新疆农户散养奶牛全要素生产率波幅较大；而在2006年，内蒙古和黑龙江农户散养奶牛全要素生产率增长又出现较大幅度波动。其二，有些主产区农户散养奶牛后期全要素生产率增长趋势难以预料，明显出现不一致的迹象。例如，2006年以后，内蒙古和山东农户散养奶牛全要素生产率有下降趋势，其主要原因是，这两个地区农户散养奶牛的技术效率呈下降趋势。

4.2　主产区小规模饲养

从图8-3显示结果看，主产区小规模奶牛饲养的全要素生产率增长方式，年际间波动较大，因此，很难预料其增长的主要源泉，是技术进步，还是技术效率。具体有如下主要观察分析：

（1）年际间主产区小规模奶牛饲养全要素生产率波动很大。例如，内蒙古小规模奶牛饲养全要素生产率变动范围在－12％～16％之间，河北小规模奶牛饲养全要素生产率变动范围在－3％～12％之间。

（2）年际间主产区小规模奶牛饲养技术效率波动也很大。例如，内蒙古小规模奶牛饲养技术效率增长变动范围在－18％～11％之间，河北小规模奶牛饲养技术效率增长变动范围在－7％～12％之间；在2005年，黑龙江小规模奶牛饲养技术效率年均增长高达17％，山东小规模奶牛饲养技术效率年均增长也高达7.5％。

（3）小规模奶牛饲养的技术进步速度变动幅度相对较小。例如，在研究期内，技术进步年均增长速度波动范围在－0.5％～5.5％之间。内蒙古小规模奶牛饲养的技术进步速度最快保持在年均5.0％，山东小规模奶牛饲养的技术进步速度较快保持在年均2.5％～4.5％之间。河北和黑龙江小规模奶牛饲养的技术进步速度较慢，且年际间波动较大。

（4）主产区间全要素生产率、技术效率和技术进步增长幅度差异较大，导致主产区全要素生产率增长方式存在显著差异，而且很难确定具体的驱动因素。例如，河北小规模奶牛饲养全要素生产率，2006年增长了

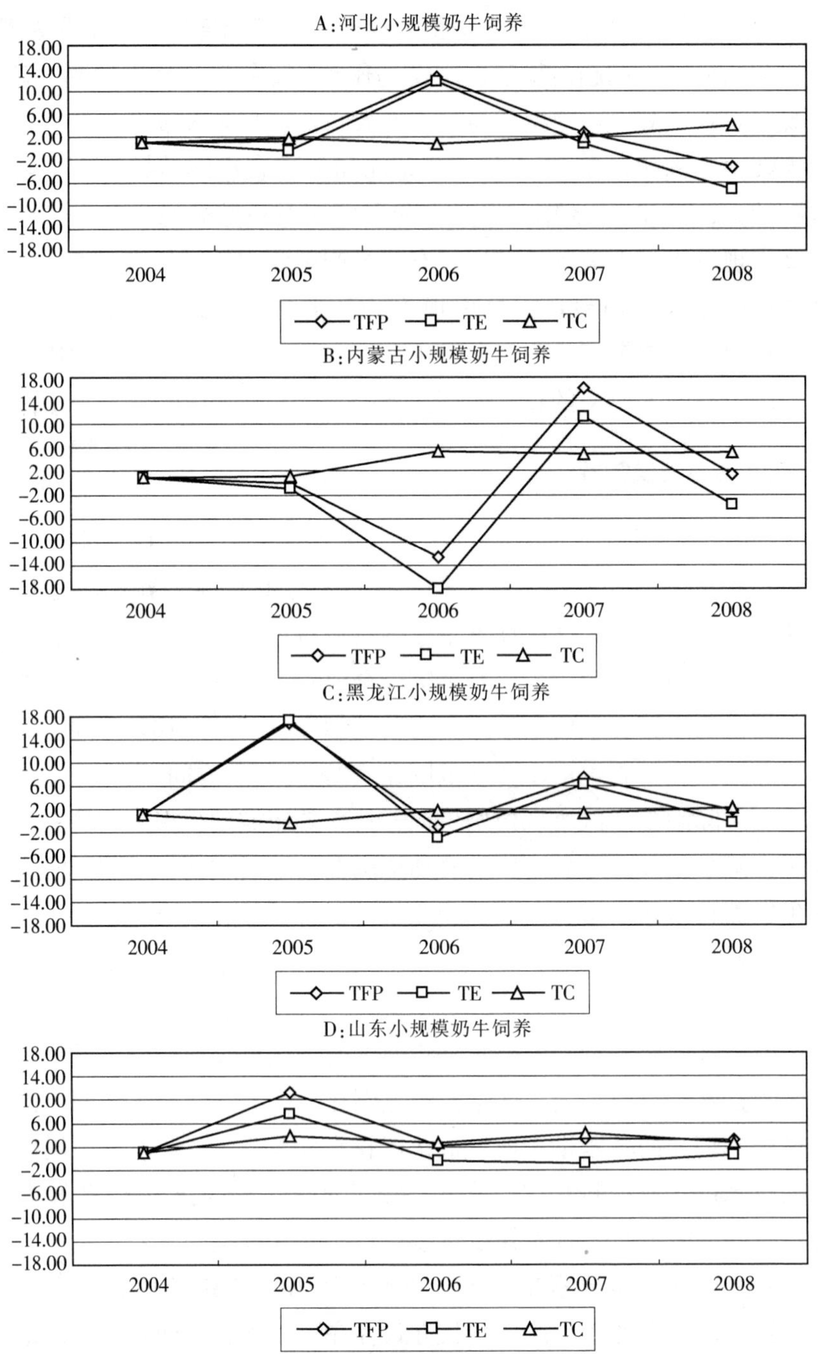

图 8-3 主产区小规模奶牛饲养 TFP 增长方式变化

12.5%，主要因为技术效率增长11.7%；而2008年下降3.4%，主要由技术效率下降7.3%和技术进步增长3.8%共同作用的结果。此外，内蒙古小规模奶牛饲养全要素生产率2006年下降了12.6%，是由技术效率下降17.9%和技术进步增长5.3%共同作用的结果；而2007年全要素生产率又上升了16.2%，是由技术效率增加11.3%和技术进步增长4.9%共同作用的结果。

4.3　主产区中规模饲养

从图8-4显示结果看出，主产区中规模奶牛饲养的全要素生产率、技术效率以及技术进步变化趋势比较一致，但他们增长速度波动非常大，而且个别年份个别地区的波动非常剧烈。具体有如下主要观察分析：

（1）年际间主产区中规模奶牛饲养全要素生产率波动很大。例如，黑龙江中规模奶牛饲养全要素生产率变动范围在－17%～2%之间，年际间增长率变化极差高达20%；陕西中规模奶牛饲养全要素生产率变动范围在－8.0%～2.0%之间，年际间增长率变化极差高达10%；河南中规模奶牛饲养全要素生产率变动范围在－1.7%～3.4%之间，年际间增长率变化极差在5%左右；唯有内蒙古中规模奶牛饲养全要素生产率年际间变化非常平稳，在1.2%～1.6%之间。

（2）年际间全要素生产率的剧烈变动主要是由年际间技术效率的剧烈变动引起的。例如，黑龙江中规模奶牛饲养技术效率年际间变动范围在－1.8%～19.0%之间，年际间增长率变化极差高达20%以上；陕西中规模奶牛饲养技术效率增长变动范围在－4%～3%之间，年际间增长率变化极差高达7%以上；河南中规模奶牛饲养技术效率增长变动范围在－2.7%～2.7%之间，年际间增长率变化极差高达5%以上；同样可以看到，只有内蒙古中规模奶牛饲养技术效率年际间增长变化不大，基本上维持在－0.5%～0.5%之间。

（3）中规模奶牛饲养的技术进步速度变动幅度相对较小。例如，在研究期内，陕西中规模奶牛饲养技术进步年际间波动在－6.0 %～ －4.0%之间，内蒙古中规模奶牛饲养技术进步年际间波动在1.0% ～ 2.0%之间，黑龙江中规模奶牛饲养技术进步年际间波动在1.0% ～ －2.0%之间，河南中规模奶牛饲养技术进步年际间波动在0 ～ 2.0%之间。

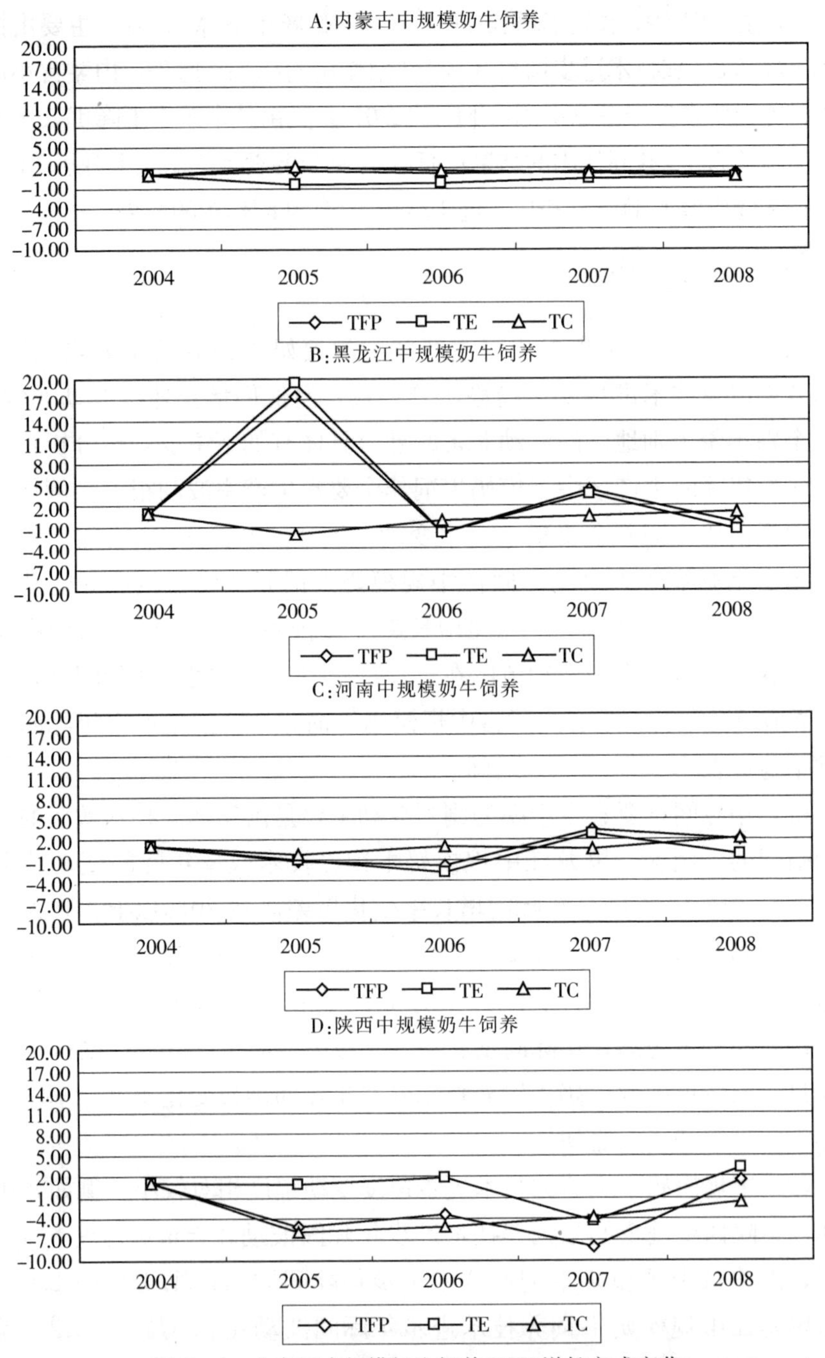

图 8-4　主产区中规模奶牛饲养 TFP 增长方式变化

（4）由于主产区全要素生产率、技术效率以及技术进步增长速度差异较大，那么，主产区全要素生产率的增长方式，也就存在显著差异。例如，内蒙古中规模奶牛饲养全要素生产率稳步增长，主要因为技术进步的持续稳定增长；黑龙江中规模奶牛饲养全要素生产率的急剧波动，主要因为年际间技术效率的急剧波动；陕西中规模奶牛饲养全要素生产率的明显波动和下降趋势，主要因为年际间技术效率的剧烈波动和技术进步的持续下降。

4.4　主产区大规模饲养

从图8-5显示结果看出，主产区大规模奶牛饲养的全要素生产率、技术效率以及技术进步波动较小，而且全要素生产率的增长方式也比较明显。具体有如下主要观察分析：

（1）年际间主产区大规模奶牛饲养全要素生产率波动相对平稳。例如，山东大规模奶牛饲养全要素生产率下降幅度在－2.5%～－6.0%之间，年际间变化率极差只有3.5%左右；新疆大规模奶牛饲养全要素生产率下降幅度在－9.0%～－4.5%之间，年际间增长率变化极差只有4.5%；河南大规模奶牛饲养全要素生产率变动范围在0～1.90%之间，年际间增长率变化极差更小。

（2）主产区大规模奶牛饲养技术效率年际间波动相对较大。例如，黑龙江大规模奶牛饲养技术效率年际间波动范围在－1.0%～6.0%之间，年际间技术效率变化极差在7.0%以上。同理，河南和新疆大规模奶牛饲养技术效率年际间变动，也分别在2005年和2006年出现急剧上升态势。

（3）主产区全要素生产率恶化极端情形。全要素生产率下降主要是由技术进步恶化引起的，两个最明显的例子是山东和新疆。具体来说，山东大规模奶牛饲养技术进步年际间下降速度在－3.0%～－6.5%之间，这与山东全要素生产率下降速度基本一致；新疆大规模奶牛饲养技术进步下降范围在－5.0%～－9.0%之间，这与新疆全要素生产率下降速度基本一致。

（4）技术进步恶化对全要素生产率产生不良影响。黑龙江和河南大规模奶牛饲养的技术进步，年际间波动非常明显，对全要素生产率产生明显不良影响。例如，黑龙江大规模奶牛饲养技术进步年际间波

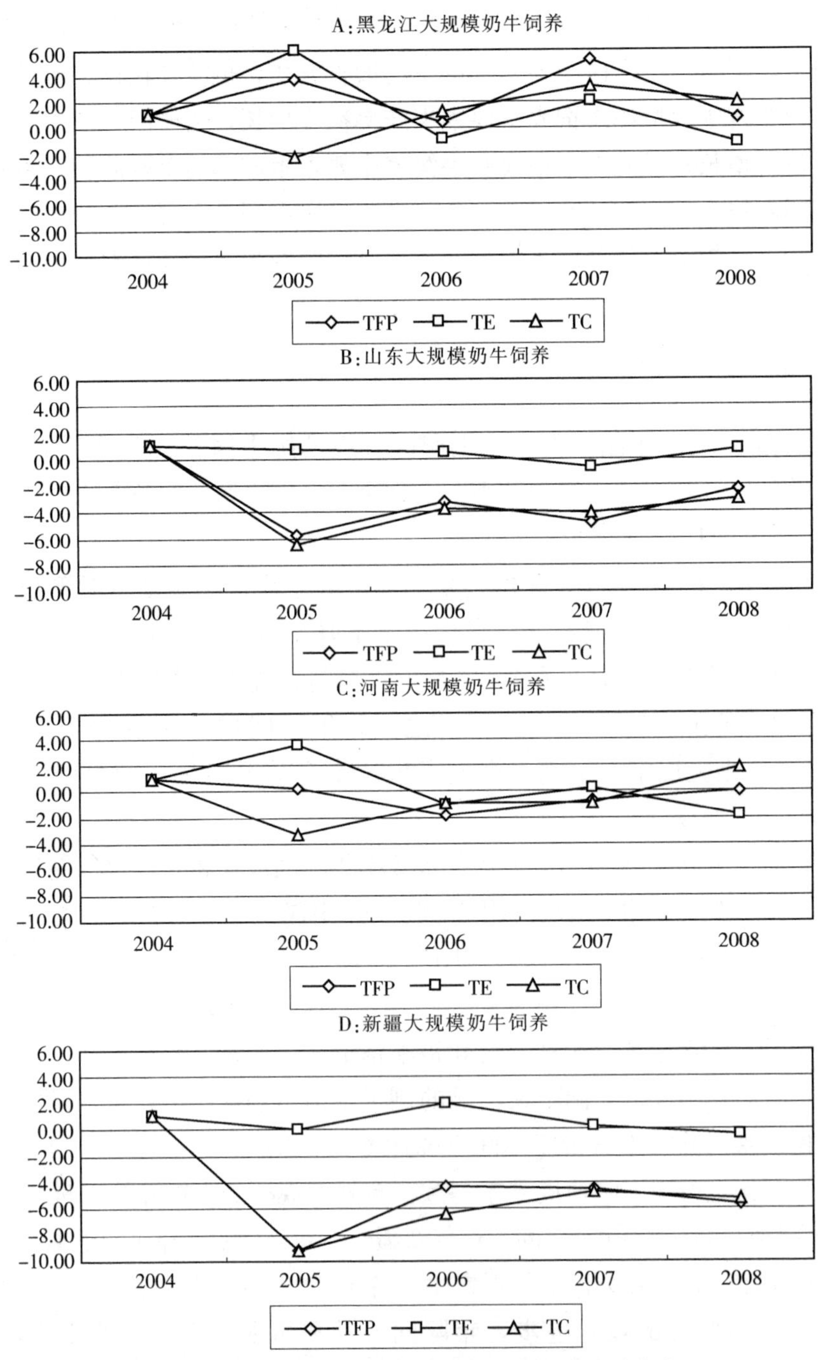

图 8-5 主产区大规模奶牛饲养 TFP 增长方式变化

动在－2.3%～ 3.2%之间，年际间变化率极差达到5.5%；河南大规模奶牛饲养技术进步年际间波动在－3.3% ～ 2.0%之间，年际间变化率极差也达到5.0%以上。说明这两个主产区大规模奶牛饲养的技术进步是非常不稳定的，应当引起当地生产者和决策者的高度重视。

5　估计结果比较分析

虽然现有的文献通过各种不同的方法来估计和分解中国奶牛饲养的全要素生产率，但是为了了解中国奶牛饲养的生产力是否会随着时间的推移而有所变化，以及在新的世纪，中国政府部门会不会出台和奶牛饲养相关的政策，我们仍然需要研究奶牛饲养的全要素生产率、技术效率和技术进步的增长是否会有显著的变化。

（1）全要素生产率增长速度的比较分析。Rae et al.（2006）估计20世纪90年代，我国专业户奶牛饲养和商业奶牛饲养的全要素生产率的增长速度只有0.48%和1.31%。而进入21世纪之后，通过研究表明，农户散养奶牛和小规模奶牛饲养的全要素生产率增长速度分别是3.14%和3.21%，然而一些中规模和大规模奶牛饲养的全要素生产率已经出现明显的快速下降趋势。

（2）全要素生产率增长方式的比较分析。从Rae et al.（2006）的研究中可以看到，之前中国的专业户奶牛饲养和商业奶牛饲养，技术进步都是全要素生产率增长唯一的驱动因素。然而，新世纪全要素生产率的增长方式已经变得完全不同。具体来说，农户散养奶牛和小规模奶牛饲养，技术进步仍然是全要素生产率增长的最重要的驱动因素。而对于中规模和大规模奶牛饲养，技术效率的提高则成为其全要素生产率增长的驱动力量。尤其是大规模奶牛饲养，这种情况更为普遍。

6　基本结论与政策建议

本章利用新奶牛饲养规模分类体系下的成本收益调查数据，研究了我国奶牛饲养全要素生产率增长方式。这种全新的面板数据，让我们更加深入地考察我国奶牛饲养全要素生产率、技术进步和技术效率的变化情况，以及不同饲养规模同全要素生产率增长方式之间的变化规律。对分类指导我国的奶牛饲养、确定适宜的技术进步和技术投资政策，提供了更加全面系统的经济计量依据。

我国的奶制品消费需求和奶牛饲养的迅速发展，是一个过渡时期经济高速增长现象。新的、大规模奶牛饲养基地建设，导致了国内外现代化生产设施、先进技术以及高产优良乳牛品种大量投资。鉴于目前我国奶牛饲养发展现状，从上述计算、观察和分析看出，我国奶牛饲养充满活力，表现出非常明显的动态变化特征。

6.1 基本结论

根据以上分析讨论，我们得出如下基本结论：

（1）我国奶牛饲养全要素生产率增长方式呈现多元化态势。具体来说，农户散养和小规模奶牛饲养，其全要素生产率增长方式主要是技术进步拉动型的，而技术效率则没有明显改善，基本上处于稳中有升的状态。相反，大规模奶牛饲养全要素生产率的下降，主要是由于技术水平明显恶化造成的，如果没有技术效率的改进，那么，其全要素生产率下降的速度会更快。当然，中规模奶牛饲养全要素生产率保持稳中有升，主要原因是技术效率和技术进步均没有明显变化，基本上处于稳定和徘徊状态。考虑到我国奶牛饲养模式的分布，主要以小规模为主，那么可以说，我国奶牛饲养的全要素生产率增长是比较快的，而且主要以技术进步为主导推动力。以大规模高起点为特征的奶牛饲养方式，其技术进步呈现下降趋势，这在我们的意料之中。因为大规模奶牛饲养本身的技术起点较高，技术进步潜力非常有限，关键是如何保持大规模奶牛饲养技术的先进性。

（2）随着奶牛饲养规模不断扩大，技术进步速度逐渐减缓，最终呈现明显下降趋势。研究发现，随着奶牛饲养规模扩大，亦即从农户散养、小规模饲养、中规模饲养到大规模饲养，其技术进步增长幅度逐渐减少，相应地从 2.79％、2.28％、－0.23％到－2.76％。从上面的分析可以看出，随着奶牛饲养规模扩大，技术起点随之增高，相应地技术进步的潜力变小。此外，也可能与饲料的投入结构有关。实际成本调查发现，随着奶牛饲养规模扩大，精饲料投入比例越来越少。例如，从农户散养、小规模饲养、中规模饲养到大规模饲养，精饲料和粗饲料投入比例分别为3.40、3.24、1.92和1.62。同样，饲料粮的投入比例也呈现类似的状况。精饲料和饲料粮投入严重不足，可能造成大规模奶牛饲养先进技术得不到应有的发挥，最终导致生产中实际应用技术水平下降。因此，加大精饲料和饲料粮投入，可能是大规模奶牛饲养生产决策的核心内容。

（3）从整体上讲，提高我国奶牛饲养全要素生产率仍有一定空间。主要体现在，充分发挥中规模和大规模奶牛饲养的技术水平，存在很大的增长潜力，这是因为中规模和大规模奶牛饲养的技术进步出现徘徊或恶化状况。换句话说，如果技术进步保持增长状态，那么，大规模奶牛饲养的全要素生产率的年均增长幅度会比其他奶牛饲养方式更大，而且不需要追加任何固定资产投资。简单地增加精饲料和饲料粮的投入，就可以实际性地解决增加大规模奶牛饲养全要素生产率问题。

（4）我国奶牛饲养全要素生产率表现出明显的区域差异。具体来说，有些地区奶牛饲养全要素生产率呈增长趋势，有些地区奶牛饲养全要素生产率呈下降趋势，而有些地区奶牛饲养全要素生产率呈现徘徊状态。有些地区奶牛饲养全要素生产率是效率改进型的，有些地区奶牛饲养全要素生产率是技术驱动型的，而有些地区奶牛饲养全要素生产率是技术和效率共同作用的结果。从这些结论，我们还可以进一步发现，各地区奶牛饲养技术方向和生产实践也存在显著差异，具体要根据当地生产的实际情况，在我国不存在绝对统一的技术政策问题。

6.2 政策建议

根据上面的研究结论，我们提出如下政策建议：

（1）改善我国奶牛饲养的全要素生产率仍有较大空间，但要根据具体的饲养方式采取不同的技术路线。从前面分析看出，由于不同奶牛饲养方式的技术效率改进速度均在1%以下，因此，加强现有科技推广和应用，保持提高现有技术的使用效率，增加全要素生产率，仍然具有普遍意义，特别对于农户散养模式更是如此。由于中规模和大规模奶牛饲养的技术进步呈现负增长，因此，加强中规模和大规模奶牛饲养的技术进步，是提高其全要素生产率的首要政策取向，特别是加强大规模奶牛饲养的技术进步更加重要。

(2) 要加强奶牛饲养生产决策，合理确定饲料投入结构，充分发挥现有饲养技术增产潜力。根据上面的研究结论，中规模和大规模奶牛饲养方式的饲料投入水平和投入结构明显不同于农户散养和小规模奶牛饲养方式的饲料投入水平和投入结构。亦即，中规模和大规模奶牛饲养方式的精饲料和饲料粮的投入水平明显偏低，造成中规模和大规模奶牛饲养方式的技术水平得不到充分利用，结果使得生产中的实际技术水平下降。因此，加大中规模和大规模奶牛饲养方式的精饲料和饲料粮的投入水平，是充分发挥中规模和大规模先进生产技术的前提条件。具体来说，按照小规模的平均饲料投入比例，中规模奶牛饲养的精饲料和饲料粮应分别增加 2 000 千克和 1 450 千克，亦即在原有投入水平基础上，大致要增加 70%；大规模奶牛饲养的精饲料和饲料粮，应分别增加 3 200 千克和 2 300 千克，亦即在原有投入水平的基础上，大致要增加一倍。

(3) 由于地区间全要素生产率增长方式存在较大差异，因此，各地区加强奶牛饲养全要素生产率的技术路线也明显不同。以主产区奶牛饲养为例，对农户散养奶牛来说，内蒙古、山东和新疆要加强技术推广，提高技术效率。对小规模奶牛饲养来说，内蒙古、河南和新疆要加强技术推广，提高技术效率；黑龙江要加强技术进步。对中规模奶牛饲养来说，内蒙古、河南和新疆要加强技术推广，提高技术效率；黑龙江、河南和新疆要加强技术进步。对大规模奶牛饲养来说，山东和新疆要更加注重技术进步；河南既要提高技术效率，又要加强技术进步。

(4) 应当指出，全要素生产率估计存在一定局限性。从理论上讲，有许多因素影响奶牛饲养的全要素生产率增长，亦即，可能影响技术进步和技术效率估计，但是，实际应用过程中，不可能把它们很明确地引入到模型估计当中。这些因素包括：奶牛群体的品种结构、行业政策对信贷和投资的影响、当地的气候条件以及可利用的粗饲料资源状况等。如果我们有数据去构建合适的变量，这些信息应该包括在我们的无效率模型分析中。还需要提醒的是，如果模型中遗漏气候变量，可能造成技术效率估计偏低。因此，以上提出的政策建议，在奶牛饲养生产实践中，要采取有针对性的具体措施。

参考文献

[1] 全国农产品成本收益资料汇编［M］. 北京：中国统计出版社，2005—2009.

[2] 中国奶业年鉴［M］. 北京：中国农业出版社，2003—2009.

[3] Frank H. F., Huang, J. K., Ma, H. Y., and Rozelle, S. Got milk? The rapid rise of China's dairy sector and its future prospects［J］. *Food Policy* 2006, 31: 201-215.

[4] Jin, S. Q., Ma, H. Y., Huang, J. K., Hu, R. F., and Rozelle, S. Productivity, efficiency and technical change: measuring the performance of China's transforming agriculture［J］. *Journal of Productivity Analysis*, 2010, 33: 191-207.

[5] Ma, H. Y., Rae, A. N., Huang, J. K., and Rozelle, S. Enhancing productivity on suburban dairy farms in China［J］. *Agricultural Economics*, 2007, 37: 29-42.

[6] Rae, A. N., Ma, H. Y., Huang, J. K., and Rozelle, S. Livestock in China: commodity-specific total factor productivity decomposition using new panel data［J］. *American Journal of Agricultural Economics*, 2006, 88: 680-695.

[7] Tian, W. M., and Wan, G. H. Technical efficiency and its determinants in China's grain production［J］. *Journal of Productivity Analysis*, 2000, 13: 159-174.

[8] 包国宪. 西北农业产业结构科技进步分析及调整对策［J］. 科技进步与对策，2005（8）.

[9] 鲍学东，郑循刚. 基于SFA的四川农业生产技术效率分析［J］. 科技管理研究，2008（9）.

[10] 曹暕，孙顶强，谭向勇. 农户奶牛生产技术效率及影响因素分析［J］. 中国农村经济，2005（10）.

[11] 曹暕. 中国农户原料奶生产经济效率分析［D］. 中国农业大学博士学位论文，2005，71-84.

[12] 陈诗波，王亚. 循环农业生产技术效率外生性决定因素分析［J］. 中国人口·资源与环境，2009（4）.

[13] 陈卫平. 中国农业生产率增长、技术进步与效率变化：1990—2003年［J］. 中国农

村观察，2006 (1).
[14] 陈云飞. 兵团农业全要素生产率的测算分析 [J]. 边疆经济与文化，2010 (10).
[15] 丁岩，翟印礼. 辽吉两省玉米全要素生产率的比较研究——基于莫氏指数的研究 [J]. 商业研究，2008 (12).
[16] 高峰. 考虑到气候因素影响的农业全要素生产率测算 [D]. 西南财经大学硕士学位论文，2008.
[17] 高玉强，贺伊琦. 我国粮食主产区粮食直补效率研究 [J]. 中南财经政法大学学报，2010 (4).
[18] 黄金波. 中国粮食生产的技术效率与全要素生产率增长：1978—2008 [J]. 南方经济，2010 (9).
[19] 亢霞，刘秀梅. 我国粮食生产的技术效率分析——基于随机前沿分析方法 [J]. 中国农村观察，2005 (4).
[20] 胡瑞法，黄季焜，李立秋. 中国农技推广：现状、问题及解决对策 [J]. 管理世界，2004 (5).
[21] 李碧芳. 基于 SBM—DEA 模型的中国大豆全要素生产率分析 [J]. 河南农业科学，2010 (3).
[22] 李谷成，冯中朝，范丽霞. 农户家庭经营技术效率与全要素生产率增长分解(1999—2003 年)——基于随机前沿生产函数与来自湖北省农户的微观证据 [J]. 数量经济技术经济研究，2007 (8).
[23] 李谷成，冯中朝，李然. 三种油料作物生产的全要素生产率估计、分解与行业比较——基于随机前沿生产函数的分析框架 [J]. 中国油料作物学报，2009 (2).
[24] 李谷成. 人力资本与中国区域农业全要素生产率增长——基于 DEA 视角的实证分析 [J]. 财经研究，2009 (8).
[25] 李尽法. 河南省农业全要素生产率变动实证分析——基于 Malmquist 指数方法 [J]. 农业技术经济，2008 (2).
[26] 李录堂，薛继亮. 中国农业生产率增长变化趋势研究：1980—2006 [J]. 上海财经大学学报（哲学社会科学版），2008 (4).
[27] 李树明，张俊飚，徐卫涛，孙笑男. 我国出口型农产品的生产效率研究 [J]. 生态经济，2010 (9).
[28] 吕甜. 基于 TFP 测算的上海农业经济增长因素的实证分析 [D]. 上海财经大学硕士学位论文，2009.
[29] 马恒运，唐华仓，Allan Rae. 中国牛奶生产的全要素生产率分析 [J]. 中国农村经济，2007 (2).
[30] 马恒运. 河南省牛奶生产的全要素生产率及财政支持政策研究 [J]. 河南农业大学

学报，2009（1）.
[31] 彭秀芬．中国原料奶的生产技术效率分析［J］．农业技术经济，2008（6）.
[32] 乔世君．中国粮食生产技术效率的实证研究——随机前沿面生产函数的应用［J］．数理统计与管理，2004（3）.
[33] 孙骏．对外开放对福建农业全要素生产率增长的影响研究——基于DEA与VAR的实证分析［J］．技术经济，2010（10）.
[34] 田露，张越杰．吉林省农户养猪生产效率分析［J］．吉林农业大学学报，2008（5）.
[35] 田维明．中国粮食生产的技术效率［M］．农村社会经济（上卷），北京，中国农业出版社，1998，26-34.
[36] 王德祥，徐德徽．北京奶牛业的利润率和效率分析：一个DEA方法的应用［J］．农业技术经济，1997a（1）.
[37] 王德祥，徐德徽．北京奶牛业的利润率和效率分析：一个DEA方法的应用（续）［J］．农业技术经济，1997b（3）.
[38] 魏丹，闵锐，王雅鹏．粮食生产率增长、技术进步、技术效率——基于中国分省数据的经验分析［J］．中国科技论坛，2010（8）.
[39] 薛春玲，张晓虎，陈翠，杨冬梅，侯亚男．中国农业生产的技术效率测度模型及实证分析［J］．农业科技管理，2006（2）.
[40] 叶慧，王雅鹏．采用数据包络分析法的粮食直接补贴效率分析及政策启示［J］．农业现代化研究，2006（5）.
[41] 余建斌，李大胜．中国农业生产的技术效率及其影响因素分析［J］．统计与决策，2008（14）.
[42] 张莉侠，刘荣茂，孟令杰．中国乳制品业全要素生产率变动分析［J］．中国农村观察，2006a（6）.
[43] 张莉侠．中国乳制品企业技术效率——基于SBM超效率模型分析［J］．统计与信息论坛，2007b（3）.
[44] 张莉侠．中国乳制品业的效率与绩效研究［D］．南京农业大学博士学位论文，2007.
[45] 张艳．中国烟草产业全要素生产率及其变动的实证研究［J］．湖南科技学院学报，2008（11）.
[46] 张越杰．中国东北地区玉米生产效率的实证研究——以吉林省为例［J］．吉林农业大学学报，2008（4）.
[47] 郑循刚．基于组合评价的中国农业生产技术效率研究——基于2000—2007的面板数据［J］．科技管理研究，2010（7）.

[48] 郑循刚．四川省农户农业生产全要素生产率增长分解——基于2005—2007年的面板数据分析［J］．农村经济，2010a（6）．

[49] 郑循刚．西部农业生产全要素生产率增长分解——基于2000—2007的面板数据［J］．软科学，2010b（8）．

第9章 技术效率及变动趋势*

现在我们分析我国奶牛饲养的技术效率水平。根据第二章的研究方法，首先估计了各地区不同规模奶牛饲养的技术效率水平，图9－1、图9－2、图9－3、图9－4和图9－5清楚地揭示了各种奶牛饲养和主产区的技术效率水平、趋势和特征。其次，比较分析了这里估计的技术效率水平和国内外主要研究估计的技术效率水平，进一步说明了估计结果的可靠性，分析了存在明显差距的可能原因。最后，根据奶牛饲养技术效率水平及趋势的研究结果，针对不同奶牛饲养方式和主要奶牛饲养地区，提出了改进奶牛饲养效率的政策建议。

1 我国奶牛饲养技术效率水平及趋势

为了观察我国奶牛饲养技术效率水平研究期内的变动趋势，我们提供了表9－1和图9－1。表9－1给出了各种奶牛饲养方式的实际技术效率水平估计、研究期内的技术效率平均值，以及研究期内的变化情况；图9－1更清楚地描绘了我国不同奶牛饲养方式下，实际技术效率水平的变动趋势，以及不同奶牛饲养方式之间的技术效率水平差距。现在具体分析如下：

表9－1 全国各种奶牛饲养方式技术效率水平及趋势

饲养方式	2004	2005	2006	2007	2008	期内平均	期内Δ%
农户散养奶牛	0.951 6	0.959 0	0.961 8	0.963 2	0.965 0	0.960 1	0.90
小规模奶牛饲养	0.911 8	0.960 0	0.952 6	0.950 0	0.946 0	0.944 1	3.54
中规模奶牛饲养	0.932 9	0.957 8	0.958 6	0.951 8	0.961 2	0.952 5	2.09
大规模奶牛饲养	0.925 9	0.955 6	0.958 0	0.961 8	0.963 9	0.953 0	2.93

数据来源：根据无效率模型估计出。

* 本章内容已发表。见：不同规模奶牛场的技术效率及影响因素［J］．技术经济，2011（1）．

1.1 技术效率水平

从表 9-1 可以看出，2004—2008 年，我国不同奶牛饲养方式的技术效率水平较高，而且均呈现不同程度的增长。第一，农户散养奶牛的平均技术效率水平为 96.01%，研究期内增长最慢，实际变化是从 2004 年的 95.16%，增加到 2008 年的 96.50%，实际增长不到 1%（0.9%）；第二，小规模奶牛饲养的平均技术效率水平为 94.41%，研究期内增长速度最大，从 2004 年的 91.18%，增长到 2008 年的 94.60%，实际增长了 3.54%；第三，中规模奶牛饲养的平均技术效率水平 95.25%，增长幅度位居第三，从 2004 年的 93.29%，上升到 2008 年的 96.12%，四年间增长了 2.09%；第四，大规模奶牛饲养的平均技术效率水平为 95.30%，研究期内增幅位居第二，从 2004 年的 92.59%，增加到 2008 年的 96.39%，实际增长了 2.93%。

比较不同饲养方式的技术效率水平和变动趋势可以看出：第一，我国不同奶牛饲养方式技术效率水平目前普遍较高，亦即非常接近生产边界，或者说，我国现有的奶牛饲养技术在生产实践中得到了非常充分的应用；第二，相比之下，小规模奶牛饲养的技术效率提高最快，说明原来小规模奶牛饲养的技术效率较低，而且在实践中技术潜力得到了最大的改进；第三，中规模和大规模的技术效率增长也较快，达到了 2%以上，说明这两种奶牛饲养方式的技术潜力在生产中也得到了充分的发挥。

1.2 技术效率差距

从图 9-1 可以更清楚地看出，我国不同奶牛饲养方式的技术效率变动趋势基本相同，不同奶牛饲养方式之间的技术效率差距非常小，特别是在后期，基本上趋于一致。具体来说，第一，实际技术效率水平从高到低排序依次为：农户散养奶牛、大规模奶牛饲养、中规模奶牛饲养和小规模奶牛饲养。第二，以最高的技术效率估计为标准，不同奶牛饲养方式之间的技术效率差距，依次为：大规模同农户散养基本没有差距；中规模奶牛饲养的技术效率有所波动，最后还是回归到较高的水平，相差甚微；但小规模奶牛饲养的技术效率似乎有下降趋势，到 2008 年差距达到了 2%；第三，从技术效率的比较分析可以推出，我国奶牛饲养技术效率已经达到了较高的水平，而且普遍很高，说明现在的技术潜力已经得到充分的发挥，现在的实际生产水平已经非常接近生产边界。因此，下一步的生产决策是，在提高技术效率的同时，重点要进一步提高奶牛饲养的技术水平，努力推动生产边界前移，在一个新的更高的生产技术环境里，再一次通过改进技术效率，达到提高我国奶牛饲养全要素生产率的目的。

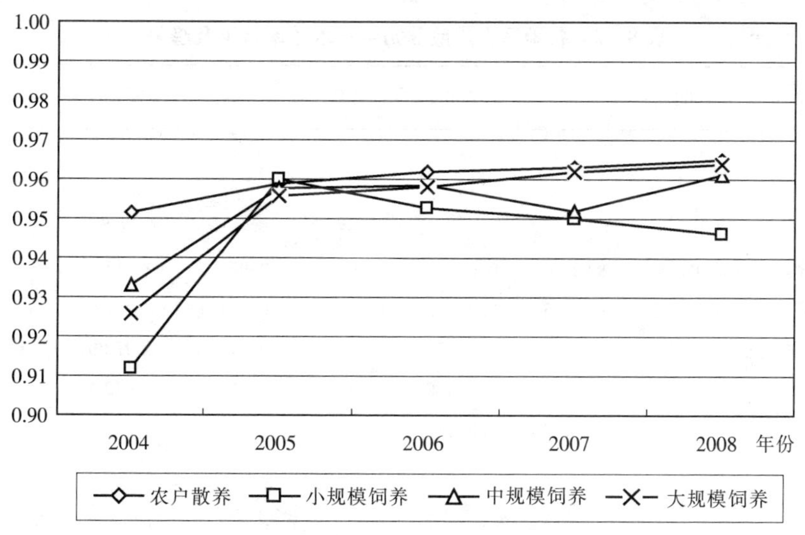

图 9－1　不同奶牛饲养方式技术效率水平和趋势

在观察、比较分析我国不同奶牛饲养方式的技术效率水平之后，再来具体分析每种奶牛饲养方式下，不同地区的技术效率水平和差距情况，以期找出技术效率差距形成的地区分布特征，以及奶牛饲养主要地区、牧区、农牧区等之间的技术效率同地区农业生产特点的关系。下面分别从农户散养奶牛、小规模奶牛饲养、中规模奶牛饲养和大规模奶牛饲养的次序进行分析讨论。

2 各地区农户散养技术效率

为了观察地区农户散养奶牛的技术效率水平及趋势，我们提供了表 9－2和图 9－2。表 9－2 给出了 2004—2008 年地区农户散养奶牛实际技术效率水平、研究期内技术效率平均值，以及研究期内技术效率的变化幅度情况。图 9－2 更加清楚地描绘主产区农户散养奶牛实际技术效率水平的变动趋势，以及在主要地区之间的技术效率水平差距。具体观察分析如下：

表 9－2 各地区农户散养奶牛技术效率水平及趋势

省份	2004	2005	2006	2007	2008	平均	期内 Δ%
北京	—	—	—	—	—	—	—
天津	—	—	—	—	—	—	—
河北	0.756 6	—	—	—	—	0.756 6	—
山西	0.965 5	0.927 0	0.951 5	0.941 1	0.950 0	0.947 0	−1.61
内蒙古	0.922 9	0.925 5	0.902 2	0.926 2	0.931 0	0.921 6	0.87
辽宁	—	—	—	—	0.978 9	0.978 9	—
吉林	0.912 2	0.863 4	0.973 4	0.960 2	0.952 6	0.932 4	4.43
黑龙江	0.885 3	0.959 0	0.940 3		0.960 7	0.936 3	8.51
上海	—	—	—	—	—	—	—
江苏	—	—	—	—	—	—	—
浙江	0.973 5	0.954 7	0.949 9	—	—	0.959 4	—
安徽	—	—	—	—	—	—	—
福建	—	—	—	—	—	—	—
江西	—	—	—	—	—	—	—
山东	0.956 2	0.950 2	0.950 5	0.963 6	0.949 7	0.954 0	−0.68
河南	0.814 6	0.808 7	0.903 2	0.915 0	0.917 4	0.871 8	12.62
湖北	—	—	—	—	—	—	—
湖南	—	—	—	—	0.977 2	0.977 2	—
广东	—	—	—	—	—	—	—
广西	0.857 9	0.902 9	0.890 6	0.850 3	0.903 7	0.881 0	5.34
海南	—	—	—	—	—	—	—

（续）

省份	2004	2005	2006	2007	2008	平均	期内Δ%
重庆	0.964 8	0.953 9	0.967 5	0.964 0	0.973 4	0.964 7	0.89
四川	—	—	—	—	—	—	—
贵州	—	0.944 8	0.880 7	0.925 7	0.935 4	0.921 7	−1.00
云南	0.943 0	0.966 6	0.960 0	0.986 1	—	0.963 9	2.03
西藏	—	—	—	—	—	—	—
陕西	0.970 1	0.961 3	0.879 2	0.745 3	0.720 2	0.855 2	−25.76
甘肃	—	—	—	—	—	—	—
青海	—	—	—	—	—	—	—
宁夏	0.938 9	—	—	—	—	0.938 9	—
新疆	0.940 6	0.97 98	0.974 8	0.970 8	0.970 7	0.967 3	3.19
平均	0.914 4	0.930 6	0.932 6	0.922 6	0.932 4	—	—

数据来源：根据无效率模型估计得出。

2.1　技术效率水平较高

地区农户散养奶牛的技术效率水平普遍较高，研究期内平均技术效率水平从2004年的91.44%，上升到2008年93.24 %，四年间上升大约2个百分点。具体来说，第一，农户奶牛饲养平均技术效率水平较高的地区有：辽宁、湖南、重庆和新疆，这些省份农户散养奶牛平均技术效率水平在97%以上。第二，农户奶牛饲养平均技术效率水平较低的地区有：内蒙古、山东、河南、广西、贵州，但这些省份农户散养奶牛平均技术效率水平也达到了90%。第三，技术效率最低的省份发生在陕西，2008年其技术效率水平只有72.02%。

2.2　技术效率变动趋势

尽管各地区技术效率水平普遍较高，但其变动趋势存在明显的差异。有的地区呈现明显的上升趋势，有的地区呈现明显的下降趋势，而有些地区的技术效率基本上处于徘徊状态。第一，吉林、黑龙江、河南和广西等地，其技术效率上升较快，2004—2008年技术效率分别上升了4.43%、8.51%、12.62%和5.34%。第二，云南和新疆的技术效率上升的也较快，2004—2008年分别上升了2.03%和3.19%。第三，内蒙古和重庆的技术效率上升的较慢，五年间上升不足1.0%，分别为0.87%和0.89%。第四，陕西的技术效率下降的最为明显，从2004年的97.01%，下降到2008年的72.02%，共计下降了高达25.76%。第五，陕西和贵州等地的技术效率下降的也较快，2004—2008年分别下降了1.61%和1.0%。

2.3 技术效率地区差异

从上面的分析可以看出，地区农户散养奶牛技术效率水平和下降幅度存在一定差异。第一，从2004—2008年平均绝对水平上看，可将地区技术效率水平划分为四类：一类为技术效率水平在95%以上的地区，主要有辽宁、浙江、山东、湖南、重庆、云南和新疆；二类为技术效率在90%～95%的地区，主要有山西、内蒙古、吉林、黑龙江、贵州和宁夏；三类为技术效率在85%～90%的地区，主要有河南、广西和陕西；四类为技术效率在85%以下的地区，只有河北省。从年度内的技术效率极差上看，有逐年扩大趋势。例如，2004年最低的技术效率为75.66%（河北），最高的为97.01%（陕西），两者相差21.35个百分点。而到了2008年，最低的技术效率为72.02%（陕西），最高的为97.89%（辽宁），两者相差25.87个百分点。可见，不论技术效率绝对水平，还是技术效率水平变动幅度，地区之间均表现出一定差异，因此，地区农户散养奶牛提高技术效率的重点、途径和措施，不可避免地存在明显差异。

2.4 主产区技术效率

图9-2描述了5个主产区农户散养奶牛技术效率水平及变动趋势。可以看出，尽管5个主产区农户散养奶牛技术效率变化有很大的趋同性，特别是2006年以后，但是它们的技术效率水平存在明显的差异，而且波动幅度明显不同。具体来说，第一，尽管新疆、黑龙江和山东农户散养奶牛技术效率水平呈现某种程度的相似，但是，新疆地区农户散养奶牛技术

效率水平明显高于其他两个主产区。第二，内蒙古的技术效率屈居第四，略高于河南。第三，河南的技术效率变化最大，从2004年的80%上升到2008年的90%，共计上升了10个百分点。第三，新疆和黑龙江变化幅度位居第二和第三。说明这些地区2004年以来，在提高奶牛饲养的技术效率上，下了很大的功夫。

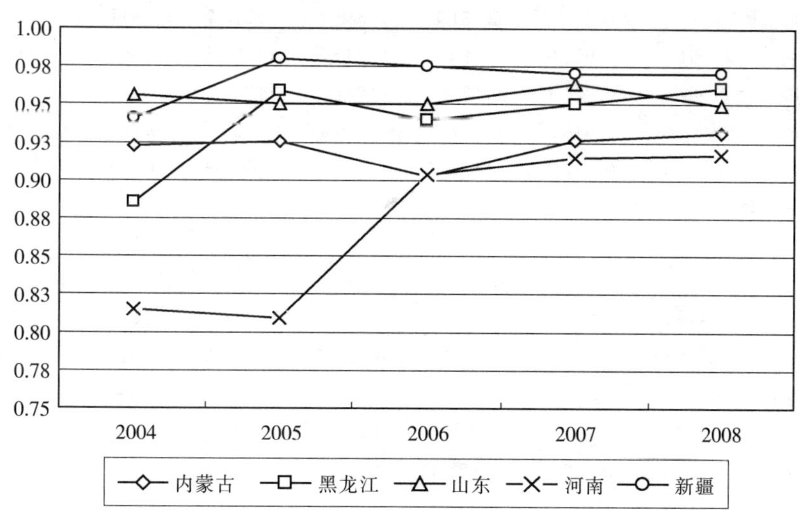

图9-2　主产区农户散养奶牛技术效率趋势比较

值得注意的是，对农户散养奶牛来说，新疆、黑龙江和河南的技术效率水平明显较高。更为重要的是，作为奶牛饲养主产区，内蒙古的技术效率还有待进一步提高。

3　各地区小规模饲养技术效率

为了观察地区小规模奶牛饲养的技术效率水平及趋势，我们提供了表9-3和图9-3。表9-3给出了地区小规模奶牛饲养历年技术效率水平、研究期内技术效率平均值，以及研究期内技术效率的变化幅度情况；图9-3更清楚地描绘了几个主要奶牛饲养地区的小规模奶牛饲养技术效率水平、变动趋势，以及几个主要地区之间的技术效率水平的明显差距。具体分析如下：

表 9-3 各地区小规模奶牛饲养技术效率水平及趋势

省份	2004	2005	2006	2007	2008	平均	期内 Δ%
北京	—	—	—	—	—	—	—
天津	0.965 3	0.788 6	0.781 6	0.715 1	0.706 8	0.791 5	—26.78
河北	0.841 4	0.836 9	0.941 1	0.946 9	0.880 6	0.889 4	4.66
山西	—	—	0.931 1	0.889 3	0.913 7	0.911 4	—
内蒙古	0.961 4	0.951 6	0.795 8	0.890 7	0.857 6	0.891 4	—10.80
辽宁	0.982 1	0.973 1	0.974 2	0.974 2	0.964 1	0.973 6	—1.84
吉林	0.900 9	0.948 9	0.957 9	0.956 1	0.925 9	0.937 9	2.77
黑龙江	0.775 1	0.921 2	0.895 5	0.953 3	0.949 9	0.899 0	22.55
上海	—	—	—	—	—	—	—
江苏	—	—	—	—	—	—	—
浙江	—	—	—	—	—	—	—
安徽	0.879 8	—	—	—	—	0.879 8	—
福建	0.743 6	0.781 2	0.790 3	0.833 7	0.905 3	0.810 8	21.75
江西	—	—	—	—	—	—	—
山东	0.887 7	0.956 5	0.952 1	0.943 4	0.948 9	0.937 7	6.90
河南	0.923 7	0.939 0	0.922 9	0.939 3	0.895 7	0.924 1	—3.03
湖北	—	—	—	—	—	—	—
湖南	0.732 3	0.718 7	0.698 0	0.721 6	0.920 5	0.758 2	25.69
广东	—	—	—	—	—	—	—
广西	0.660 8	0.837 0	0.821 7	0.735 5	0.833 5	0.777 7	26.13
海南	—	—	—	—	—	—	—
重庆	—	—	—	—	—	—	—
四川	0.805 6	0.971 6	0.703 7	0.934 3	0.862 1	0.855 5	7.01
贵州	—	—	—	—	—	—	—
云南	0.970 1	0.977 8	0.961 1	0.915 7	0.976 6	0.960 3	0.68
西藏	—	—	—	—	—	—	—
陕西	—	—	—	—	—	—	—
甘肃	—	—	—	—	—	—	—
青海	—	—	—	—	—	—	—
宁夏	0.946 2	—	0.981 8	0.971 7	0.961 0	0.965 2	1.56
新疆	0.949 6	—	0.980 6	0.968 6	—	0.966 3	2.00
平均	0.870 4	0.892 5	0.880 6	0.893 1	0.900 1	—	—

数据来源：根据无效率模型估计得出。

3.1　技术效率水平较高

地区小规模奶牛饲养的技术效率水平仍然较高，研究期内平均技术效率水平从2004年的87.04%，上升到2008年90.01 %，四年间大约上升3个百分点。就2004—2008年平均技术效率水平来说：第一，小规模奶牛饲养平均技术效率水平较高地区有辽宁、云南、宁夏和新疆，这些省份小规模奶牛饲养的平均技术效率水平在95%以上。第二，小规模奶牛饲养平均技术效率水平较高省份有山西、吉林、山东和河南，但这些省份小规模奶牛饲养的平均技术效率水平在90%～95%之间。第三，小规模奶牛饲养技术效率在第三个层次的省份较多，主要有河北、内蒙古、安徽和四川，这些省份的技术效率在85%～90%之间。第四，小规模奶牛饲养技术效率较低的省份，主要有天津、福建、湖南和广西，这些省份的技术效率在85%以下，实际上大部分在75%～80%之间。

3.2　技术效率变动趋势

地区小规模奶牛饲养的技术效率变动趋势差异较大，有些地区技术效率增长很快，有些地区技术效率下降明显，而有些地区技术效率变动不大。具体来说，第一，小规模奶牛饲养的技术效率下降最明显的是天津，2004—2008年间其小规模奶牛饲养的技术效率共计下降了26.78%。第二，内蒙古2004—2008年其小规模奶牛饲养的技术效率共计下降了10.08%。第三，辽宁和河南虽有下降，但2004—2008年下降幅度不大，分别为1.84%和3.03%。第四，技术效率增长最快的省份是湖南和广西，2004　2008年，其小规模奶牛饲养的技术效率大约增长了26%左右。第五，技术效率增长较快的省份是黑龙江和福建，2004—2008年，其小规模奶牛饲养的技术效率大约增长了22%左右。第六，其他地区的技术效率也有明显改善，如，2004—2008年山东和四川的技术效率增长了7.0%左右，河北的小规模奶牛饲养技术效率增长了4.66%。

3.3　技术效率地区差异

从以上分析可以看出，地区小规模奶牛饲养技术效率存在非常明显的差异。第一，地区小规模奶牛饲养的技术效率，很明显存在不同的层次水平，有的技术效率在95%以上，有的技术效率在80%以下。第二，地区小规模奶牛饲养的技术效率的变动幅度差异更加明显，有的地区技术效率增长了25%（湖南和广西），有的地区技术效率增长了7%（山东和四川），有的地区技术效率下降了25%（天津），有的地区技术效率下降了10%（内蒙古）。可以看出，各地区在提高小规模奶牛饲养技术效率方面，所采取的措施和实际的效果参差不齐，当然与当地的自然环境、奶牛品种和饲养习惯有很大关系，但从农户散养奶牛技术效率来看，这些可能都不是最关键问题。具体是什么原因，形成了如此明显的技术效率差异，各地区要具体分析，找出问题的瓶颈所在，以期达到提高地区小规模奶牛饲养技术效率的目的。

3.4 主产区技术效率

图9-3描述了6个主产区小规模奶牛饲养技术效率水平及变动趋势。可以看出，6个主产区小规模奶牛饲养技术效率水平和变动差异较大。从图9-3可以具体看出，第一，这6个小规模奶牛饲养主产区的技术效率水平层次是非常明显的；第二，技术效率水平越高，变动的幅度越小；技术效率水平越低，波动的幅度越大。第三，值得注意的是，内蒙古的技术效率年际间波动幅度最大，呈现非常不稳定的状态，理应引起地区生产和决策者的充分注意，急需尽快找出波动的具体原因所在。

同样，我们还注意到，对小规模奶牛饲养来说，仍然是新疆的技术效率居高，而且技术效率年际间变化最稳定，因此，该地区在保持和稳定小规模奶牛饲养技术效率的实践经验，值得推广，特别是值得内蒙古借鉴。因为这两地区都是我国主要的畜牧业产区，而且在自然地理环境上有较大的相似性。

4 各地区中规模饲养技术效率

为了观察地区中规模奶牛饲养的技术效率水平及趋势，我们提供了表9-4和图9-4。表9-4给出了地区中规模奶牛饲养历年技术效率水平、

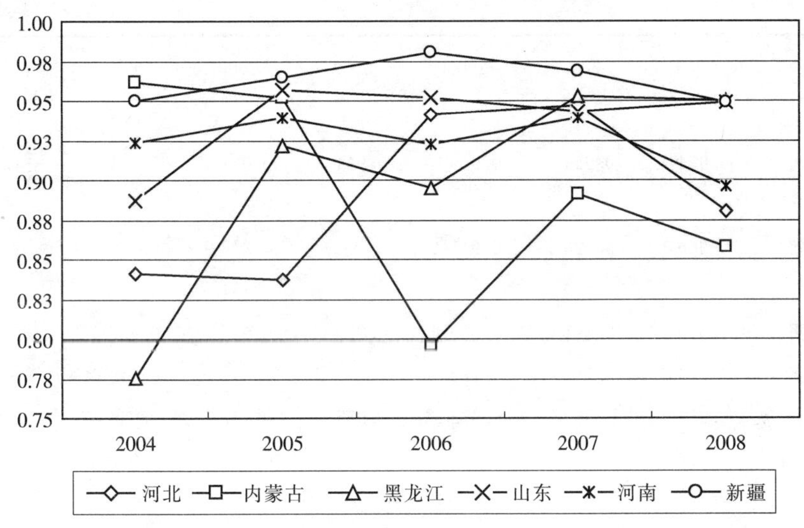

图 9-3　主产区小规模奶牛饲养技术效率趋势比较

研究期内技术效率平均值，以及研究期内技术效率的变化幅度情况；图 9-4更清楚地描绘了几个主要地区中规模奶牛饲养技术效率水平变动趋势，以及几个主要地区技术效率水平差距。具体分析如下：

表 9-4　各地区中规模奶牛饲养技术效率水平及趋势

省份	2004	2005	2006	2007	2008	平均	期内 Δ%
北京	0.950 7	0.956 8	0.973 8	0.958 0	0.973 9	0.962 6	2.44
天津	0.946 1	0.858 7	0.895 5	0.769 2	0.835 0	0.860 9	11.74
河北	0.679 8	—	—	—	—	0.679 8	—
山西	—	—	0.919 0	0.868 2	0.890 5	0.892 6	—
内蒙古	0.970 4	0.965 7	0.962 8	0.965 9	0.970 4	0.967 1	0.00
辽宁	—	—	—	—	0.968 2	0.968 2	—
吉林	0.629 4	0.922 0	0.968 6	0.957 1	0.958 8	0.887 2	52.35
黑龙江	0.781 5	0.948 5	0.932 2	0.967 2	0.953 6	0.916 6	22.02
上海	0.751 8	0.806 1	0.759 1	0.829 5	0.825 4	0.794 4	9.79
江苏	—	—	—	—	—	—	—
浙江	0.969 9	0.938 0	0.960 9	—	—	0.956 3	—
安徽	0.945 8	0.875 3	0.894 4	0.938 9	0.960 9	0.923 0	1.60
福建	0.813 3	0.845 1	0.829 8	0.884 9	0.912 4	0.857 1	12.19
江西	—	—	—	—	—	—	—

（续）

省份	2004	2005	2006	2007	2008	平均	期内 Δ%
山东	—	—	—	—	—	—	—
河南	0.954 4	0.944 9	0.919 9	0.944 9	0.942 4	0.941 3	—1.25
湖北	—	—	—	—	—	—	—
湖南	0.966 1	0.926 1	0.941 4	—	0.848 9	0.920 6	—12.13
广东	—	—	—	—	—	—	—
广西	0.579 0	0.891 9	0.869 1	0.860 0	0.927 4	0.825 5	60.16
海南	0.714 2	0.710 6	0.722 0	—	—	0.715 6	—
重庆	0.957 1	0.969 2	0.972 9	0.935 2	0.937 7	0.954 4	—2.02
四川	—	—	—	—	0.940 8	0.940 8	—
贵州	—	—	—	—	—	—	—
云南	0.972 0				0.981 7	0.976 9	0.99
西藏	—	—	—	—	—	—	—
陕西	0.939 8	0.948 4	0.966 0	0.925 3	0.954 4	0.946 8	1.55
甘肃	0.971 9	0.916 4	0.937 9	0.924 4	0.916 4	0.933 4	—5.71
青海	—	—	—	—	—	—	—
宁夏	0.652 4	0.893 6	0.963 4	0.974 8	0.944 5	0.885 7	44.77
新疆	—	0.974 8	0.978 7	0.909 9	0.980 2	0.960 9	0.55
平均	0.849 8	0.905 1	0.914 1	0.913 3	0.931 2	—	—

数据来源：根据无效率模型估计得出。

4.1 技术效率水平较高

地区中规模奶牛饲养的技术效率水平也普遍较高，研究期内平均技术效率水平，从2004年的84.98%，上升到2008年93.12 %，四年间上升大约8个百分点。就2004—2008年的平均技术效率来说，第一，中规模奶牛饲养平均技术效率水平最高的省份有：北京、内蒙古、辽宁、浙江、重庆、云南和新疆，这些省份中规模奶牛饲养的平均技术效率水平在95%以上。第二，中规模奶牛饲养平均技术效率水平较高的省份有：黑龙江、安徽、河南、湖南、四川、陕西和甘肃，这些省份中规模奶牛饲养的平均技术效率水平在90%～95%之间。第三，中规模奶牛饲养技术效率在第三个层次的省份，主要有天津、山西、吉林、福建和宁夏，这些省份的技术效率在 85%～90%之间。第四，中规模奶牛饲养技术效率较低的省份，主要有河北、上海、广西和海南，这些省份的技术效率在 85%以下，实际上大部分在 65%～80%之间。从以上简单分类可以看出，我国各地区中规模奶牛饲养的技术效率水平存在很大差异，而且主要是层次上的差异非常明显，地区分布也呈现某种比较均匀的状态。

4.2　技术效率变动趋势

地区中规模奶牛饲养的技术效率变动趋势差异更大，在整个研究期内，有些地区中规模奶牛饲养的技术效率增长很快，有些地区技术效率下降很快，有些地区技术效率基本上徘徊不变。具体来说，地区中规模奶牛饲养的技术效率出现许多快速增长的例子，如广西中规模奶牛饲养的技术效率增长了高达 60%以上；吉林中规模奶牛饲养的技术效率增长了 52.35%；宁夏中规模奶牛饲养的技术效率增长了 44.77%；黑龙江中规模奶牛饲养的技术效率增长了 22.02%；上海和福建中规模奶牛饲养的技术效率分别增长了 9.79%和 12.19%。值得注意的是，技术效率下降的地区不太明显，天津和湖南中规模奶牛饲养的技术效率下降最快，分别达到了 11.74%和 12.13%；甘肃中规模奶牛饲养的技术效率下降了 5.71%。其他地区技术效率，相比之下基本上没有太大变化。

4.3　技术效率地区差异

同样，从上面分析不难看出，地区中规模奶牛饲养技术效率存在明显差异。具体来说，第一，地区间中规模奶牛饲养的技术效率绝对水平差异。例如，有些地区的技术效率水平在 95%以上，例如，北京、内蒙古、辽宁、黑龙江、安徽和新疆等地；有些地区的技术效率水平在 90%～95%之间，例如，河南、广西、重庆、四川、甘肃和宁夏等地；有些地区的技术效率水平在 85%～90%之间，例如，天津、山西等地；而有些地区的技术效率水平却在 85%以下，例如，河北、上海、海南等地。第二，地区间技术效率水平变动幅度差异。有些地区技术效率增长 50%以上，例如，吉林和广西；有些地区技术效率增长大约 45%，例如，宁夏；有些地区技术效率增长20%以上，例如，黑龙江。相反，有些地区技术效率下降的很快，例如天津的技术效率下降11.74%，湖南的技术效率下降了12.13%等。这些明显的技术效率差异，足以说明各地在提高技术效率生产实践中，存在明显的不同，理应引起各地生产者、投资者和决策者的充分注意。

4.4 主产区技术效率

图9-4描述了5个主产区中小规模奶牛饲养的技术效率水平及变动趋势。可以看出，尽管5个主产区中规模奶牛饲养技术效率变化大致相同，但其变化趋势和波动情况存在明显差异。具体可以看出，第一，2006年以来内蒙古、黑龙江、河南和新疆中规模奶牛饲养的技术效率变动趋势基本相同；第二，2005年内蒙古中规模奶牛饲养的技术效率出现一次大的波谷，从2004年的95%以上，突然降低到2005年的80%以下；第三，陕西中规模奶牛饲养的技术效率呈现较明显的下降趋势，5年间大约下降了5个百分点。

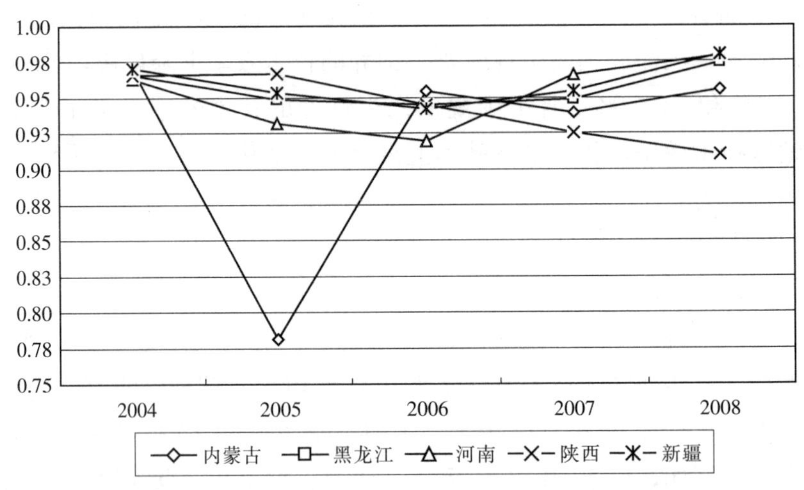

图9-4 主产区中规模奶牛饲养技术效率趋势比较

值得注意的是，对中规模奶牛饲养来说，主产区的技术效率基本上保持在一个较高的水平，但是应当看到，个别主产区也有下降的趋势，而且，有的地区前期波动幅度也非常大。这些技术效率波动的基本特征，也应当引起各地生产者、投资者和决策者的充分注意，特别是对于陕西的中规模奶牛饲养更是如此。因为，根据现有的文献记载，陕西曾经发生过奶牛沦为“菜牛”的前例（胡长春，2007）。

5　各地区大规模饲养技术效率

同样，为了观察地区大规模奶牛饲养的技术效率水平及趋势，我们提供了表9－5和图9－5。表9－5给出了地区大规模奶牛饲养历年技术效率水平、研究期内技术效率平均值，以及研究期内技术效率的变化幅度情况。图9－5更清楚地描绘了几个主要地区大规模奶牛饲养技术效率水平变动趋势，以及几个主要地区技术效率水平差距。具体分析如下：

表9－5　各地区大规模奶牛饲养技术效率水平及趋势

省份	2004	2005	2006	2007	2008	平均	期内Δ%
北京	0.942 8	—	—	0.970 0	0.962 0	0.958 3	2.04
天津	0.964 6	0.958 8	0.927 0	0.872 8	0.904 9	0.925 6	—6.19
河北	—	—	—	—	—	—	—
山西	—	—	—	0.943 9	0.942 4	0.943 2	—
内蒙古	—	—	—	—	—	—	—
辽宁	0.941 1	0.968 3	0.965 9	0.955 8	0.958 9	0.958 0	1.90
吉林	—	—	—	—	—	—	—
黑龙江	0.909 9	0.966 1	0.957 5	0.977 3	0.965 6	0.955 3	6.12
上海	0.746 0	0.793 8	—	—	—	0.7699	—
江苏	0.752 3	0.790 0	0.807 7	0.811 2	0.773 1	0.786 9	2.76
浙江	0.970 9	0.961 6	0.959 7	0.947 4	0.960 4	0.960 0	−1.07
安徽	0.970 9	0.977 0	0.9741	0.960 4	0.964 0	0.969 3	−0.72
福建	0.860 8	0.884 0	0.930 7	0.954 4	—	0.907 5	10.88
江西	—	—	—	—	—	—	—

（续）

省份	2004	2005	2006	2007	2008	平均	期内 Δ%
山东	0.959 6	0.966 6	0.971 8	0.965 2	0.971 9	0.967 0	1.29
河南	0.937 8	0.972 0	0.962 5	0.964 4	0.947 1	0.956 8	0.99
湖北	0.756 5	0.820 0	0.800 4	0.942 0	0.851 9	0.834 2	12.61
湖南	—	—	—	—	—	—	—
广东	0.926 3	0.905 0	0.942 4	0.942 4	0.911 8	0.925 6	−1.56
广西	—	—	—	—	—	—	—
海南	—	—	—	—	—	—	—
重庆	—	—	—	—	—	—	—
四川	—	—	—	0.725 1	—	0.725 1	—
贵州	0.581 3	—	—	—	—	0.581 3	—
云南	—	—	—	0.986 0	—	0.986 0	—
西藏	—	—	—	—	—	—	—
陕西	—	—	—	—	—	—	—
甘肃	0.922 5	0.935 0	0.958 7	0.967 3	0.970 8	0.950 9	5.24
青海	0.963 3	0.968 2	0.966 7	0.947 2	0.959 3	0.961 0	−0.42
宁夏	—	—	—	—	—	—	—
新疆	0.953 8	0.954 3	0.973 8	0.976 0	0.972 3	0.966 0	1.94
平均	0.885 9	0.921 4	0.935 6	0.933 8	0.934 4	—	—

数据来源：根据无效率模型估计得出。

5.1 技术效率水平较高

地区大规模奶牛饲养的技术效率水平较高，研究期内平均技术效率水平从 2004 年的 88.59%，上升到 2008 年的 93.44%，增加了近 5 个百分点。同样，就 2004—2008 年技术效率的平均水平，可将地区大规模奶牛饲养技术效率分为不同的层次。第一，云南大规模奶牛饲养的技术效率高达98.6%，其实际产量水平几乎接近生产边界；第二，大多数地区大规模奶牛饲养的技术效率较高，例如，北京、辽宁、黑龙江、浙江、安徽、山东、河南、甘肃、青海和新疆，这些地区的技术效率在95%以上；第三，天津、山西、福建和广东的技术效率在90%～95%之间；第四，上海、江苏、湖北和四川的技术效率在70%～80%之间；最后，贵州的大规模奶牛饲养的技术效率最低，仅有58.13%。很清楚，从这些技术效率的分类中不难发现，技术效率潜力最大的地区主要有5个省份，它们分别是上海、江苏、湖北、四川和贵州。而其他地区提高技术效率的潜力非常有限。

5.2 技术效率变动趋势

同样，地区大规模奶牛饲养的技术效率变动也是很明显的，有些地区技术效率增加的较快，有些地区技术效率下降的较快，而有些地区技术效率的变动幅度不大。具体来说，第一，福建和湖北地区大规模奶牛饲养的技术效率增加最快，在整个研究期内分别增长了10.88%和12.61%；其次，黑龙江和甘肃地区大规模奶牛饲养的技术效率增加较快，在整个研究期内分别增长了6.12%和5.24%；第三，北京、辽宁、江苏和新疆地区大规模奶牛饲养的技术效率，在整个研究期内增长了2.0%～3.0%，分别为2.04%、1.90%、2.76%和1.94%。相反，天津地区大规模奶牛饲养的技术效率，在整个研究期内下降的最快，达到了6.19%；浙江和广东地区大规模奶牛饲养的技术效率，在整个研究期内也分别下降了1.07%和1.56%。从总体上讲，大规模奶牛饲养的技术效率变化不大，差距也不十分明显，说明我国大规模奶牛饲养的技术应用是比较成熟的，而且能够比较好地适应变化的市场环境。

5.3 技术效率地区差异

与其他三种奶牛饲养方式比较而言，地区大规模奶牛饲养技术效率变动幅度差异较小，但技术效率水平差异明显。具体来说，第一，地区间大规模奶牛饲养技术效率绝对水平存在明显差异。从上面的技术效率水平分类可以看出，有的地区大规模奶牛饲养技术效率高达95%以上，而有些地区大规模奶牛饲养技术效率却不足60%（例如贵州）。第二，有些地区大规模奶牛饲养技术效率一致徘徊在一个较低的水平，例如，2004—2008年江苏的技术效率水平徘徊在75%～80%的范围内，没有增长的迹象。第三，有的地区大规模奶牛饲养技术效率，出现一个抛物线变化的态势，例如，2004—2008年湖北的技术效率水平，从2004年的75.65%，增加到2006年的80.06%，进而增加到2007年的高达94.20%，而到了2008年又回落到85.19%。第四，地区大规模奶牛饲养技术效率，在整个研究期内的变动幅度也存在不同程度的差距，其变动极差范围在－6.19%～12.61%之间。

5.4 主产区技术效率

图9－5描述了4个主产区大规模奶牛饲养技术效率水平及变动趋势。具体有如下特点：第一，尽管四个主产区大规模奶牛饲养技术效率变化方向相同，但是均呈现一个扁平抛物型变动趋势，河南是最为明显的一个例子。第二，这一变化特征预示着，尽管主产区大规模奶牛饲养技术效率水平较高，但主产区大规模奶牛饲养技术效率有恶化迹象。这一发现，似乎同主产区中规模奶牛饲养技术效率变化形成鲜明的对照。第三，主产区大规模奶牛饲养的技术效率水平也存在差异，具体来说，新疆的技术效率水

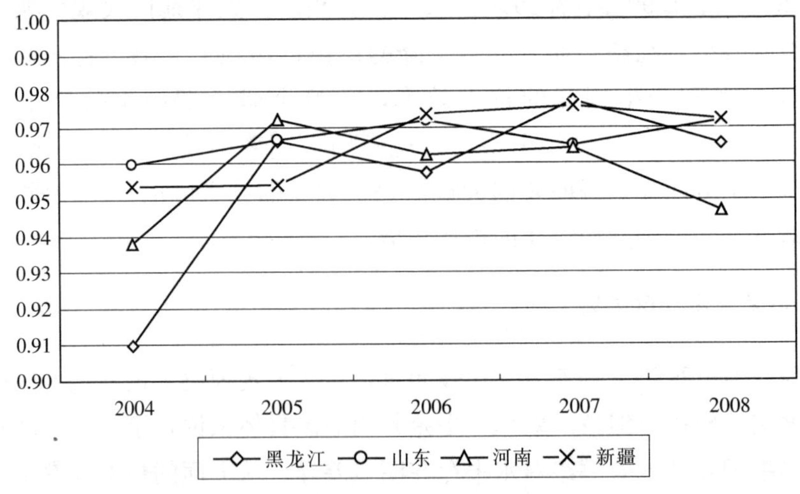

图9－5　主产区大规模奶牛饲养技术效率趋势比较

平最高，而河南的技术效率水平最低，技术效率的极差范围约在 3 个百分点。第四，在 2004 年研究初期，主产区大规模奶牛饲养的技术效率水平差距是非常大的，层次也相当分明，而到了 2008 年，主产区大规模奶牛饲养的技术效率似乎出现一定的趋同性，说明主产区大规模奶牛饲养应用技术扩散较快，短期内可以达到较好效果。

6　技术效率估计结果比较

提高技术效率是降低生产成本、减轻人口环境问题的关键问题之一，备受国内外关注，因此，这方面或类似的研究文献也很多。由于研究的时期、研究的方法和研究的对象不同，技术效率估计的结果也不尽相同。这里我们关心的是我国奶牛饲养的技术效率水平到底有多高？我们估计的奶牛饲养技术效率水平是否可靠？同国内外有些研究估计的结果有多大差距（彭秀芬，2008）。为了回答这个问题，我们比较其他研究和其他国家奶牛饲养技术效率的估计结果，来评估我们估计的技术效率水平的可靠性。

6.1　国内技术效率估计

比较不同文献奶牛饲养技术效率估计结果，评估我们估计的技术效率水平可靠性（表 9－6）。尽管我国奶牛饲养技术效率估计文献不多，但仍然有一些估计结果可以参考。例如，Rae et al.（2006）和 Jin et al.（2010）估计了 1998—2001 年我国专业户奶牛饲养和商业化奶牛饲养的技术效率水平，他们的估计结果分别为 65％和 57％。Ma et al.（2007）估计了 2003 年我国大中城市郊区专业户和国营集体奶牛饲养的技术效率，他们的技术效率估计结果分别为 68％和 64％。另外，王德祥和徐德徽（1997a 和 1997b）分析了 1990—1992 年北京市 34 个奶牛饲养场的利润率和技术效率水平，他们估计的技术效率水平分别是，饲料投入技术效率为 94％、劳动力投入技术效率为 82％、固定成本投入技术效率为 84％、资本成本投入技术效率为 86％、管理及混合费用投入技术效率为 91％。这里应当指出，第一，北京市奶牛饲养技术效率水平，在全国应当是比较高的，第二，北京市技术推广体系在全国应当是最好的。据此可以推断，他们的技术效率估计结果应当比这里估计的结果高很多。曹暕等（2004）原料奶的技术效率估计值在68%～71%之间。同时，其他乳品企业和农业生产的技术效率水平估计的下限，也是非常低的。如果不考虑边界技术效率或非常接近边界技术效率观察值，那么，这些技术效率估计的平均水平也很难超过90%。可以看出，这些研究文献估计的技术效率水平，远远低于本研究估计的技术效率水平。

表9-6　国内外奶牛饲养主要技术效率估计结果比较

文献作者	研究区域	研究时期	数据来源	研究对象	估计方法	技术效率（%）
Ma et al.（2007）	全国分省	1992—2003	成本调查	原奶	SFDF	80～90
Tian and Wan（2000）	全国分省	1983—1996	成本调查	5种粮食	SFPF	85～95
鲍学东、郑循刚（2009）	四川时序	2000—2006	统计年鉴	农业生产	SFPF	83～81
曹暕等（2005）	黑/津/川/晋	2004	典型调查	原料奶	SFPF	68～73
亢霞（2004）	全国分省	1994—2002	各种年鉴	7种粮食	SFPF	63～91
亢霞、刘秀梅（2005）	全国分省	1992—2002	成本调查	7种粮食	SFPF	63～81，90
马恒运等（2007）	全国分省	1992—2003	成本调查	原料奶	SFDF	82～90
马恒运（2009）	河南	1992—2003	成本调查	原料奶	SFDF	77～59
彭秀芬（2008）	全国分省	2004—2006	成本调查	原料奶	SFPF	91
王德祥、徐德徽（1997）	北京	1990—1992	奶场调查	原料奶	DEA	85～96
薛春玲等（2006）	全国时序	1952—2003	统计年鉴	农业生产	SFPF	76～100
余建斌、李大胜（2008）	全国分省	1997—2005	统计年鉴	农业生产	SFPF	30～100
张莉侠（2007）	企业时序	2001—2005	统计局	乳品企业	DEA	25～100
郑循刚（2010）	全国分省	2000—2007	统计年鉴	农业生产	SFPF等	50～90

注：SFA等包括TOPSIS（理想点法）和改进熵值法；SFPF是随机边界生产函数；SFDF是随机边界距离生产函数。

6.2　国外技术效率估计

最后，我们看一下其他国家奶牛饲养技术效率水平的估计结果。Karagiannis，Midmore and Tzouvelekas（2004）用随机投入距离函数估计了1983—1992年英联邦畜牧业的全要素生产率变化情况，他们估计的平均技术效率为84.7%、估计的平均分配效率是72.7%，估计的平均成本效率仅有 61.6%。Brümmer，Glauben and Thijssen（2002）用产量距离函数框架估计了三个欧洲国家 1991—1994 年奶牛饲养的全要素生产率变化，他们的技术效率估计结果是：德国在 95.4%～99%之间、波兰在 84.3%～85.3%之间、荷兰在 88.7%～90.4%之间。边界技术效率估计了 1980—1992 年，意大利奶牛饲养的技术效率和分配效率，平均技术效率估计结果只有 45%。Kumbhakar and Heshmati（1995）用一个轮回样本，测算瑞典奶牛饲养的技术效率，估计结果是 1976—1988 年的平均技术效率为 84.7%。Kompas（2004）估计了澳大利亚奶牛饲养技术效率，估计结果是 1996—2000 年平均技术效率在 85.2%～90.4%。Cuesta（2000）用随机边界生产函数框架，估计 1987—1991 年西班牙奶牛饲养技术效率，估计结果是 77.6%～85.7%之间。Tauer（1998）用非参数指数法，估计 1985—1993 年纽约 70 个奶牛场的技术效率，估计技术效率几何平均数是 86.2%。可以看出，本研究的技术效率估计结果比较接近国外的水平。应当注意，这些国外的技术效率估计，是在 20 个世纪 80—90 年代，而我们的技术率估计是 21 世纪初的水平。那么，考虑到技术效率水平的长期增长过程，基本上可以说，这里的技术效率估计结果，同国外的估计结果相当。另外，再考虑到，我国饲料应用技术的迅速发展，加上近十年我国奶牛饲养的生产实践，技术效率很有可能达到一个较高的水平。

7 基本结论和政策建议

7.1 基本结论

通过上面的分析，得出的基本结论是：我国奶牛饲养的技术效率水平较高。2008 年，农户散养奶牛的总体技术效率水平为 96.5%，小规模奶牛饲养的总体技术效率水平为 94.6%，中规模和大规模奶牛饲养的总体技术效率水平为 95.3%。也就是说，我国奶牛饲养的技术水平，基本上接近生产技术边界。因此，通过提高和改进技术效率来提高奶牛饲养的全要素生产率的空间不大。

尽管，我国奶牛饲养规模迅速膨胀，但是经过近十年来我国奶牛饲养的生产实践和科学研究，特别是我国奶牛饲养的饲料科学技术的迅速发展，我国奶牛饲养技术效率仍然呈现一种上升态势。然而，不容乐观的是，也有个别地区在某种奶牛饲养方式上，技术效率仍然有明显恶化的趋势，如陕西的农户散养奶牛、内蒙古和河南的小规模奶牛饲养、天津的中规模和大规模奶牛饲养等。这些问题应当引起当地生产者、投资者和决策者的高度注意，要加强这些地区奶牛饲养技术推广体系建设（胡瑞法、黄季焜和李立秋，2004）。

7.2 政策建议

根据以上基本结论，我们有如下的政策建议：经过近十年的生产实践和科学研究，我国的奶牛饲养技术应用和技术效率已经达到了一个较高水平，此时的生产技术得到了充分的应用。现有的奶牛饲养生产水平，已经逼近生产技术边界，因此，进一步依靠技术效率来提高全要素生产率的空间非常有限。未来我国奶牛饲养的技术投资方向，应当是在保持稳定技术效率的前提下，大力开展奶牛饲养新技术的研发。

参考文献

[1] 国家发改委价格司．全国农产品生产成本收益汇编［M］．北京：中国统计出版社，2005—2009.

[2] Brümmer，B.，Glauben，T.，and Thijssen，G. Decomposition of productivity growth using distance function：the case of dairy farms in three European countries［J］. *American Journal of Agricultural Economics*，2002，84：628－644.

[3] 中国奶业协会．中国奶业统计年鉴［M］．北京：中国农业出版社，2003—2009.

[4] Cuesta，Rafael A. A production model with firm-specific temporal variation in technical inefficiency：with application to Spanish dairy farms［J］. *Journal of Productivity Analysis*，2000，13：139－158.

[5] Frank H. F.，Huang，J. K.，Ma，H. Y.，and Rozelle，S. Got milk? The rapid rise of China's dairy sector and its future prospects［J］. *Food Policy* 2006，31：201－215.

[6] Jin，S. Q.，Ma，H. Y.，Huang，J. K.，Hu，R. F.，and Rozelle，S. Productivity，efficiency and technical change：measuring the performance of China's transforming agriculture［J］. *Journal of Productivity Analysis*，2010，33：191－207.

[7] Karagiannis，G.，Midmore，P.，and Tzouvelekas，V. Parametric decomposition of

output growth using a stochastic input distance function [J] . *American Journal of Agricultural Economics*，2004，86：1044－1057.

[8] Kumbhakar，Subal C. and Heshmati，Almas. Efficiency measurement in Swedish dairy farms：an application of rotating panel data 1976－88 [J] . *American Journal of Agricultural Economics* 1995，77：660－674.

[9] Ma，H. Y.，Rae，A. N.，Huang，J. K.，and Rozelle，S. Enhancing productivity on suburban dairy farms in China [J] . *Agricultural Economics*，2007，37：29－42.

[10] Paul，C. J. M.，Johnson W. and Frengley G. Efficiency in New Zealand sheep and cattle farming：the impacts of regulatory reform [J] . *Review of Economics and Statistics*，2000，82：325－337.

[11] Rae，A. N.，Ma，H. Y.，Huang，J. K.，and Rozelle，S. Livestock in China：commodity-specific total factor productivity decomposition using new panel data [J]. *American Journal of Agricultural Economics*，2006，88：680－695.

[12] Tauer，L. W. Efficiency and competitiveness of the small New York dairy farm [J]. *Journal of Dairy Science*，1998.，84：2573 － 2576.

[13] Tian，W. M.，and Wan，G. H. Technical efficiency and its determinants in China's grain production [J] . *Journal of Productivity Analysis*，2000，13：159－174.

[14] Wanda，Maietta Ornella. The decomposition of cost inefficiency into technical and allocative components with panel data of Italian dairy farms [J] . *European Review of Agricultural Economics*，2000，27：473－495.

[15] 鲍学东，郑循刚．基于 SFA 的四川农业生产技术效率分析 [J] ．科技管理研究，2008（9）．

[16] 曹暕，孙顶强，谭向勇．农户奶牛生产技术效率及影响因素分析 [J] ．中国农村经济，2005（10）．

[17] 亢霞．我国粮食生产的技术效率分析——基于随机前沿分析方法 [C] ．第十五届中国青年农业经济学者年会，2005.

[18] 亢霞，刘秀梅．我国粮食生产的技术效率分析——基于随机前沿分析方法 [J] ．中国农村观察，2005（4）．

[19] 马恒运，唐华仓，Allan Rae. 中国牛奶生产的全要素生产率分析 [J] ．中国农村经济，2007（2）．

[20] 马恒运．河南省牛奶生产的全要素生产率及财政支持政策研究 [J] ．河南农业大学学报，2009（1）．

[21] 彭秀芬，中国原料奶的生产技术效率分析 [J] ．农业技术经济，2008（6）．

[22] 王德祥，徐德徽．北京奶牛业的利润率和效率分析：一个 DEA 方法的应用（续）

[J]．农业技术经济，1997 (3)．

[23] 王德祥，徐德徽．北京奶牛业的利润率和效率分析：一个 DEA 方法的应用 [J]．农业技术经济，1997 (1)．

[24] 薛春玲，张晓虎，陈翠，杨冬梅，侯亚男．中国农业生产的技术效率测度模型及实证分析 [J]．农业科技管理，2006 (2)．

[25] 余建斌，李大胜．中国农业生产的技术效率及其影响因素分析 [J]．统计与决策，2008 (14)．

[26] 张莉侠，中国乳制品企业技术效率——基于 SBM 超效率模型分析 [J]．统计与信息论坛，2007 (3)．

[27] 郑循刚，基于组合评价的中国农业生产技术效率研究——基于 2000—2007 的面板数据 [J]．科技管理研究，2010 (7)．

第10章 要素产出弹性及规模报酬

1 研究文献回顾

我国原料奶生产一直面临着饲养规模偏小的现状，农户奶牛散养和小规模奶牛饲养所占比率过大，大大制约了奶牛单产和利润率的提高（程漱兰等，2002；赵全厚，2002）。如何在固定的要素投入总量和现有的技术条件下，通过改善要素投入结构，从而提高原料奶生产的技术效率水平，是促进我国奶牛饲养业持续、健康发展的关键问题之一。

综合牛奶生产要素弹性的相关研究，以往文献的投入要素主要包括：奶牛数量、土地、劳动力、资本、精饲料和粗饲料等指标（表10－1）。比较奶牛饲养要素投入弹性估计值发现，学者们对要素投入弹性的估计值存在较大的差异。比如，“精饲料”、“粗饲料”和“奶牛头数”的产出弹性较大，一般为正值；“资本”的产出弹性一般较小，但其正负号尚无一致结论；“土地”的产出弹性为正值，一般弹性值不大，但仅在少数文献中作用是显著的（Lopez et al.，2006）；“劳动力”的产出弹性更是存在明显不同。国内也有学者专门针对中国样本进行研究，曹暕等（2005）计算了黑龙江、天津、四川和山西等几个省份的要素弹性，但无法反映全国的要素产出状况；彭秀芬（2008）计算出全国平均的要素弹性，可是未对各个养殖类型的弹性差异进行分析；马恒运等（2007）分别估计1992—2003年国有集体奶牛饲养和专业户奶牛饲养的要素投入弹性值，认为两种奶牛饲养方式的要素产出弹性存在明显差异。可以看出，局限于不同的样本、方法或指标，对要素弹性有重新估计的必要，特别是针对不同养殖类型的弹性差异需要进一步分析。

表 10-1　代表性文献奶牛饲养要素产出弹性估计

文献作者	估计方法	国家/时期	基于多投入—多产出的随机边界距离生产函数模型估计的投入要素产出弹性					
			精饲料	粗饲料	劳动力	资本	奶牛数量	土地
Kompas & Che (2004)	SPF	澳大利亚，1996—2000	0.140	—	0.180	0.070	0.500	0.060
曹暕等 (2005)	SPF	中国，2004	−1.638	0.490	−2.619	0.152	—	—
曹暕 (2005)	SPF	中国，2004	0.519	0.245	−0.313	—	—	—
López 等 (2006)	SPF/ SDPF	阿根廷，1997—2002	0.137	—	0.145	0.081	0.536	0.162
马恒运等 (2007)	SDPF	中国，1992—2003	−0.180[a] 3.087[b]	−1.118[a] 1.880[b]	0.644[a] −0.619[b]	−0.091[a] −1.009[b]	— —	— —
彭秀芬 (2008)	SPF	中国，2004—2006	0.120	0.160	−0.060	−0.003	—	—
Lopes (2008)	SPF	葡萄牙，1988—2005	−0.020	—	—	−0.060	0.580	0.030

注：SPF 代表随机前沿生产函数（stochastic frontier production function），SDPF 代表随机前沿距离生产函数（stochastic frontier distance production function），DEA 代表数据包络分析（data envelope analysis）。

a 代表国有集体奶牛饲养，b 代表专业户奶牛饲养。

此外，对于中国牛奶生产的规模报酬的估算，更是明显不足。据此，这里使用多投入和多产出的随机距离生产函数模型参数估计结果，来计算2004—2008 年我国奶牛饲养的要素投入弹性和规模报酬指数，并比较农户散养奶牛、小规模奶牛饲养、中规模奶牛饲养和大规模奶牛饲养之间的要素投入弹性差异，以及分析我国不同奶牛饲养方式的规模报酬指数。第二部分分析全国平均水平奶牛饲养的要素投入弹性。第三部分分析不同奶牛饲养方式的要素投入弹性。第四部分讨论奶牛饲养的规模报酬指数。最后，给出主要研究结果，并提出有关的政策建议。

2　全国奶牛饲养要素弹性及规模报酬指数

2.1　全国平均奶牛饲养的要素弹性

根据前面的弹性公式，计算出我国奶牛饲养的要素产出弹性系数，结果见表 10 - 2。根据表 10 - 2，分别就精饲料、粗饲料、劳动力和固定资本的产出弹性估计结果，进行具体分析，并考虑相应的要素投入策略。

表 10 - 2　全国平均要素投入弹性变化趋势

年份	精饲料	青粗饲料	劳动力	固定资产
2004	1.348	0.047	−0.448	0.054
2005	1.394	0.048	−0.488	0.047
2006	1.432	0.035	−0.513	0.046
2007	1.469	0.014	−0.536	0.053
2008	1.501	0.017	−0.557	0.039
平均	1.428	0.032	−0.508	0.048

数据来源：根据公式计算。

（1）精饲料的产出弹性大于 1，而且年际间变化不大，四年平均值为 1.428，说明精饲料的投入是有弹性的，增加奶牛饲养的精饲料投入是提高我国奶牛产奶率的关键问题。换句话说，我国目前的精饲料投入严重不足，远远落低于发达国家的精饲料投入水平。这一弹性意味着，如果我国目前的奶牛饲养增加 10%的精饲料投入，那么将奶牛的产奶率将增加 14.28%。然而，我国奶牛饲养精饲料投入水平，可能受我国的精饲料供给和食物需求制约。实际上，我国现阶段的饲料原料产量仅能满足畜禽实际需求量的 30%左右。因此，只有 14%的反刍动物饲养采用商品饲料，剩余部分则依靠传统式饲养方式（杨在宾等，2008）。那么，具体哪一种奶牛饲养方式的精饲料投入是有弹性的，下面也做具体分析考察，以期达到有针对性地增加精饲料投入的目的。

（2）粗饲料的产出弹性很小，而且年际间变化不大，四年平均值为 0.032。说明我国奶牛饲养的粗饲料投入是没有弹性的，增加或减少粗饲料投入对当前我国奶牛饲养没有任何影响。造成粗饲料投入没有弹性的原因可能是，目前我国奶牛饲养的粗饲料投入水平已经很高，或相对于精饲料水平来说，粗饲料的投入比率过大。事实上，上面的精饲料投入弹性系数，也反映了精饲料的投入比率过少或粗饲料的投入比率过大。另外，从饲养成本考虑，青粗饲料用于提供奶牛所需要的粗纤维和其他养分，主要包括青干草、野草、青贮玉米以及作物秸秆等，在我国大部分地区可以自行种植和加工，而且成本很低。相反，精饲料提供奶牛所需要的能量、蛋白质和矿物质等养分，主要包括玉米粉、小麦麸、豆饼、糟渣和胡萝卜等，需要从市场上购买，而且市场价格较高、饲料投入成本大。这样一来，一些奶农为了节约奶牛饲养成本，往往减少精饲料投入量，使用一些作物秸秆为奶牛“充饥”，其营养价值和采食量很低，结果适得其反，事倍功半，起不到饲料资源优化的目的。

（3）劳动力的产出弹性小于零，而且历年变化不大，四年平均数为 −0.508，说明劳动力投入是没有弹性的，而且我国奶牛饲养中劳动力的投入过多，再增加劳动力投入不能提高奶牛生产率和增加收益。因此，当前的管理措施是要减少劳动力投入。尽管造成这种情况的原因还不清楚，但可能是当前奶牛饲养多为散养或小规模饲养、奶牛饲养大多散落在落后农村地区、劳动力的整体素质不高等。是否所有的奶牛饲养方式都存在劳动力报酬递减问题，或是哪些奶牛饲养方式出现劳动力报酬递减现象，下面将做更具体的分析研究。

(4) 固定资产的产出弹性值很小，而且年际间变化不大，四年平均只有 0.048，几乎可以忽略不计。说明固定资本投入是没有弹性的，增加或减少固定资本投资对当前我国奶牛饲养没有任何影响。造成投入弹性很小的原因是多方面的。例如，目前我国奶牛精饲料投入不足，这样一来增加精饲料投入便成为奶牛饲养的主要矛盾。目前我国的奶牛饲养的技术装备水平已经很高，特别是近五年来新增加的奶牛饲养企业都是从国外进口一流的技术装备。因此，增加设备、技术、牛舍等硬件技术设施的投资，已经不是目前我国奶牛饲养的基本问题，增加任何资本投资也不会显著增加奶牛产奶率。另外，从这一逻辑思维出发，可以推出农户散养奶牛或小规模奶牛饲养的资本产出弹性要更大，而中规模奶牛饲养和大规模奶牛饲养的资本产出弹性应当更小些。换句话说，小规模奶牛饲养可能需要更多的资本注入。是否能得出这一结论，下面将做具体分析。

总结以上四种要素产出弹性结果分析出：①我国奶牛饲养的精饲料投入是有弹性的，而且产出弹性较大，达到了 1.5 的水平；②劳动力的投入没有弹性，而且表现出报酬递减状态，亦即产出弹性系数小于零；③固定资本和粗饲料的产出弹性很小，他们的投入均没有弹性；④根据这些弹性估计结果，目前我国的奶牛饲养要素配置策略应当是：增加精饲料投入量，减少劳动力投入量，稳定固定资本和粗饲料投入量。但针对不同的奶牛饲养方式，要素的配置策略可能有所不同。

2.2　全国不同奶牛饲养方式的要素弹性

下面我们分析不同奶牛饲养方式的要素配置效率，这些产出弹性估计结果见表 10-3。根据表 10-3 的估计结果，我们有如下三个基本结论：

(1) 各种奶牛饲养方式的要素产出弹性大小排序基本相似，而且没有本质差异。都是精饲料的产出弹性大于 1、劳动力的产出弹性小于 0，固定资本和粗饲料的产出弹性几乎等于 0。因此，各种奶牛饲养方式，均表现出对精饲料投入的要求、对劳动力投入的排斥限制以及对固定资本和粗饲料投入的反应迟钝。这些结果说明，我国各种奶牛饲养方式的精饲料投入均不足，继续增加精饲料投入，可以继续增加奶牛的产奶率；相反，任何劳动力的追加投入都是徒劳无益的，都会造成劳动力资源的浪费；而固定资本和粗饲料投入目前对奶牛饲养的产奶率没有什么敏感影响。

（2）随着奶牛饲养规模的扩大，精饲料的产出弹性有增大趋势。即随着奶牛饲养规模的扩大，精饲料的要素报酬率越来越大。例如，农户散养奶牛、小规模奶牛饲养、中规模奶牛饲养和大规模奶牛饲养的精饲料的平均产出弹性依次为 1.384、1.410、1.440 和 1.475，逐渐增加。其中，大规模奶牛饲养精饲料的平均产出弹性比农户散养奶牛精饲料的平均产出弹性要大 6.58%，或者说精饲料的要素报酬率多 6.58%。

表 10-3　全国不同奶牛饲养方式的平均要素投入弹性变化趋势

样本组	精饲料	青粗饲料	劳动力	固定资产
农户散养				
2004	1.335	0.044	−0.486	0.107
2005	1.332	0.049	−0.469	0.088
2006	1.382	0.047	−0.509	0.080
2007	1.414	0.028	−0.531	0.089
2008	1.468	0.022	−0.574	0.083
平均	1.384	0.039	−0.512	0.090
小规模饲养				
2004	1.315	0.047	−0.439	0.077
2005	1.371	0.051	−0.496	0.075
2006	1.428	0.048	−0.536	0.061
2007	1.446	0.032	−0.549	0.071
2008	1.486	0.032	−0.576	0.057
平均	1.410	0.042	−0.519	0.068
中规模饲养				
2004	1.362	0.055	−0.454	0.038
2005	1.419	0.055	−0.513	0.039
2006	1.446	0.028	−0.513	0.039
2007	1.467	0.009	−0.52	0.044
2008	1.501	0.019	−0.551	0.031
平均	1.440	0.033	−0.511	0.038

（续）

样本组	精饲料	青粗饲料	劳动力	固定资产
大规模饲养				
2004	1.383	0.039	−0.414	−0.008
2005	1.442	0.035	−0.464	−0.012
2006	1.466	0.016	−0.482	0.001
2007	1.530	−0.009	−0.539	0.018
2008	1.548	−0.010	−0.531	−0.006
平均	1.475	0.013	−0.487	−0.001

数据来源：根据公式计算。

（3）大规模奶牛饲养的固定资本和粗饲料投入，已经处在过渡阶段，出现了副作用。具体说，大规模奶牛饲养固定资本的产出弹性，已经表现出负值的倾向。即继续增加固定资本投入，不仅不能增加大规模奶牛饲养的产奶率，反而开始降低大规模饲养奶牛的产奶率了。同样，大规模奶牛饲养的粗饲料投入，也表现出类似的趋势。前者说明我国大规模奶牛饲养方式的技术设施装备可能已经达到了发达国家的水平，继续增加固定资本投入已经没有什么意义，后者说明我国大规模奶牛饲养方式的粗饲料投入过多，或者说精饲料投入比率过低。

2.3　全国不同奶牛饲养方式的规模报酬指数

如果前面是分析奶牛饲养的要素配置结构是否合理，那么这里是调查要素的总体投入水平是否达到饱和状态。我们用规模报酬指标来衡量。规模报酬（RTS-Return To Scale）是所有投入要素的产出弹性之和，即各种生产要素按相同比例变化时所带来的产量变化。如果规模报酬指数大于1，说明其产出增加的速度大于投入增加的速度，即规模报酬是递增的；如果规模报酬指数小于1，说明规模报酬是递减的；如果规模报酬指数等于1，说明规模报酬是不变的。根据表 10－4 中的计算结果，我们可以看出如下几个变化趋势：

（1）就全国总体奶牛饲养水平，规模报酬指数越来越大。这一趋势说明，总体上讲，我国奶牛饲养的规模报酬率处在递增阶段，可以继续增加要素投入，但要注意要素投入结构优化，具体根据前面的分析结果判断。换句话说，在要素配置优化的前提下，可以继续增加要素总体投入水平。

表 10-4　全国不同奶牛饲养方式的平均规模报酬指数变动趋势

年份	全国平均	农户散养	小规模饲养	中规模饲养	大规模饲养
2004	1.183	1.113	1.183	1.196	1.236
2005	1.297	1.252	1.268	1.283	1.384
2006	1.416	1.368	1.400	1.419	1.482
2007	1.521	1.453	1.482	1.543	1.587
2008	1.624	1.552	1.591	1.643	1.697
平均	1.408	1.335	1.387	1.421	1.480

数据来源：根据公式计算。

（2）随着奶牛饲养规模的增大，规模报酬指数呈增加趋势。即随着奶牛饲养方式从农户散养奶牛、小规模奶牛饲养、中规模奶牛饲养到大规模奶牛饲养，其规模报酬指数越来越大。具体来说，上述四种奶牛饲养方式的平均规模指数依次为 1.335、1.387、1.421 和 1.480，其中，大规模奶牛饲养的平均规模指数要比农户散养奶牛的平均规模指数大 10.86%。

（3）四种奶牛饲养方式，其规模报酬指数均呈增大趋势。说明我国各种奶牛饲养方式的规模报酬率都处在递增阶段，可以继续增加要素投入，但这里指在要素配置优化的前提下，可以继续增加要素总体投入水平。比如，农户散养奶牛的规模报酬指数，从 2004 年的 1.113，增加到 2008 年的 1.552，四年间增加了 39.44%；小规模奶牛饲养的规模报酬指数，从 2004 年的 1.183，增加到 2008 年的 1.591，四年间增加了 34.49%；中规模奶牛饲养的规模报酬指数，从 2004 年的 1.196，增加到 2008 年的 1.643，四年间增加了 37.37%；大规模奶牛饲养的规模报酬指数，从 2004 年的 1.236，增加到 2008 年的 1.697，四年间增加了 37.30%。可以看出，农户散养奶牛的规模报酬指数增加最快，中规模奶牛饲养和大规模奶牛饲养的规模报酬指数增加次之，小规模的增加最慢。

3　主产区奶牛饲养要素产出弹性及规模报酬指数

下面来调查分析我国主要奶牛饲养地区的要素产出弹性和规模报酬变化情况。我们先分析不同地区农户散养奶牛的要素产出弹性和规模报酬变化，然后分析不同地区小规模奶牛饲养的要素产出弹性和规模报酬变化，不同地区中规模奶牛饲养的要素产出弹性和规模报酬变化，不同地区大规模奶牛饲养的要素产出弹性和规模报酬变化。

3.1　农户散养奶牛要素产出弹性及规模报酬指数

表 10－5 提供了不同地区农户散养奶牛的要素产出弹性和规模报酬估计结果，根据这些估计结果，我们有如下基本观察和结论：

（1）尽管各要素产出弹性变化趋势相同，但各地区农户散养奶牛的要素产出弹性变化幅度差异明显。例如，内蒙古农户散养奶牛的精饲料产出弹性增长最快，从 2004 年的 1.295，增加到 2008 年的 1.509，四年间增加 16.5%；其次是山西和山东农户散养奶牛的精饲料产出弹性，从 2004 年的 1.391 和 1.361，增加到 2008 年的 1.564 和 1.532，四年间分别增加了 12.4%和 12.6%；再次是新疆农户散养奶牛的精饲料产出弹性，从 2004 年的 1.298，增加到 2008 年的 1.450，四年间增加 11.7%；黑龙江农户散养奶牛的精饲料产出弹性增长最慢，从 2004 年的 1.382，增加到 2008 年的 1.462，四年间只增加 5.8%；最后，河南农户散养奶牛的精饲料产出弹性实际上是降低的，从 2004 年的 1.482，减少到 2008 年的 1.414，四年降低 4.3%。

表 10－5　主产区农户散养奶牛要素产出弹性及规模报酬指数

主产区	精饲料	粗饲料	劳动力	固定资本	规模报酬指数
2004 年					
山西	1.391	0.076	−0.416	−0.051	1.213
内蒙古	1.295	−0.006	−0.412	0.123	1.023
黑龙江	1.382	0.103	−0.435	−0.050	1.297

（续）

主产区	精饲料	粗饲料	劳动力	固定资本	规模报酬指数
山东	1.361	0.098	−0.453	−0.006	1.185
河南	1.482	0.079	−0.682	0.120	1.236
广西	1.450	0.057	−0.610	0.103	1.157
陕西	1.274	0.014	−0.507	0.219	0.926
新疆	1.298	0.004	−0.588	0.286	0.971
2008年					
山西	1.564	0.042	−0.570	−0.036	1.713
内蒙古	1.509	−0.003	−0.644	0.139	1.500
黑龙江	1.462	0.068	−0.503	−0.026	1.736
山东	1.532	0.042	−0.620	0.046	1.571
河南	1.418	0.037	−0.524	0.068	1.618
广西	1.540	0.007	−0.665	0.119	1.555
陕西	1.367	−0.003	−0.514	0.150	1.446
新疆	1.450	0.012	−0.553	0.091	1.565
增减%					
山西	12.4	—	−37.0	—	41.2
内蒙古	16.5	—	−56.3	—	46.6
黑龙江	5.8	—	−15.6	—	33.8
山东	12.6	—	−36.9	—	32.6
河南	−4.3	—	23.2	—	30.9
广西	6.2	—	−9.0	—	34.4
陕西	7.3	—	−1.4	—	56.2
新疆	11.7	—	6.0	—	61.2

数据来源：根据模型估计。

（2）尽管规模报酬指数变化趋势相似，但是地区农户散养奶牛的规模报酬指数变化幅度差异显著。例如，新疆农户散养奶牛的规模报酬指数变化最大，从2004年的0.971增加到2008年的1.565，四年间增加61.2%；陕西农户散养奶牛的规模报酬指数变化次之，从2004年的0.926增加到2008年的1.446，四年间增加了56.2%；随后的是内蒙古农户散养奶牛的规模报酬指数，从2004年的1.023增加到2008年的1.500，四年间增加了46.6%；最后黑龙江、山东、河南和广西等地农户散养奶牛的规模报酬指数变化速度相同，从2004年的1.297、1.185、1.236和1.157，分别增加到2008年的1.736、1.571、1.618和1.555，四年间只增加了30%～34%。

(3) 尽管各地区农户散养奶牛的劳动力产出弹性均小于零，但是地区之间的差异十分明显。例如，河南和新疆农户散养奶牛的劳动力产出弹性实际上在上升，四年间分别回升了23.2%和6.0%；内蒙古农户散养奶牛的劳动力产出弹性恶化最大，四年降低了56.3%；紧跟的是山西和山东农户散养奶牛的劳动力产出弹性四年分别降低了37.0%和36.9%；黑龙江农户散养奶牛的劳动力产出弹性也降低了15.6%；广西和陕西农户散养奶牛的劳动力产出弹性分别降低了9.0%和1.4%。另外，主产区农户散养奶牛的劳动力产出弹性差异也较大，例如，内蒙古农户散养奶牛的劳动力产出弹性降低了56.3%，而黑龙江、山东和河南农户散养奶牛的劳动力产出弹性分别降低了15.6%、36.9%和23.2%。

具体来说，除了河南农户散养奶牛的劳动力产出弹性以外，其他地区农户散养奶牛的劳动力产出弹性均在恶化，亦即产出弹性越来越小。目前农户散养奶牛的劳动力产出弹性差异明显，例如，2008年黑龙江农户散养奶牛的劳动力产出弹性最大（－0.503），而广西农户散养奶牛的劳动力产出弹性最小（－0.665），两者相差大约为25%。其中，主产区农户散养奶牛的劳动力产出弹性差异也较大，例如，黑龙江农户散养奶牛的劳动力产出弹性为－0.503，而内蒙古农户散养奶牛的劳动力产出弹性为－0.644，两者也相差大约22%。

(4) 各地区农户散养奶牛的粗饲料和固定资本产出弹性符号变化也不同。例如，2004年，只有新疆农户散养奶牛的粗饲料产出弹性均小于零，而在2008年，有河北、广西和新疆三地农户散养奶牛的粗饲料产出弹性均小于零。2004年，有黑龙江、四川和云南农户散养奶牛的固定资本的产出弹性小于零，而在2008年，只有黑龙江农户散养奶牛的固定资本的产出弹性小于零。这些观察说明，不同地区要素产出弹性变化的临界点存在显著差异，各地农户奶牛饲养要素投入，所处在生产函数位置或阶段不同。这样一来，各地农户散养奶牛要素投入配置所采取的措施，可能存在差异。

3.2 小规模奶牛饲养要素产出弹性及规模报酬指数

表 10－6 提供了不同地区小规模奶牛饲养的要素产出弹性和规模报酬估计结果，同样，根据这些估计结果，我们有如下基本观察和基本结论：

（1）尽管各要素产出弹性变化趋势相同，但各地区小规模奶牛饲养的要素产出弹性变化幅度差异明显。例如，内蒙古、山东和广西等地小规模奶牛饲养的精饲料产出弹性增加最快，从 2004 年的 1.226、1.272 和 1.228，分别增加到 2008 年的 1.487、1.587 和 1.521，四年间增加了 21%～25%；新疆小规模奶牛饲养的精饲料产出弹性增长次之，从 2004 年的 1.212 增加到 2008 年的 1.435，四年间增加了 18.4%；随后是河北和云南等地小规模奶牛饲养的精饲料产出弹性，从 2004 年的 1.357 和 1.150，增加到 2008 年的 1.507 和 1.273，四年间分别增加了 11.1%和 10.7%；再是黑龙江和河南小规模奶牛饲养的精饲料产出弹性变化，从 2004 年的 1.365 和 1.346，增加到 2008 年的 1.434 和 1.413，四年间分别只增加了 5.1%和 5.0%；最后四川小规模奶牛饲养的精饲料产出弹性增长缓慢，从 2004 年的 1.395 增加到 2008 年的 1.420，四年间只增加了 1.8%。

表 10－6　主产区小规模奶牛饲养要素产出弹性及规模报酬指数

主产区	精饲料	粗饲料	劳动力	固定资本	规模报酬指数
2004 年					
河北	1.357	0.014	−0.492	0.121	1.109
内蒙古	1.226	0.079	−0.361	0.055	1.085
黑龙江	1.365	0.101	−0.412	−0.053	1.269
山东	1.272	0.021	−0.368	0.075	1.113
河南	1.346	0.101	−0.532	0.085	1.203
广西	1.228	0.025	−0.402	0.149	1.266
四川	1.395	0.073	−0.465	−0.003	1.187
云南	1.150	0.140	−0.228	−0.062	1.347
新疆	1.212	−0.026	−0.307	0.121	1.302

（续）

主产区	精饲料	粗饲料	劳动力	固定资本	规模报酬指数
2008 年					
河北	1.507	−0.021	−0.615	0.130	1.540
内蒙古	1.487	0.019	−0.624	0.118	1.505
黑龙江	1.434	0.072	−0.475	−0.031	1.751
山东	1.587	0.083	−0.686	0.015	1.674
河南	1.413	0.033	−0.515	0.068	1.563
广西	1.512	−0.005	−0.634	0.126	1.532
四川	1.420	0.030	−0.485	0.034	1.491
云南	1.273	0.089	−0.364	0.002	1.601
新疆	1.435	−0.003	−0.553	0.122	1.426
增减%					
河北	11.1	—	−25.0	—	38.9
内蒙古	21.3	—	−72.9	—	38.7
黑龙江	5.1	—	−15.3	—	38.0
山东	24.8	—	−86.4	—	50.4
河南	5.0	—	3.2	—	29.9
广西	23.1	—	−57.7	—	21.0
四川	1.8	—	−4.3	—	25.6
云南	10.7	—	−59.6	—	18.9
新疆	18.4	—	−80.1	—	9.5

数据来源：根据模型估计。

（2）尽管规模报酬指数变化趋势相似，同样，各地区小规模奶牛饲养的规模报酬指数变化幅度差异显著。例如，山东小规模奶牛饲养的规模报酬指数增长最快，从 2004 年的 1.113 增加到 2008 年的 1.674，四年间增加了高达 50.4%；其次，河北、内蒙古和黑龙江小规模奶牛饲养的规模报酬指数，从 2004 年的 1.109、1.085 和 1.269，增加到 2008 年的 1.540、1.505 和 1.751，四年间平均增加了 38%～39%；再次是河南和四川小规模奶牛饲养的规模报酬指数，从 2004 年的 1.203 和 1.187，增加到 2008 年的 1.563 和 1.491，四年间分别增加了 29.9%和 25.6%；随后是广西和云南小规模奶牛饲养的规模报酬指数，从 2004 年的 1.266 和 1.347，增加到 2008 年的 1.532 和 1.601，四年间分别增加了 21.0%和 18.9%；最后是新疆小规模奶牛饲养的规模报酬指数增长最慢，从 2004 年的 1.302 增加到 2008 年的 1.426，四年间只增加了 9.5%。

（3）尽管各地区小规模奶牛饲养的劳动力产出弹性均小于零，但是地区之间差异也十分明显。例如，山东和新疆小规模奶牛饲养的劳动力产出弹性恶化最大，四年间分别降低了 86.4%和 80.1%；内蒙古小规模奶牛饲养的劳动力产出弹性恶化比较大，四年间降低了 72.9%；广西和云南小规模奶牛饲养的劳动力产出弹性恶化程度也比较大，四年分别降低了 57.7%和 59.6%；河北小规模奶牛饲养的劳动力产出弹性恶化程度不大，但四年也降低了 25.0%；黑龙江和四川小规模奶牛饲养的劳动力产出弹性好些，四年降低幅度分别只有 15.3%和 4.3%；唯独有河南小规模奶牛饲养的劳动力产出弹性有回升迹象，四年间上升了 3.2%。另外，主产区小规模奶牛饲养的劳动力产出弹性差异也较大，例如，黑龙江小规模奶牛饲养的劳动力产出弹性只降低了 15.3%，河北小规模奶牛饲养的劳动力产出弹性降低了 25.0%，而内蒙古和新疆小规模奶牛饲养的劳动力产出弹性降低的幅度高达 80%以上。

（4）各地区小规模奶牛饲养的粗饲料和固定资本产出弹性符号变化也不一致。例如，2004 年只有新疆小规模奶牛饲养的粗饲料产出弹性均小于零（−0.026），而在 2008 年有河北、广西和新疆三地小规模奶牛饲养的粗饲料产出弹性均小于零，分别为−0.021、−0.005 和−0.003。同样，2004 年有黑龙江、四川和云南小规模奶牛饲养固定资本的产出弹性小于零，分别为−0.053、−0.003 和−0.062，而在 2008 年，只有黑龙江小规模奶牛饲养的固定资本的产出弹性小于零（−0.031）。这些观察说明，不同地区要素产出弹性变化的临界点存在显著差异，各地小规模奶牛饲养要素投入，所处在生产函数位置或阶段不同。各地小规模奶牛饲养要素投入配置所采取的措施，可能存在差异。

3.3 中规模奶牛饲养要素产出弹性及规模报酬指数

表 10－7 提供了不同地区中规模奶牛饲养的要素产出弹性和规模报酬

估计结果，同样，根据这些估计结果，我们有如下基本观察和基本结论：

（1）尽管要素产出弹性变化趋势相同，但是各地区中规模奶牛饲养的精饲料产出弹性变化幅度不同。例如，广西中规模奶牛饲养的精饲料产出弹性增加最快，从 2004 年的 1.210 增加到 2008 年的 1.434，四年间增加了 18.5%；河南和云南中规模奶牛饲养的精饲料产出弹性增长次之，从 2004 年的 1.296 和 1.162，增加到 2008 年的 1.451 和 1.324，四年间分别增加了 12.0%和 13.9%；而内蒙古、黑龙江、陕西和新疆等地中规模奶牛饲养的精饲料产出弹性变化相似，从 2004 年的 1.375、1.377、1.162 和 1.318，增加到 2008 年的 1.491、1.499、1.529 和 1.423，四年间增加了 8%～10%；最后，宁夏中规模奶牛饲养的精饲料产出弹性增长最慢，从 2004 年的 1.468 增加到 2008 年的 1.529，四年间只增加了 4.2%。

表 10－7　主产区中规模奶牛饲养要素产出弹性及规模报酬指数

主产区	精饲料	粗饲料	劳动力	固定资本	规模报酬指数
2004 年					
内蒙古	1.375	0.063	−0.564	0.126	1.072
吉林	1.447	0.033	−0.584	0.104	1.082
黑龙江	1.377	0.094	−0.414	−0.057	1.272
河南	1.296	0.094	−0.437	0.046	1.199
广西	1.210	−0.011	−0.397	0.197	1.209
云南	1.162	0.126	−0.228	−0.061	1.386
陕西	1.391	−0.009	−0.422	0.040	1.115
宁夏	1.468	0.074	−0.614	0.072	1.043
新疆	1.318	−0.020	−0.402	0.103	1.373
2008 年					
内蒙古	1.491	0.003	−0.584	0.090	1.564
吉林	1.458	−0.019	−0.522	0.083	1.503
黑龙江	1.499	0.072	−0.513	−0.058	1.767
河南	1.451	0.012	−0.528	0.065	1.583
广西	1.434	0.053	−0.583	0.096	1.635
云南	1.324	0.228	−0.460	−0.093	1.564
陕西	1.529	−0.035	−0.523	0.029	1.519
宁夏	1.529	0.030	−0.590	0.031	1.667
新疆	1.423	−0.037	−0.503	0.117	1.688

（续）

主产区	精饲料	粗饲料	劳动力	固定资本	规模报酬指数
增减％					
内蒙古	8.4	—	−3.5	—	45.9
吉林	0.8	—	10.6	—	38.9
黑龙江	8.9	—	−23.9	—	38.9
河南	12.0	—	−20.8	—	32.0
广西	18.5	—	−46.9	—	35.2
云南	13.9	—	−101.8	—	12.8
陕西	9.9	—	−23.9	—	36.2
宁夏	4.2	—	3.9	—	59.8
新疆	8.0	—	−25.1	—	22.9

数据来源：根据模型估计。

（2）尽管规模报酬指数变化趋势相似，同样，各地区中规模奶牛饲养的规模报酬指数变化幅度差异显著。例如，宁夏中规模奶牛饲养的规模报酬指数增长最快，从2004年的1.043增加到2008年的1.667，四年间增加了高达60％；其次，内蒙古中规模奶牛饲养的规模报酬指数增长也很快，从2004年的1.072增加到2008年的1.564，四年间增加了45.9％；吉林和黑龙江中规模奶牛饲养的规模报酬指数增长幅度相同，从2004年的1.082和1.272，增加到2008年的1.503和1.767，四年间平均增加了38.9％。河南、广西和陕西中规模奶牛饲养的规模报酬指数也较快，从2004年的1.199、1.209和1.115，增加到2008年的1.583、1.635和1.519，四年间增加了32％～36％；新疆中规模奶牛饲养的规模报酬指数增长较慢，从2004年的1.373增加到2008年的1.688，四年间增加了22.9％；而云南中规模奶牛饲养的规模报酬指数增长最慢，从2004年的1.386增加到2008年的1.564，四年间只增加了12.8％。

（3）尽管地区中规模奶牛饲养的劳动力产出弹性均小于零，但是各地区之间差异也十分明显。例如，吉林和宁夏中规模奶牛饲养的劳动力产出弹性实际上在上升，四年间分别上升了10.6％和3.9％；内蒙古中规模奶牛饲养的劳动力产出弹性恶化不大，四年间只降低了3.5％；云南中规模奶牛饲养的劳动力产出弹性恶化最大，四年降低了 100%，广西中规模奶牛饲养的劳动力产出弹性降低了 46.9%，黑龙江、河南和新疆中规模奶牛饲养的劳动力产出弹性的降低幅度在 20%～25%之间。另外，主产区中规模奶牛饲养的劳动力产出弹性差异也较大，例如，内蒙古中规模奶牛饲养的劳动力产出弹性只降低了 3.5%，而黑龙江、河南和新疆中规模奶牛饲养的劳动力产出弹性降低的幅度在 20%～25%之间。

最后，尽管各地区中规模奶牛饲养的粗饲料和固定资本的产出弹性很小，但是他们的绝对水平和变化幅度同样存在显著差异。

3.4　大规模奶牛饲养要素产出弹性及规模报酬指数

表 10－8 提供了不同地区大规模奶牛饲养的要素产出弹性和规模报酬估计结果，同样，根据这些估计结果，我们有如下基本观察和基本结论：

(1) 尽管要素产出弹性变化趋势相同，但是各地区大规模奶牛饲养的精饲料产出弹性变化幅度不同。例如，新疆大规模奶牛饲养的精饲料产出弹性增长最快，从 2004 年的 1.406 增加到 2008 年的 1.717，四年间增加了 22.1%；山东大规模奶牛饲养的精饲料产出弹性增长次之，从 2004 年的 1.330 增加到 2008 年的 1.569，四年间加了 18.0%；而黑龙江和河南等地大规模奶牛饲养的精饲料产出弹性变化相似，从 2004 年的 1.369 和 1.359，增加到 2008 年的 1.455 和 1.454，四年间分别增加了 6.3%和 7.0%；最后，辽宁大规模奶牛饲养的精饲料产出弹性增长最慢，从 2004 年的 1.477 增加到 2008 年的 1.530，四年间只增加了 3.6%。

(2) 尽管规模报酬指数变化趋势相似，同样，各地区大规模奶牛饲养的规模报酬指数变化幅度不同。例如，新疆大规模奶牛饲养的规模报酬指数增长最快，从 2004 年的 1.287 增加到 2008 年的 1.793，四年间增加了近 40%；黑龙江大规模奶牛饲养的规模报酬指数增长也很快，从 2004 年的 1.281 增加到 2008 年的 1.725，四年间增加了 34.7%；而辽宁、山东和河南大规模奶牛饲养的规模报酬指数增长幅度类似，从 2004 年的 1.263、1.356 和 1.219，增加到 2008 年的 1.627、1.786 和 1.583，四年间平均增加了 29%～32%。

表 10-8 主产区大规模奶牛饲养要素产出弹性及规模报酬指数

主产区	精饲料	粗饲料	劳动力	固定资本	规模报酬指数
2004 年					
辽宁	1.477	0.085	−0.543	−0.020	1.263
黑龙江	1.369	0.106	−0.414	−0.061	1.281
山东	1.330	0.029	−0.280	−0.079	1.356
河南	1.359	0.072	−0.445	0.014	1.219
新疆	1.406	0.037	−0.455	0.012	1.287
2008 年					
辽宁	1.530	0.034	−0.525	−0.039	1.627
黑龙江	1.455	0.056	−0.446	−0.064	1.725
山东	1.569	−0.044	−0.482	−0.043	1.786
河南	1.454	0.009	−0.511	0.048	1.583
新疆	1.717	0.003	−0.702	−0.018	1.793
增减%					
辽宁	3.6	—	3.3	—	28.8
黑龙江	6.3	—	−7.7	—	34.7
山东	18.0	—	−72.1	—	31.7
河南	7.0	—	−14.8	—	29.9
新疆	22.1	—	−54.3	—	39.3

数据来源：根据模型估计。

（3）尽管各地区大规模奶牛饲养的劳动力产出弹性均小于零，但是地区之间差异也十分明显。例如，辽宁大规模奶牛饲养的劳动力产出弹性实际上在回升，四年间上升了 3.3%；黑龙江大规模奶牛饲养的劳动力产出弹性恶化不大，四年间只降低了 7.7%；山东大规模奶牛饲养的劳动力产出弹性恶化最大，四年降低了 72.1%，接着是广西大规模奶牛饲养的劳动力产出弹性降低了 54.3%；河南大规模奶牛饲养的劳动力产出弹性的降低幅度不大，接近 15%的水平。另外，主产区大规模奶牛饲养的劳动力产出弹性差异也较大，例如，黑龙江大规模奶牛饲养的劳动力产出弹性只降低了 7.7%，而山东和新疆大规模奶牛饲养的劳动力产出弹性分别降低了 72.1%和 54.3%。

最后，尽管各地区大规模奶牛饲养的粗饲料和固定资本的产出弹性很小，但是他们的绝对水平和变化幅度同样存在显著差异。

4　基本结论及政策建议

4.1　基本结论

（1）我国奶牛饲养的要素投入结构不合理。从我国奶牛饲养要素产出弹性估计看出，精饲料产出弹性较大，劳动力产出弹性小于零，固定资本和粗饲料的产出弹性很小，这些显著要素弹性差异预示着，我国目前奶牛饲养的要素投入结构不合理。或者说，有些要素投入过多，有些要素投入过少，结果有些要素投入得不到有效利用，甚至出现资源浪费现象。具体来说，精饲料投入量过低、劳动力投入量过高、固定资本和粗饲料投入没有影响。

（2）我国奶牛饲养的规模报酬处在递增阶段。从规模报酬指数变化趋势看，从总体上讲，我国奶牛饲养的规模报酬率处在递增阶段。因为，规模报酬指数大于 1，说明产出增加的速度要快于投入增加的速度。同时还发现，随着奶牛饲养规模的扩大，规模报酬指数呈增加趋势，即较大规模的奶牛饲养更应当提高要素整体投入水平。具体来说，我国大规模奶牛饲养企业，更应当注意提高要素投入的整体水平。这可能与大规模奶牛饲养的奶牛品种和技术设施先进程度有密切关系。

（3）尽管不同奶牛饲养方式的要素弹性和规模报酬指数结构相似，但是不同奶牛饲养方式的绝对水平和变化幅度存在差异。相似之处是各种奶牛饲养方式均表现出：对精饲料投入的明显需求、对劳动力投入的负面效应、对固定资本和粗饲料投入的反应迟钝。不同之处是：随着奶牛饲养规模的扩大，精饲料的产出弹性有增大趋势，或者说，随着奶牛饲养规模的扩大，精饲料的要素产出弹性有增加趋势；大规模奶牛饲养方式的固定资本投入效果已经表现出负面作用，继续增加大规模奶牛饲养的固定资本投入，不能增加大规模奶牛饲养的边际产出，反而会降低大规模饲养奶牛的生产水平。

（4）尽管要素产出弹性变化趋势相同，但各地区间奶牛饲养的要素产出弹性变化幅度差异很大。内蒙古农户散养奶牛的精饲料产出弹性增长最快，黑龙江农户散养奶牛的精饲料产出弹性增长最慢，新疆农户散养奶牛的精饲料产出弹性增长介于二者之间；山东小规模奶牛饲养的精饲料产出弹性增加最快，河北小规模奶牛饲养的精饲料产出弹性变化居中，黑龙江小规模奶牛饲养的精饲料产出弹性变化最慢；而内蒙古、黑龙江、陕西和新疆等地中规模奶牛饲养的精饲料产出弹性变化相似；新疆大规模奶牛饲养的精饲料产出弹性增长较快，黑龙江大规模奶牛饲养的精饲料产出弹性增长较慢。

（5）尽管规模报酬指数变化趋势相似，但是地区间奶牛饲养的规模报酬指数变化幅度差异明显。新疆农户散养奶牛的规模报酬指数增长最大，内蒙古农户散养奶牛的规模报酬指数变化居中，黑龙江农户散养奶牛的规模报酬指数变化最慢；山东小规模奶牛饲养的规模报酬指数增长最快，而河北、内蒙古和黑龙江小规模奶牛饲养的规模报酬指数增长幅度类似；内蒙古中规模奶牛饲养的规模报酬指数增长较快，黑龙江中规模奶牛饲养的规模报酬指数增长次之，新疆中规模奶牛饲养的规模报酬指数增长较慢；新疆大规模奶牛饲养的规模报酬指数增长较快，而黑龙江大规模奶牛饲养的规模报酬指数增长较慢。

4.2 政策建议

根据以上研究结论，我们提出如下政策建议：

（1）目前我国奶牛饲养的要素配置原则应当是：增加精饲料投入量，减少劳动力投入量，稳定固定资本和粗饲料投入量。我国奶牛饲养精饲料投入水平较低，主要受我国精饲料供给不足和食物需求较大两方面制约。我国现阶段的饲料原料产量仅能满足畜禽实际需求量的30%左右，只有14%反刍动物饲养采用商品饲料，大部分依靠传统饲料喂养。大力开发饲料资源，加大饲料工业投资，扩大饲料粮进口，减少耕地压力，增加精饲料资源供给，是增加奶牛饲养精饲料投入量的物质基础。

（2）在要素投入优化的基础上，提高我国奶牛饲养要素投入的整体水平。受传统农业生产方式影响，我国奶牛饲养要素投入结构没有得到很好的优化。从饲养成本考虑，青粗饲料在我国大部分地区可以进行自行种植和加工，而且成本很低。精饲料需要从市场上购买，而且市场价格较高、饲料投入成本较大。为了节约奶牛饲养成本，往往减少精饲料投入，造成要素投入比例失调，很难提高奶牛饲养的技术效率。这一现象，在农户散养和小规模饲养，可能更为普遍。因此，随着我国市场经济的发展，我们要优化要素投入结构，并要处理好几个关系：精饲料和粗饲料的投入比率、优良高产奶牛品种同饲料投入水平配套、先进技术设施与饲养管理水平配套。

（3）区别对待不同奶牛饲养方式的要素产出弹性和规模报酬指数。尽管模型结果显示不同奶牛饲养方式的要素产出弹性和规模报酬变化相似，但不同奶牛饲养方式的要素投入弹性和规模报酬还是有明显的差异，主要因为不同奶牛饲养方式的精饲料—粗饲料的投入比率不同、劳动力的投入水平不同、固定资本投入和技术设施水平不同。例如，大规模饲养的技术设施投入较大和乳牛品种较好等，特别近年来我国新增加的奶牛饲养企业都是从国外进口一流的技术装备，这些差异决定了不同奶牛饲养方式的具体要素优化方案以及要素投入整体水平不同。因此，要因事制宜，确定不同饲养方式的要素组合和要素水平。

（4）区别对待不同地区奶牛饲养的要素产出弹性和规模报酬指数变化。尽管模型结果显示不同地区奶牛饲养的要素产出弹性和规模报酬指数变化相似，但不同地区奶牛饲养的要素产出弹性和规模报酬指数变化有明显差异。主要因为不同地区奶牛饲养的自然条件、农作物结构、乳牛品种以及其他因素等不同，这就决定了不同地区奶牛饲养的具体要素优化方案以及要素投入整体水平不同。因此，要因地制宜，确定地区要素组合和要素水平。

参考文献

［1］Brown，L. R. Who will feed China［D］? Wake-Up Call For A Small Planet. The World Watch Environmental Alert Series. First Edition，Published by World Watch Institute，1995.

［2］Kompas T，Che T N. Production and technical efficiency on Australian dairy Farms［C］. International and Development Economics Working Papers 04－1，Asia Pacific School of Economics and Government，Australian National University，2004.

［3］Lopes，Fernando. Technical efficiency in Portuguese dairy farms［C］. No 36863，The 82nd Annual Conference，March 31－April 2，2008，Royal Agricultural College，Cirencester, UK from Agricultural Economics Society.

[4] Moreira López V. H., Bravo-Ureta B. E., Arzubi A., and Schilder E. Multi-output technical efficiency for Argentinean dairy farms using stochastic production and stochastic distance frontiers with unbalanced panel data [J]. *Economía Agraria*, 2006, 10: 97-106.

[5] Simpson, James R. China's ability to feed its livestock in the next century [J]. *Asia Pacific Journal of Economics and Business*, 1997, 1: 69-84.

[6] 曹暕，孙顶强，谭向勇．农户奶牛生产技术效率及影响因素分析［J］．中国农村经济，2005（10）．

[7] 曹暕．中国农户原料奶生产经济效率分析［D］．中国农业大学博士学位论文，2005，71-84.

[8] 曹暕．中国农户原料奶生产经济效率分析［J］．中国农业经济评论，2005（2）．

[9] 程漱兰，姚莉，崔惠玲，王仁华，董筱丹．WTO背景下的中国奶业发展前景［J］．农业经济问题，2002（3）．

[10] 马恒运，唐华仓，Allan Rae. 中国牛奶生产的全要素生产率分析［J］．中国农村经济，2007（2）．

[11] 彭秀芬．中国原料奶的生产技术效率分析［J］．农业技术经济，2008（06）．

[12] 杨在宾，刘丽，杜明宏．我国饲料业的发展及饲料资源供求现状浅析［J］．饲料工业，2008（19）．

[13] 赵全厚．加强农业结构调整积极扶持奶农和奶业［J］．农业经济问题，2002（11）．

[14] 赵志耘，刘晓路，吕冰洋．中国要素产出弹性估计［J］．经济理论与经济管理，2006（6）．

第11章 全要素生产率增长的差异分析

第八章测算了原料奶生产的全要素生产率，分析了不同省份全要素生产率的具体增长方式，但无法了解全国层面的全要素生产率整体变化特征，也不清楚全要素生产率增长差异对原料奶生产的影响程度。本章采用变异系数和动态分布法，分别衡量全要素生产率的绝对地区差异和动态差异。通过 Klenow and Rodriguez-Clare（1997）和 Easterly and Levine（2001）提出的方差分解方法，检验全要素生产率对产出增长的贡献。

1 全要素生产率增长的绝对差异

在进行收敛性分析时，一般进行三个方面的检验：α 收敛、β 收敛和俱乐部收敛，其中，β 收敛又可分为条件收敛和绝对收敛。其中，α 收敛是指区域之间发展差异随着时间而减少，检验方法比较简易，通常用变异系数来反映，表示标准差偏离平均值的程度。因此，此处采用变异系数来反映 α 收敛，考察全要素生产率及其各项子指标的变动趋势。

假定 S 代表标准差，$\overline{X}$ 代表平均值，则变异系数的计算公式为：

$$C.V = \frac{S}{\overline{X}} \qquad (11-1)$$

利用 Malmquist 指数方法，对 1992—2008 年的全要素生产率进行分解，并计算相应的变异系数，结果见表 11-1。

首先，全要素生产率的地区差异，总体上经历了一个先“发散”后“收敛”的过程。1992—2001 年全要素生产率变异系数在波动中提高，地区之间的差异加大，经历了“发散”过程；2002 年后，其变异系数迅速下降，地区之间的差异趋向“收敛”。值得注意的是，2001 年是一个关键时间点，此后所有的指标都进入收敛阶段，而这一年恰是我国加入 WTO

的年份，可以初步推断 WTO 对生产率收敛具有一定促进作用。其次，与全要素生产率差异的变动类似，技术进步也同样经历了先“发散”后“收敛”的过程。再次，综合技术效率的地区差异变动相对缓和，即整体上呈现缓慢“收敛”特征。1993—1997 年，综合技术效率变异系数几乎没有变化，1997—1999 年经历短暂的快速“收敛”，1999—2005 年进入缓慢“发散”阶段，2005 年后出现快速“收敛”的态势。

表 11-1　我国原料奶生产全要素生产率变异系数

年份	全要素生产率	综合技术效率	技术进步	纯技术效率	规模效率
1993	0.312	0.204	0.179	0.127	0.132
1994	0.251	0.190	0.137	0.175	0.091
1995	0.428	0.185	0.306	0.141	0.092
1996	0.197	0.186	0.130	0.148	0.096
1997	0.439	0.210	0.375	0.086	0.141
1998	0.391	0.151	0.249	0.051	0.123
1999	0.567	0.100	0.550	0.074	0.041
2000	0.221	0.121	0.152	0.090	0.045
2001	0.706	0.122	0.722	0.081	0.057
2002	0.471	0.147	0.400	0.050	0.126
2003	0.295	0.168	0.168	0.065	0.132
2004	0.263	0.167	0.168	0.102	0.104
2005	0.232	0.165	0.168	0.139	0.075
2006	0.137	0.119	0.098	0.109	0.051
2007	0.083	0.083	0.058	0.079	0.050
2008	0.105	0.084	0.058	0.068	0.054

为了更好地定量研究不同地区间的全要素生产率差异成因，利用胡华江（2002）提出的分析公式，具体形式如下：

$$tfpch_H - tfpch_L = \frac{\alpha(effch_H - effch_L)}{\overline{effch}} - \frac{\beta(techch_H - techch_L)}{\overline{techch}} \tag{11-2}$$

其中，$tfpch_H - tfpch_L$ 代表全要素生产率指数最高地区与最低地区之差，即地区间要素生产率总差异值；$\overline{effch}$ 和 $\overline{techch}$ 分别代表综合技术效率和技术进步指数的平均值，等式右边第一项和第二项分别代表综合技术效率和技术进步的差异值。将综合技术效率和技术进步的差异值分别与总差异值进行对比，可得到各因素差异对地区全要素生产率差异的影响率。

具体计算结果如表 11－2 所示。总体来看，1993—2008 年技术进步是造成全要素生产率地区差异的首要因素，平均影响率为 55.9%，而综合技术效率的影响率为 44.08%；技术进步的影响率从 1993 年的 45.7% 提高到 2001 年的 87.3%；2002 年以后技术进步差异开始快速下降，尤其是 2006 年以后综合技术效率的影响率已经超过技术进步的影响率。

具体来看，技术进步和技术效率的影响大致可以为分三个阶段：第一阶段（1993—1997 年），技术效率的急剧扩大是形成全要素生产率地区差异的主导因素，其平均影响率为 51.9%；第二阶段（1998—2004 年），技术进步成为全要素生产率地区差异的主导因素，其平均影响率为 65.5%；第三阶段（2005—2008 年），技术效率再次成为全要素生产率地区差异的主导因素，其平均影响率为 51.2%。

表 11－2　全要素生产率决定因素的地区差异率

年份	综合技术效率				技术进步			
	最高地区	最低地区	因素差异	差异率（%）	最高地区	最低地区	因素差异	差异率（%）
1993	1.46	0.63	0.86	54.31	1.87	0.99	0.72	45.69
1994	1.59	0.78	0.74	64.16	1.09	0.72	0.41	35.84
1995	1.29	0.67	0.64	39.78	1.92	0.80	0.97	60.22
1996	1.42	0.64	0.74	56.55	1.54	0.89	0.57	43.45
1997	1.48	0.62	0.91	44.49	0.99	0.25	1.14	55.51
1998	1.62	0.91	0.63	37.05	1.23	0.36	1.08	62.95
1999	1.18	0.77	0.43	15.87	4.33	0.91	2.26	84.13
2000	1.31	0.75	0.56	53.57	1.09	0.63	0.49	46.43
2001	1.34	0.88	0.44	12.69	5.49	0.95	3.06	87.31
2002	1.27	0.65	0.66	31.61	1.80	0.21	1.42	68.39
2003	1.38	0.77	0.58	49.72	1.52	0.83	0.58	50.28
2004	1.42	0.72	0.67	40.83	1.68	0.69	0.97	59.17

（续）

年份	综合技术效率				技术进步			
	最高地区	最低地区	因素差异	差异率（%）	最高地区	最低地区	因素差异	差异率（%）
2005	1.46	0.66	0.76	35.93	1.84	0.56	1.35	64.07
2006	1.60	0.83	0.78	56.21	1.06	0.48	0.61	43.79
2007	1.30	0.95	0.33	55.17	1.11	0.85	0.27	44.83
2008	1.16	0.72	0.43	57.30	1.20	0.86	0.32	42.70
平均值								
1993—1997	1.59	0.62	0.78	51.86	1.92	0.25	0.76	48.14
1998—2004	1.62	0.65	0.57	34.48	5.49	0.21	1.41	65.52
2005—2008	1.60	0.66	0.58	51.15	1.84	0.48	0.64	48.85
1993—2008	1.39	0.75	0.63	44.08	1.86	0.69	1.01	55.92

2 全要素生产率增长的动态差异

本节根据第二章介绍的马尔可夫链方法和动态核密度分布方法，对全要素生产率的增长特征进行分析。

2.1 马尔可夫链方法计算结果

由于马尔可夫链方法的计算复杂，仅以 2004—2008 年为例，对 Malmquist 全要素生产率的动态变化进行分析。为了得到离散分布，用四个临界点（0.914，0.982，1.022，1.097），将全要素生产率均分为五个类别，并求得相应的转换概率矩阵（见表 11－3）。

表 11－3 2004—2008 年全要素生产率概率转换矩阵

TFP 变动区间	<0.914	0.914～0.982	0.982～1.022	1.022～1.097	>1.097
<0.914	0.074	0.185	0.148	0.222	0.370
0.914～0.982	0.115	0.308	0.115	0.269	0.192
0.982～1.022	0.250	0.188	0.125	0.250	0.156
1.022～1.097	0.152	0.242	0.303	0.182	0.121
>1.097	0.222	0.222	0.278	0.167	0.111
遍历分布	0.163	0.234	0.195	0.219	0.189

其中，第一列代表 t 期样本状态，第一行代表 $t+1$ 期样本状态，对角线元素代表全要素生产率从 t 期到 $t+1$ 期在本组保持不变的概率，最后一行代表遍历分布概率。在考察期内，处于较低区间（<0.914）和较高区间（>1.097）的单元倾向于向相反的方向转化，表明高增长组与低增长组的差距有所缩小。由矩阵的对角线概率，发现 TFP 增长表现出较大的不稳定性，低增长区间（<0.914）在下一期维持自身状态不变的概率为 7.4%，高增长区间（>1.097）的维持状态概率为 11.1%，维持程度最高的区间（0.914～0.982）也仅为 30.8%。这也表明：低增长率的地区并不表现为持续的低增长，高增长率的地区也很难维持长久的效率改善，地区之间的生产率差异有逐步收敛的趋势。从遍历分布概率看，长期稳定状态的概率分别为（0.163，0.234，0.196，0.219，0.189），全要素生产率呈现出双峰收敛的趋势，但收敛的程度并不十分明显。

根据前沿技术效率转换概率矩阵的计算结果（表 11－4），前沿技术效率的四等分临界点为（0.954，1.000，1.033，1.120）。处于较低区间（<0.954）和较高区间（>1.120）的单元倾向于向相反的方向转化，表明高增长组与低增长组差距缩小。对角线概率也表明，中低增长的区间趋向于转化为高增长，高增长区间也向低增长转化，呈现收敛现象。其中，低增长的两个区间（<0.954）和（0.954～1.000）维持自身状态的概率分别为 5.4%和 14.3%，高增长的两个区间（1.033～1.120）和（>1.120）维持状态概率分别为 21.1%和 0.0%，而中间区间（1.000～1.033）的维持状态概率达到 60.5%。最后，根据遍历分布概率，前沿技术效率也表现为双峰收敛趋势，其中 35.5%的样本稳定于区间（1.000～1.033），而两个极端的区间的概率明显较低，分别为 10.1%和 11.7%；70.4%的样本稳定于中高区间，前沿技术效率指数大于 1，技术效率水平明显得到提高。

表 11－4　2004—2008 年前沿技术效率概率转换矩阵

TFP 变动区间	<0.954	0.954～1.000	1.000～1.033	1.033～1.120	>1.120
<0.954	0.054	0.108	0.270	0.162	0.405
0.954～1.000	0.107	0.143	0.321	0.071	0.357
1.000～1.033	0.026	0.105	0.605	0.211	0.053
1.033～1.120	0.105	0.526	0.105	0.211	0.053
>1.120	0.355	0.387	0.097	0.161	0.000
遍历分布	0.101	0.195	0.355	0.232	0.117

从技术进步转换概率矩阵（表 11－5）看，技术进步的四等分临界点为（0.920，0.965，1.003，1.037）。处于较低区间（<0.920）和区间（0.920～0.965）向高增长区间转化的概率也较大，而其他三个高增长区间向低增长转化的概率也较大，样本的差距具有缩小趋势。对角线概率普遍较低，反映技术进步的强烈波动性，增长的持续性较差。根据遍历分布概率，约 61.6%的样本稳定于中低区间（技术进步指数小于等于 1），说明技术上普遍存在退步的情况。

表 11－5　2004—2008 年技术进步概率转换矩阵

TFP 变动区间	<0.920	0.920～0.965	0.965～1.003	1.003～1.037	>1.037
<0.920	0.105	0.000	0.158	0.368	0.368
0.920～0.965	0.130	0.130	0.217	0.174	0.348
0.965～1.003	0.242	0.242	0.273	0.182	0.061
1.003～1.037	0.316	0.289	0.184	0.132	0.079
>1.037	0.175	0.400	0.225	0.125	0.075
遍历分布	0.197	0.194	0.225	0.209	0.175

2.2　核密度方法计算结果

下面，采用核密度方法，对 1992—2008 年 Malmquist 全要素生产率进行分析，并重点分析最近几年（2004—2008 年）的分布特征。

由图 11－1a、图 11－1b 可以看出：1993—2003 年核密度分布图右移，表明平均的全要素生产率得到提高；分布图的波峰明显降低，峰值由 1.2 降低至 0.7，表明期间存在发散现象；两个年份的双峰特征明显，表明当年不同的全要素生产率区间存在一定程度的内部收敛，但也存在两极分化的问题。

2005 年以后，根据图 11－1c、图 11－1d、图 11－1e 和图 11－1f，发现：核密度图波峰逐年提高，2007 年的峰值超过 6，期间表现为收敛现象，与前面马尔可夫链方法的观点相同；核密度图由 1993 年和 2003 年的双峰分布，开始变化为单峰分布，表明两极分化的趋势有所缓解，收敛的特征更为明显。总体上看，1992—2008 年的全要素生产率经历了一个先发散后收敛的过程，这也与绝对差异的估算结果相同。

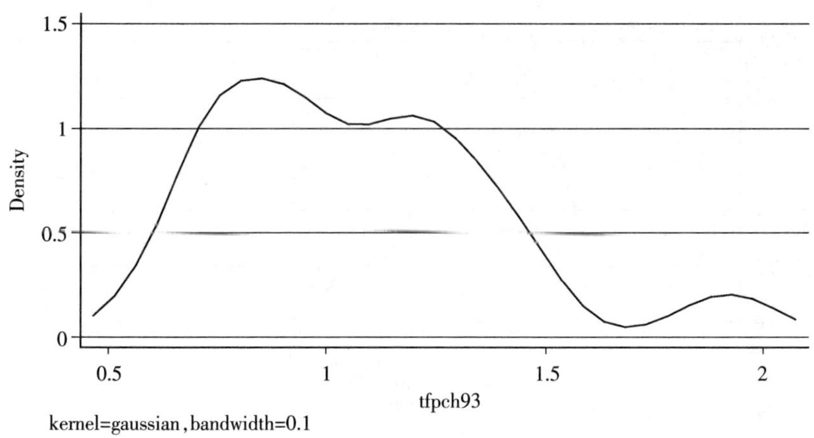

图 11－1a　1993 年全要素生产率核密度分布图

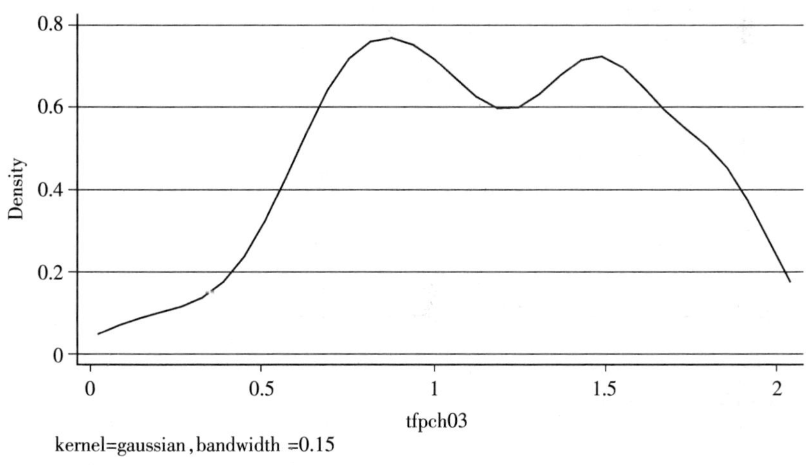

图 11－1b　2003 年全要素生产率核密度分布图

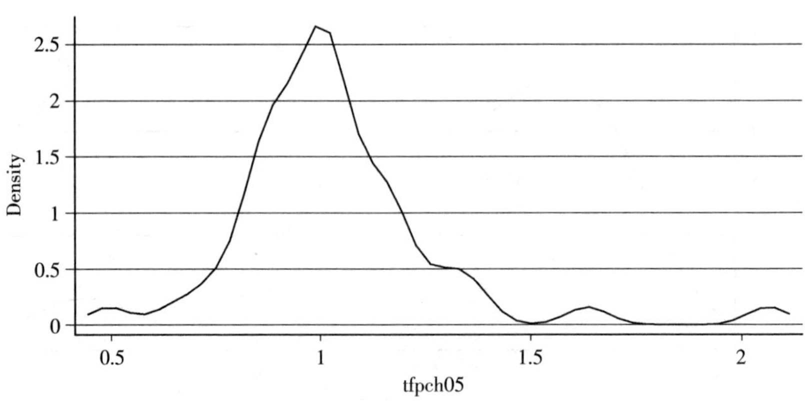

图 11-1c　2005 年全要素生产率核密度分布图

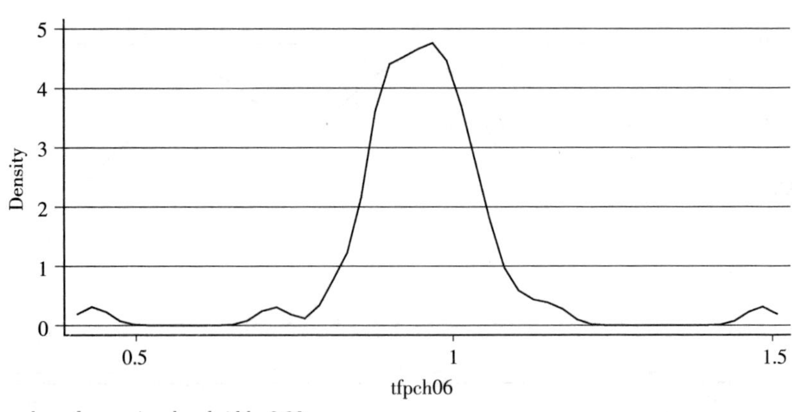

图 11-1d　2006 年全要素生产率核密度分布图

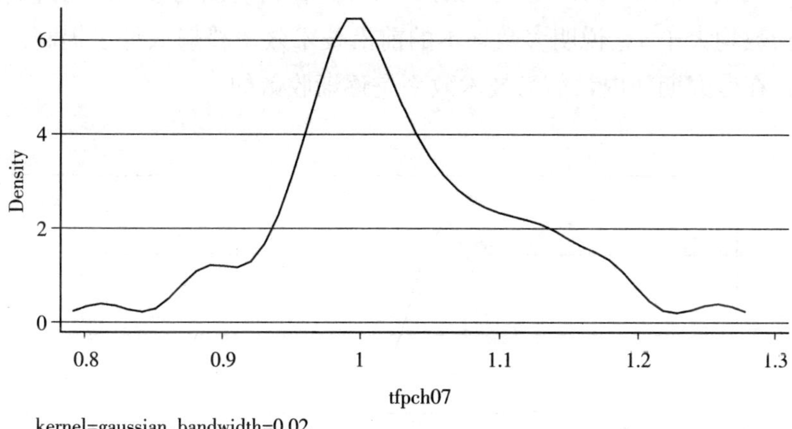

图 11 - 1e　2007 年全要素生产率核密度分布图

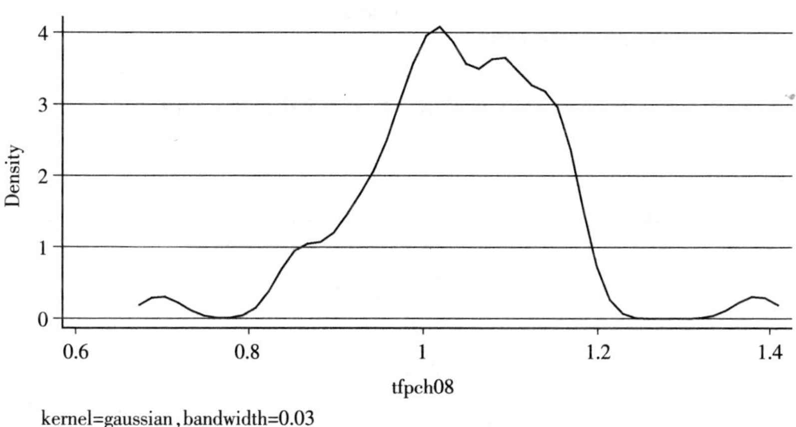

图 11 - 1f　2008 年全要素生产率核密度分布图

从前沿技术效率的核密度分布图来看（图 11 - 2a、图 11 - 2b），1993—2003 年呈现多峰分布，整体的概率密度图变化不大，位于增长区间 0.8～1.4 的密度略微增加，表明地区间差异出现缩小趋势，但不十分显著。从 2005 年的核密度图（图 11 - 2c）看，尽管仍然为多峰分布，但波峰高度由 3 降低至 2，表明此年出现了短暂的发散现象。自 2006 年，多峰分布逐步向单峰分布转化，且波峰高度明显提高，说明存在收敛现象

(图 11－2d、图 11－2e、图 11－2f)。另外，核密度图的波峰所对应的技术效率指数均大于 1，说明多数样本的前沿技术效率普遍取得了提高。总体上看，在考察期间内，前沿技术效率是逐渐收敛的。

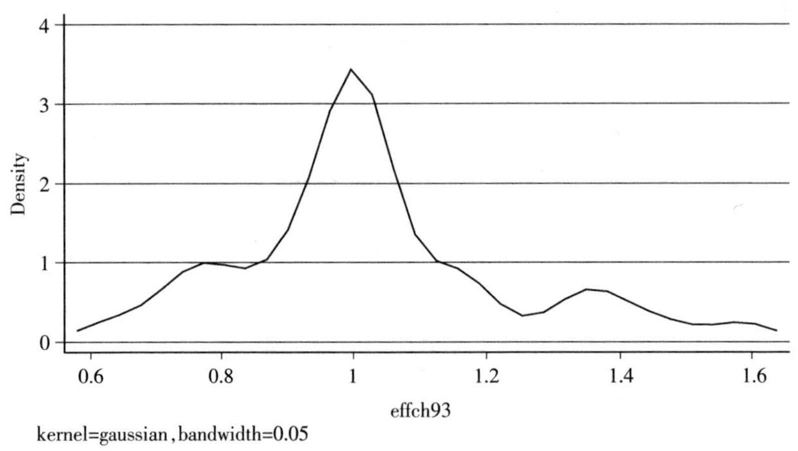

图 11－2a　1993 年前沿技术效率核密度分布图

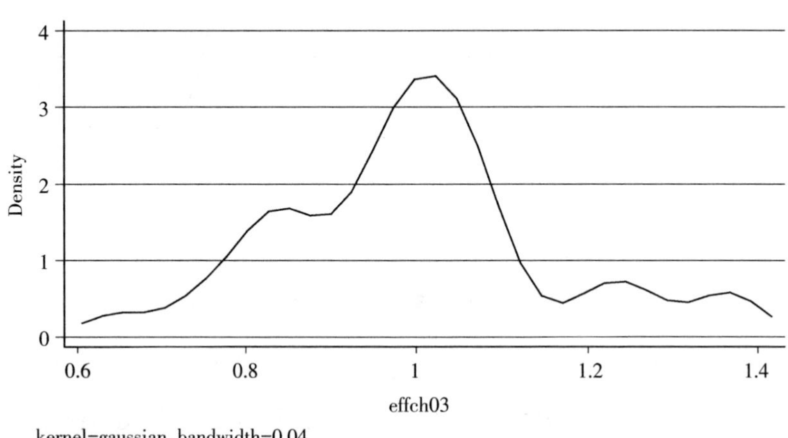

图 11－2b　2003 年前沿技术效率核密度分布图

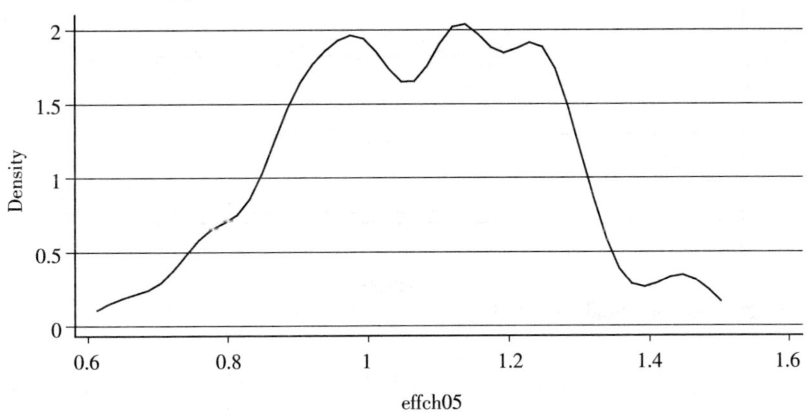

图 11 - 2c　2005 年前沿技术效率核密度分布图

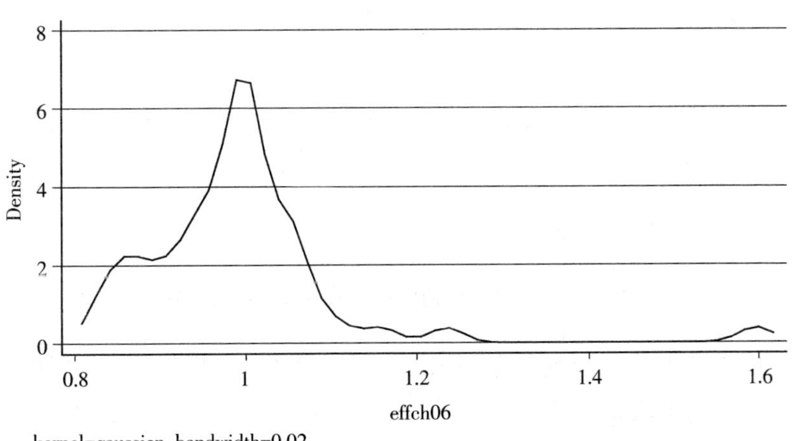

图 11 - 2d　2006 年前沿技术效率核密度分布图

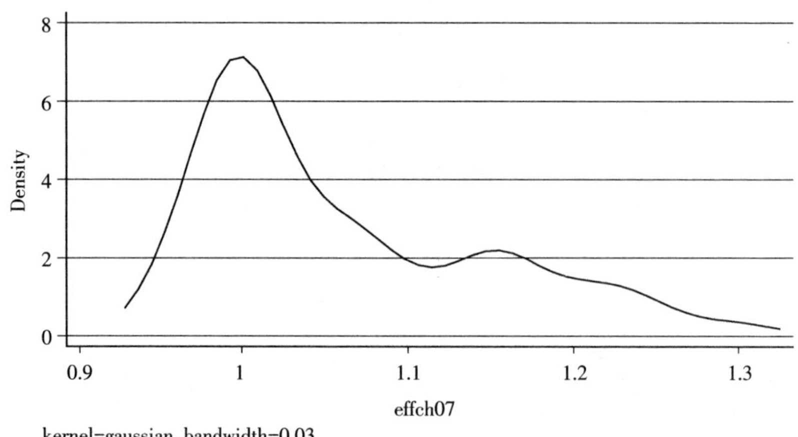

图 11-2e 2007 年前沿技术效率核密度分布图

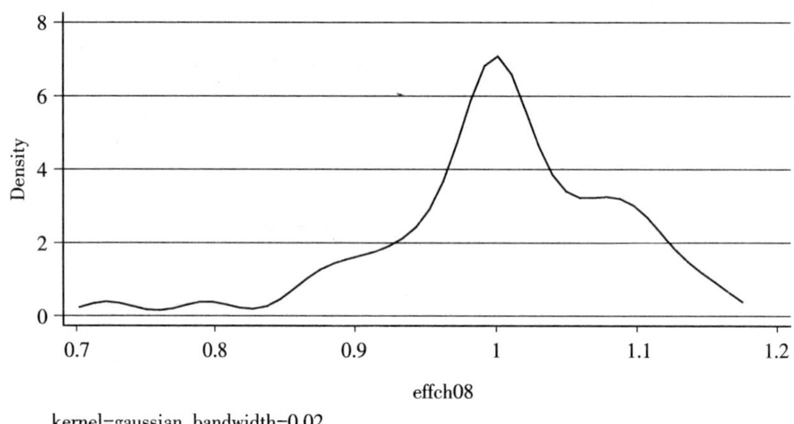

图 11-2f 2008 年前沿技术效率核密度分布图

从技术进步的核密度分布图来看，均为多峰或双峰分布，说明不同地区之间呈现内部收敛。根据图 11-3a、图 11-3b，1993—2003 年核密度图向右偏移，表明技术进步特征明显；波峰下降幅度较大，表明地区之间差异扩大，存在发散现象。2005—2007 年，核密度图逐年向左移动（图 11-3c、图 11-3d、图 11-3e、图 11-3f)，2008 年较 2003 年也明显左移，表明期间的技术水平退步较多；波峰高度迅速提高，峰值由 1（2003

年）提高至 10（2008 年），表明收敛特征较为显著。总体上看，技术进步经历了先发散后收敛的过程。

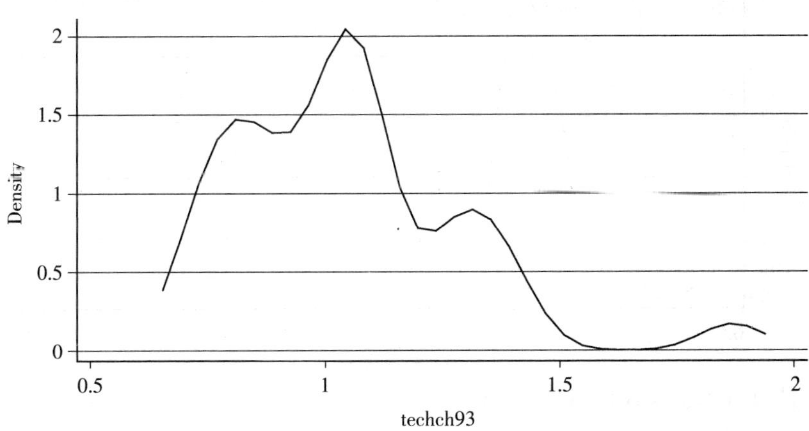

图 11－3a　1993 年技术进步核密度分布图

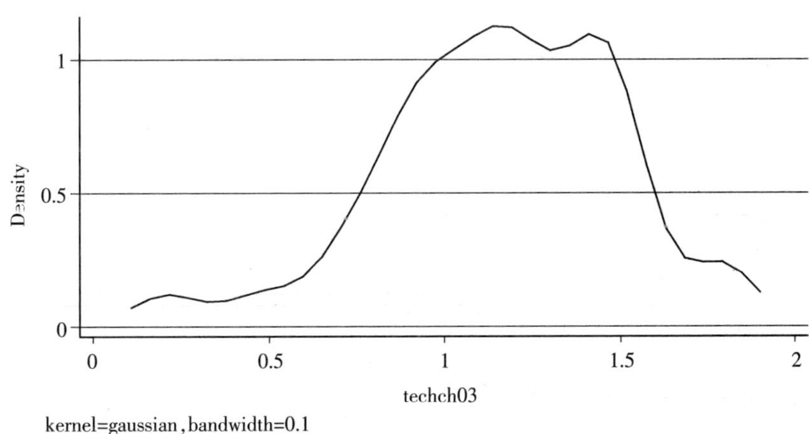

图 11－3b　2003 年技术进步核密度分布图

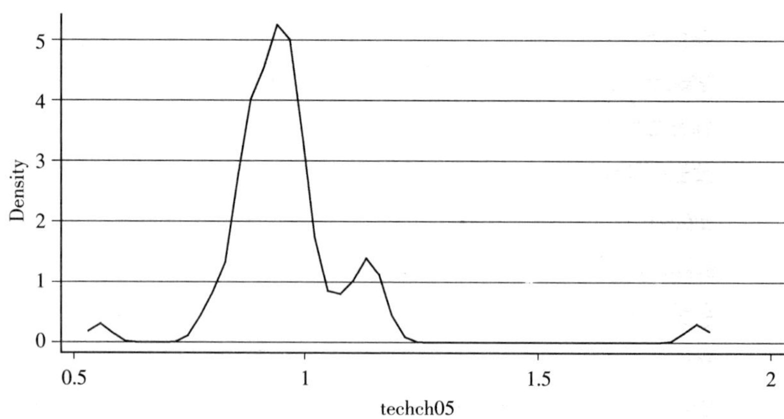

图 11－3c　2005 年技术进步核密度分布图

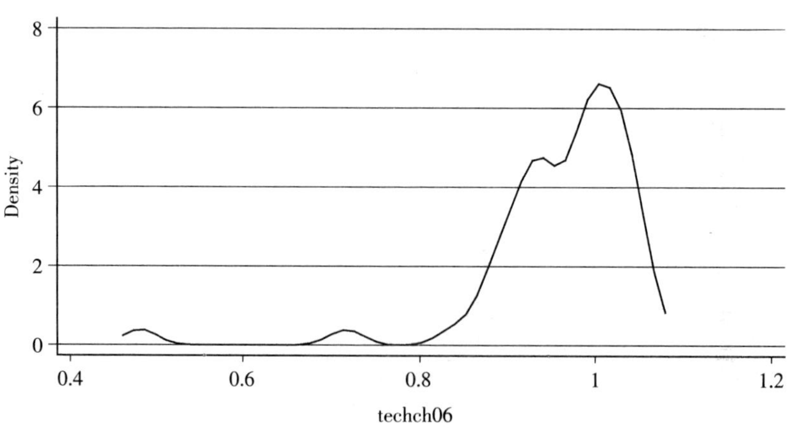

图 11－3d　2006 年技术进步核密度分布图

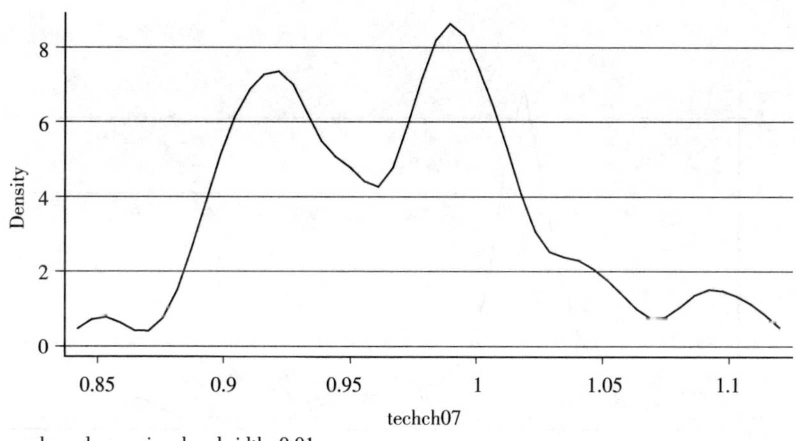

图 11－3e　2007 年技术进步核密度分布图

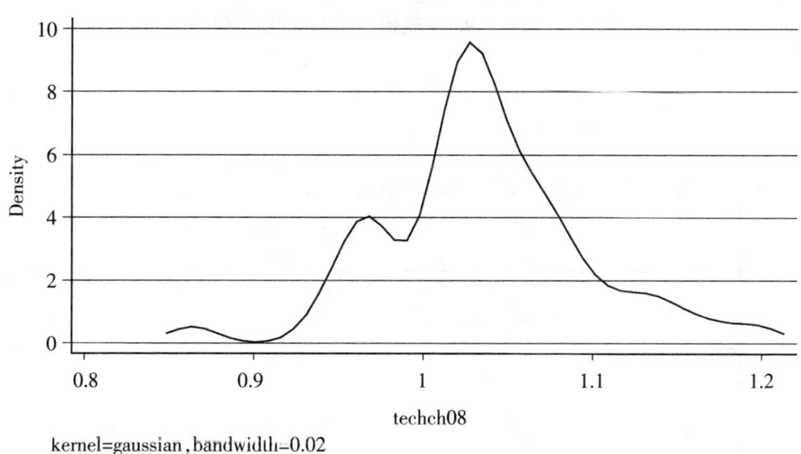

图 11－3f　2008 年技术进步核密度分布图

从规模效率的核密度分布图来看（图 11－4），多数年份为单峰分布。1993—2003 年核密度图波峰下降，表明地区之间存在差异扩大的发散现象；分布图整体上是右偏的，表明规模效率指数大于 1 的样本数更多。2005 年以后，分布图波峰有所提高，表明地区之间存在收敛现象。总体上看，技术进步也经历了先缓慢发散后快速收敛的过程。

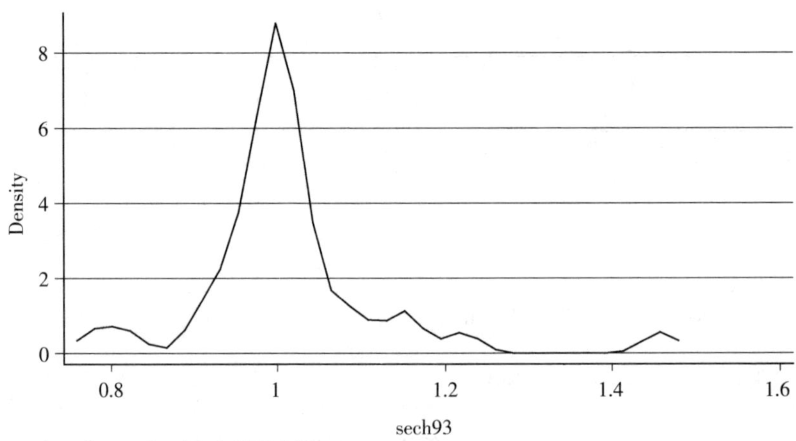

图 11-4a　1993 年规模效率核密度分布图

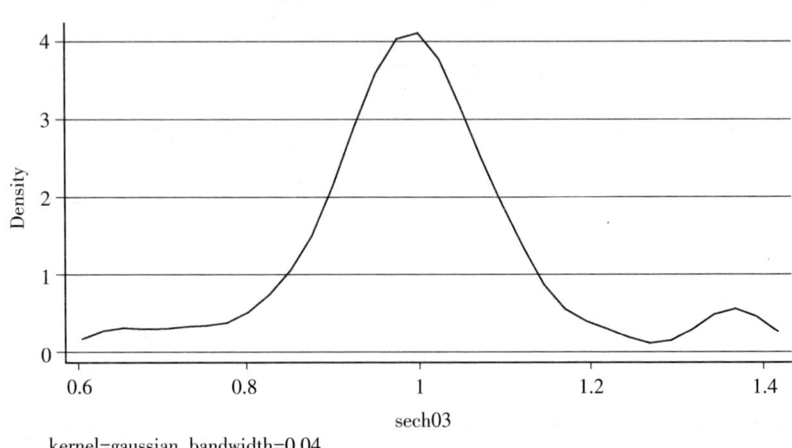

图 11-4b　2003 年规模效率核密度分布图

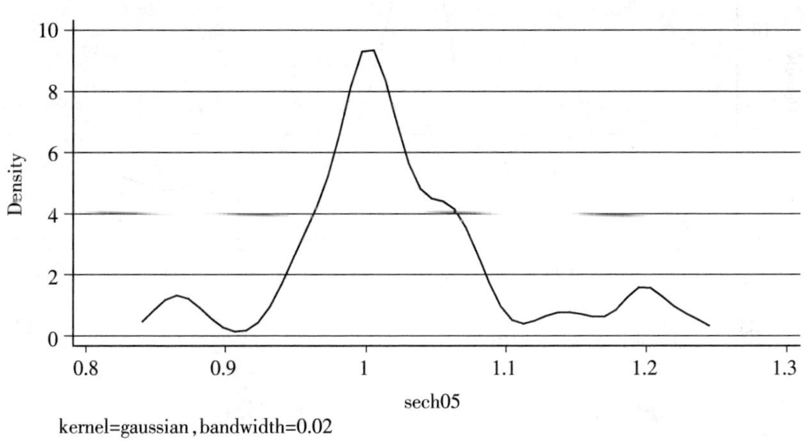

图 11－4c　2005 年规模效率核密度分布图

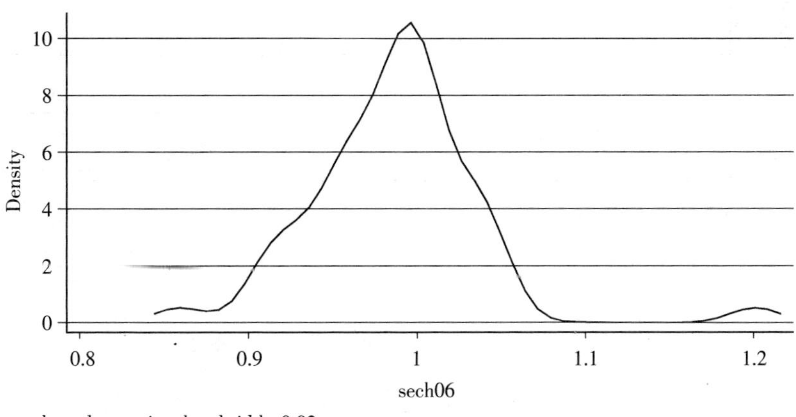

图 11－4d　2006 年规模效率核密度分布图

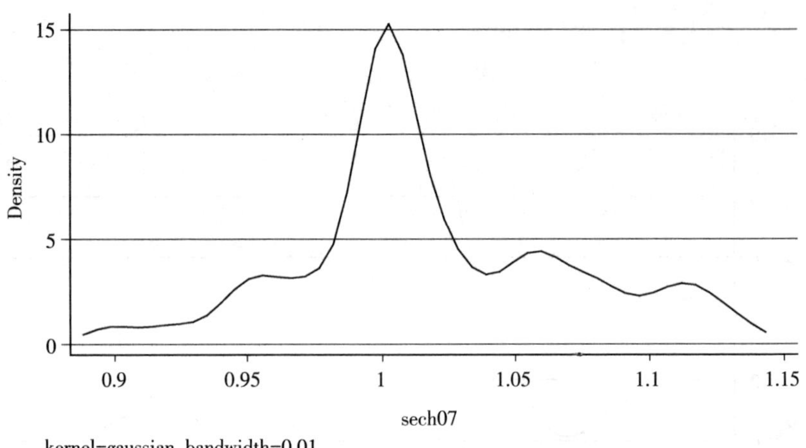

图 11-4e　2007 年规模效率核密度分布图

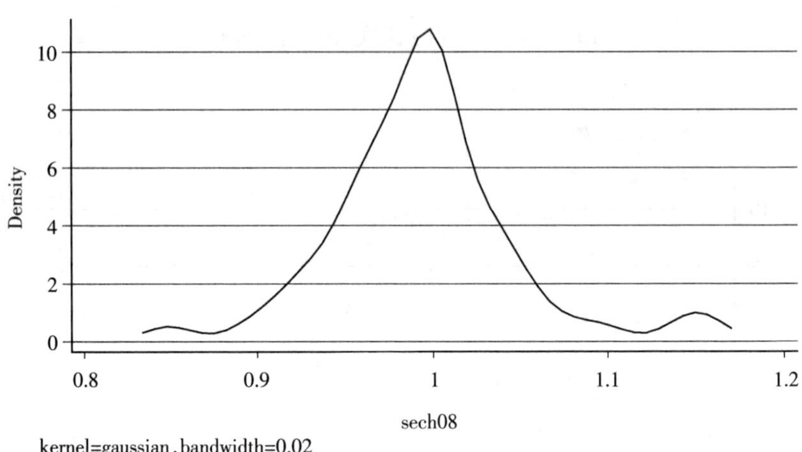

图 11-4f　2008 年规模效率核密度分布图

3　全要素生产率对地区产出差距贡献

尽管可以通过动态分布法对全要素生产率分布、要素投入分布与产出增长分布进行比较，从而推断全要素生产率对产出增长的贡献度，但是无法准确评价具体的贡献率大小。从直观上来判断，要素投入增长与产出增长的相关系数为 0.594 7，而全要素生产率与产出增长相关系数仅为 0.040 9，可以初步判断我国原料奶生产对投入要素的依赖性仍然较强。为了对上节的研究结论进行验证，下面将采用 Klenow and Rodriguez-Clare（1997）和 Easterly and Levine（2001）提出的两种方差分解方法，具体比较全要素生产率与投入要素对产出增长的贡献率。

根据 K－R 法和 E－L 法的分解结果，各地区全要素生产率的贡献都较小，分别为 14.4% 和 7.5%，而要素投入贡献率达到了 79.4% 和 66.7%（见表 11－6 和表 11－7）。由此表明，要素投入差异是造成产出增长差异的主要原因，全要素生产率的贡献有待提高，即我国当前原料奶生产过度依赖于要素投入，属于粗放型的增长方式。

表 11－6　地区产出差距的 K－R 法方差分解

年份	TFP 贡献率	要素投入贡献率	其中	
			劳动贡献率	资本贡献率
1992	0.2	92.7	42.6	50.1
1993	16.8	77.6	35.2	42.5
1994	11.0	81.8	24.7	57.1
1995	10.1	82.2	30.8	51.4
1996	9.3	84.0	33.7	50.3
1997	14.9	77.4	23.9	53.5
1998	16.2	77.1	28.4	48.7
1999	11.9	81.4	22.5	58.9
2000	19.7	74.1	26.4	47.7
2001	17.6	76.6	29.6	47.0
2002	5.8	88.4	42.4	45.9
2003	11.6	82.5	35.5	47.0
2004	25.5	69.0	29.5	39.4
2005	20.6	73.9	32.3	41.6
2006	21.8	72.7	32.4	40.3
2007	11.2	83.2	30.8	52.5
2008	20.1	74.6	27.0	47.6
平均	14.4	79.4	31.0	48.3

注：表中数据单位为%。

表 11-7 地区产出差距的 E-L 法方差分解

年份	TFP 贡献	要素投入贡献	其中			TFP与要素投入交叉贡献	其中	
			劳动贡献	资本贡献	劳动与资本交叉贡献		TFP与劳动交叉贡献	TFP与资本交叉贡献
1992	8.5	108.1	27.9	32.5	41.1	−15.5	−11.0	−4.5
1993	13.0	77.4	18.8	30.3	24.3	9.1	8.1	1.0
1994	5.1	81.3	11.6	46.1	12.1	12.6	6.0	6.6
1995	4.1	82.3	12.8	32.9	28.1	12.5	4.2	8.3
1996	10.5	90.6	22.0	32.8	24.3	−1.1	−7.1	6.0
1997	5.3	73.0	10.2	38.4	21.1	20.0	6.3	13.7
1998	5.7	70.9	13.0	29.6	27.7	21.9	6.1	15.9
1999	4.8	79.3	8.4	43.6	26.8	14.8	3.9	10.9
2000	5.7	63.7	9.7	26.7	26.6	28.7	9.0	19.7
2001	8.9	71.6	13.7	27.0	30.2	18.4	4.4	14.0
2002	2.6	90.4	22.3	24.3	43.7	6.6	1.6	4.9
2003	5.2	80.5	16.7	26.5	36.3	13.5	4.6	8.9
2004	9.5	55.5	12.2	19.9	23.3	33.0	13.9	19.2
2005	8.7	65.2	12.7	24.4	27.5	24.6	14.1	10.5
2006	6.5	60.5	12.8	20.7	26.4	31.2	15.0	16.1
2007	3.6	79.9	11.6	32.4	35.4	15.6	5.8	9.8
2008	6.6	64.2	10.3	28.0	24.3	27.7	10.0	17.7
平均	7.5	66.7	13.9	23.3	29.5	25.7	11.2	14.5

注：表中数据单位为%。

从贡献率的年度变化来看（如图 11-5、图 11-6），无论 K-R 法还是 E-L 法分解，要素投入贡献都在波动中下降，全要素生产率贡献则是相应提高，二者贡献差距有缩小的趋势。

K-R 法的结果表明，要素投入贡献由 1992 年的 92.7%下降到 2008 年的 74.6%，E-L 法的结果表明，要素投入贡献由 1992 年的 108.1%下降到 2008 年的 64.2%。不同的是，K-R 法的结果表明，同期的全要素

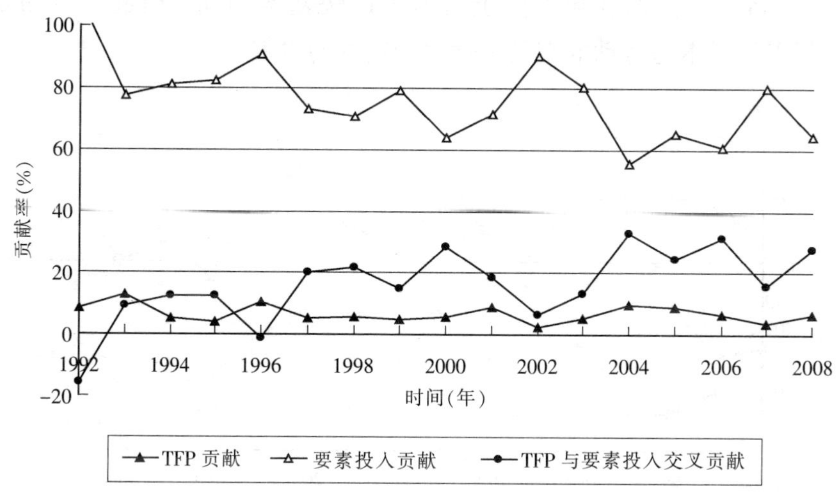

图 11－6　E－L 法方差分解（TFP 与要素投入贡献比较）

生产率贡献由 0.2%提高到 20.1%，E－L 法的结果认为，期间内的全要素生产率贡献基本未变，而全要素生产率与要素投入的交叉贡献快速增加，交叉贡献从 1992 年的－15.5%提高到 2008 年的 27.7%，即产出差异更多地依赖于要素投入与技术进步的匹配程度。可见，原料奶生产水平的提高，既需要优化要素投入的结构比例，又要结合地区实情采用先进技术，做好科学技术的吸收和转化，逐步提高全要素生产率在产出增长中的贡献度。

最后，从要素贡献与全要素生产率贡献的差值看，在 K－R 法的估计结果中，二者差距由 1992 年的 92.5%缩小至 2008 年的 54.5%；类似地，在 E－L 法的结果中，差值也相应地由 99.6%缩小至 57.6%。

具体各个要素的投入贡献来看，资本的贡献大于劳动，且二者是相互替代关系。对于 K－R 法分解（如图 11－5），资本和劳动贡献的平均值分别为 48.3%和 31.0%，其中资本贡献的变化不大，劳动贡献则波动下降。二者绝对值的差距由 1992 年的 7.5%增加至 1999 年的 36.3%，随后逐渐下降至2002年的3.5%，此后又提高至2008年的20.6%。

对于E-L法（如图11-7），资本和劳动贡献的平均值分别为23.3%和13.9%，资本贡献的变化仍然不明显（略显下降），劳动贡献相对下降较大，二者绝对值的变化方向也与K-R法基本相同。引起注意的是，2000年以后资本与劳动的交叉贡献大于资本的贡献。

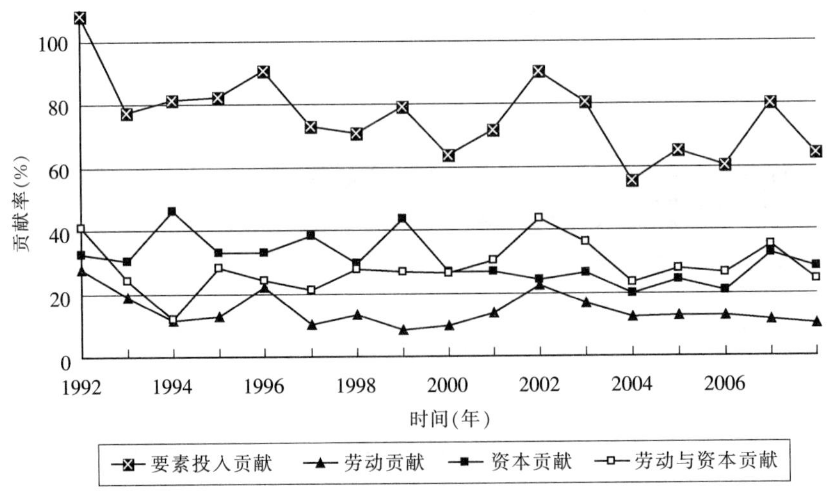

图11-7　E-L法方差分解（各个要素的贡献比较）

4　主要研究结论

本章考察1992—2008年全要素生产率的绝对差异，采用变异系数来反映α收敛，发现全要素生产率和技术进步都经历了先"发散"后"收敛"的过程，而综合技术效率整体上呈现缓慢"收敛"特征。随后，使用马尔可夫链方法分析2004—2008年全要素生产率的变化，认为全要素生产率和技术进步表现出较大的不稳定性，增长的持续性较差。

从长期来看，全要素生产率呈现出双峰收敛的趋势，但收敛的程度并不十分明显。61.6%的样本技术进步指标稳定于中低区间（技术进步指数小于等于1），说明技术上普遍存在退步的情况。最后，采用核密度分布法检验了α收敛和马尔可夫链方法的稳定性。此外，根据产出增长的方差分解结果，要素投入差异是造成产出增长差异的主要原因，全要素生产率的贡献有待提高，即我国当前原料奶生产过度依赖于要素投入，粗放式增长特征显著。

参考文献

［1］Easterly W.. Levine R. It's not factor accumulation：stylized facts and growth models［C］. Working Papers Central Bank of Chile，2001.

［2］傅晓霞，吴利学．技术效率、资本深化与地区差异——基于随机前沿模型的中国地区收敛分析［J］．经济研究，2006，(10)：52－61.

［3］陆云航，张德荣．我国省际收入差异的成因：要素积累还是生产率［J］．当代财经，2007，(4)：22－28.

［4］石风光，何雄浪．全要素生产率、要素投入与中国地区经济差距的动态分布分析［J］. 南京社会科学，2010，(2)：19－31.

［5］石风光，李宗植．要素投入、全要素生产率与地区经济差距——基于中国省区数据的实证分析［J］．数量经济技术经济研究，2009，(12)：24－30.

［6］石慧，王怀明，孟令杰．要素累积、全要素生产率与中国农业增长地区差异［J］．农业技术经济，2009，(3)：17－26.

［7］吴建新．中国省际劳均收入的收敛研究——基于核密度函数和 Markov 随机过程理论的分析［J］．石家庄经济学院学报，2010，(2)：94－97.

第12章 研究结论和政策建议

本章的主要目的有两个：归纳本课题的研究结论；归纳本课题的政策建议。由于本课题是围绕一个中心，亦即“提高我国奶牛饲养的全要素生产率”，从不同的角度和侧面展开分析研究的，这样一来，难免各章节在有些研究结论和有些政策建议上有所相似，甚至重复，但这也是理所当然、异曲同工的结果。

研究结论和政策建议分为不同层次。第一层次，“基本研究结论”和“基本政策建议”。“基本研究结论”也可称为基本研究发现，并据此得出“基本政策建议”。第二层次，“隐含的研究结论”和“隐含的政策建议”。顾名思义，“隐含的研究结论”是隐含在“基本研究结论”中的研究结论；“隐含的政策建议”是隐含在“基本政策建议”中的政策建议。第三层次，“更高层次的研究结论”和“更高层次的政策建议”。这是一个根据基本结论和基本政策建议，逐渐递进推理出来的研究结论和政策建议。例如，可以从“隐含的研究结论”或“隐含的政策建议”中得出“更高层次的研究结论”和“更高层次的政策建议”；另外，还可以从有关研究文献或国外实践经历得出“更高层次的研究结论”和“更高层次的政策建议”。

为了避免重复叙述，同时又能全面概括课题的研究结论和政策建议，本章分为两部分：第一部分，研究结论；第二部分，政策建议。为了更系统地反映课题的研究结论，本章按各章节出现的次序分别列出其有关的基本结论，同时，对重复出现的非常相似的研究结论不再列出。对于政策建议部分，我们基本上按照研究结论出现次序，逐一提出相应的政策建议。

1　主要研究结论

1.1　区域移动和集中趋势

（1）奶牛饲养区域集中和区位移动趋势显示，我国奶牛饲养逐步集中于东北地区、华北地区和西北地区。如果考虑到西北地区主要由新疆构成，那么简单地说，现阶段我国奶牛饲养主要集中在东北、华北和新疆，最终形成 3.5∶2.5∶1.0 的奶牛饲养区域分布格局。

（2）奶牛饲养的动态移动非常明显。有些省份奶牛饲养量先增后减，有些省份先减后增；有些省份饲养量迅速减少，有些省份饲养量迅速增加；有些省份饲养量逐年下降，有些省份饲养量逐年上升。形成了一个彼此消涨的动态移动过程。在自然、社会和经济等因素共同作用下，奶牛饲养的区域集中和区位移动的结果，使我国的奶牛饲养区域布局逐渐得以优化。

（3）奶牛饲养区域移动和集中，同全国奶牛饲养区划基本一致。同其他农业生产区域移动和集中一样，奶牛饲养的区域移动，受奶牛饲养的自然条件影响，同时受饲料资源的制约。我国华北和东北地区有巨大的农作物生产潜力，为畜牧业发展提供了丰富的粗饲料资源。同时，我国东北地区和华北地区，也为奶牛饲养提供了适宜的气候条件。

1.2　饲养方式及饲料转化率

（1）我国奶牛饲养结构经历了根本性变化。农户散养奶牛的比重正在逐渐萎缩，相反，伴随着我国奶牛饲养头数的迅速增加，中规模和大规模奶牛饲养方式正在迅速扩大。从现在的变化趋势看，2012 年我国奶牛饲养结构可能为：农户散养奶牛占 30%，小规模奶牛饲养占 30%，中规模奶牛饲养占 25%，大规模奶牛饲养占 15%。

（2）不同奶牛饲养方式要素投入强度差异显著。随着奶牛饲养规模的扩大，饲料投入强度逐渐增大。随着要素投入强度增加，不同奶牛饲养方式的产奶率，呈现明显差异。

（3）不同奶牛饲养方式的饲料转化率存在明显差异。主要表现是，农户饲养奶牛和小规模奶牛饲养的饲料转化率相似，而中规模奶牛饲养和大规模奶牛饲养的饲料转化率相似，但前两者的饲料转化率比后两者的饲料转化率要高13%。换句话说，较小规模饲养的饲料转化率较高，相反，较大规模饲养的饲料转化率较低。

（4）随着奶牛饲料投入强度增加，饲料转化率降低。在现阶段奶牛饲养技术和管理水平下，我国的奶牛饲养不能盲目增加饲料投入强度，否则，会显著降低饲料投入的转化效率，小规模奶牛饲养和中规模奶牛饲养更是如此。

（5）由于精饲料和粗饲料比率较大，小规模奶牛饲养的饲料转化率较高，相反，由于精饲料和粗饲料比率较小，较大规模奶牛饲养的饲料转化率较低。可以看出，饲料投入结构可能影响饲料转化率。

1.3 盈亏损益和竞争潜力

（1）不同奶牛饲养方式的盈亏损益点及市场竞争潜力差异较大。其一，我国大规模奶牛饲养的起点很高，在技术和装备上都是现代化的，也都是优质进口奶牛，饲养管理有的也照搬国外模式，在这样的情况下，技术进步的空间已经非常有限。同时，由于国内实际的饲养管理水平与国外先进的饲养管理模式有一定差距，先进的饲养技术有可能得不到有效发挥，技术效率的下降可能变为现实。其二，由于小规模散养的起点较低，多采用当地或改良奶牛品种和技术设施，再加上大规模奶牛饲养技术使用的溢出效应，小规模奶牛饲养技术进步的空间可能更大。其三，大规模饲养粗饲料投入量明显高于小规模饲养粗饲料投入量，加之我国粗饲料的质量与国外的相比相差甚远，这样可能会造成大规模奶牛饲养的全要素生产力下降。

（2）我国奶牛饲养工资率的市场竞争潜力很大，在200%以上。目前我国农业劳动力工资报酬较低，造成奶牛饲养的劳动工价的市场竞争潜力较大。即使目前的农业劳动工资率增加两倍，奶牛饲养企业仍然处于盈利状态。研究奶牛饲养的成本结构发现，劳动力支出占奶牛总饲养成本的10%，换句话说，劳动力工资率变动不会对奶牛饲养的总成本产生显著影响。尽管工资率的市场竞争潜力较大，但是实际意义并非如此。随着我国城市化发展、劳动力向非农产业转移，农业劳动力短缺状况会很快出现，随之而来的是农业工资率迅速上涨，结果这种市场竞争潜力会很快消失。

（3）我国奶牛单产的市场竞争潜力非常有限，现在平均只有 10%～15%。现阶段我国奶牛饲养基本上“满负荷”运行，任何降低和减产的事件发生，都会造成奶牛饲养的亏损经营。目前我国不仅不能降低奶牛单产，而且还要提高奶牛产奶率。受饲料质量和奶牛品种的制约，我国奶牛产奶率较低。根据奶牛饲养成本调查资料，我国每头饲养奶牛平均产奶率在 5 000 千克，而日本、以色列和韩国都在 8 500 千克以上。因此，改进奶牛品种和遗传基因、生产系统和管理水平，增加奶牛产奶率，是提高奶牛饲养全要素生产率的物质基础。

（4）原料奶的价格有一定市场竞争潜力，但潜力不明显，只有20%～25%空间。任何来自加工企业的压级、压价和生产企业之间的降价行为，都可能置奶牛饲养企业的资金流动处于不稳定状态。2004—2008 年，我国原料奶的销售价格增长很快，如农户散养价格提高了 38.1%，小规模饲养价格提高了 34.3%，大规模饲养价格提高了 32.1%。尽管中规模饲养价格增长较慢，4 年间也提高了 25.8%。这就是说，我国奶牛饲养的价格市场竞争潜力是在迅速提高原料奶价格的前提下表现出来的。如果未来原料奶的价格得不到迅速提高，这种原料奶的价格市场竞争潜力可能会很快消失。因此，能否合理调节乳品行业各环节之间的利润分配，提高原料奶的销售价格，切实保护奶牛饲养企业的利益，可能会成为今后我国奶牛饲养业健康发展的关键。

1.4　全要素生产率增长方式

（1）我国奶牛饲养全要素生产率增长方式呈现多元化态势。具体来说，农户散养和小规模奶牛饲养，其全要素生产率增长方式主要是技术进步拉动型的，而技术效率则没有明显提高，基本上处于稳中有升的状态。相反，大规模奶牛饲养全要素生产率的下降，主要是由于技术水平明显恶化造成的，如果没有技术效率的改进，那么，其全要素生产率下降的速度会更快。当然，中规模奶牛饲养全要素生产率保持稳中有升，主要原因是技术效率和技术进步均没有明显变化，基本上处于稳定和徘徊的状态。考虑到我国奶牛饲养模式的分布，主要以小规模为主，那么可以说，我国奶牛饲养的全要素生产率增长是比较快的，而且主要以技术进步为主导推动力。相反，以大规模高起点为特征的大规模奶牛饲养方式，其技术进步却呈现下降趋势，却在我们的意料之外。那么，具体是什么原因，使先进奶牛饲养技术得不到充分利用，应当引起业内各界的高度关注，因为，这种现象可能会影响未来我国奶牛饲养发展的方向。

（2）随着奶牛饲养规模不断扩大，技术进步速度逐渐减缓，最终呈现明显下降趋势。研究发现，随着奶牛饲养规模扩大，亦即从农户散养、小规模饲养、中规模饲养到大规模饲养，其技术进步增长幅度逐渐减少，相应地从 2.79％、2.28％、－0.23％到－2.76％。尽管基本原因仍不清楚，但是从饲料投入结构看，可能是由于精饲料的投入不足引起的。亦即随着奶牛饲养规模扩大，精饲料的投入比例越来越少。例如，从农户散养、小规模饲养、中规模饲养到大规模饲养，精饲料和粗饲料投入比例分别为 3.40、3.24、1.92 和 1.62。同样，饲料粮的投入比例也呈现类似的状况。精饲料和饲料粮投入严重不足，可能造成大规模奶牛饲养先进技术得不到应有的发挥，最终导致生产中实际应用技术水平下降。因此，加大精饲料和饲料粮投入，可能是大规模奶牛饲养生产决策的核心内容。

（3）从整体上讲，提高我国奶牛饲养全要素生产率仍有一定空间。主要体现在，充分发挥中规模和大规模奶牛饲养的技术水平，存在很大的增长潜力，因为中规模和大规模奶牛饲养的技术进步出现徘徊或恶化状况。换句话说，如果技术进步保持增长状态，那么，大规模奶牛饲养的全要素生产率的年均增长幅度，会比其他奶牛饲养方式更大，而且不需要追加任何固定资产投资。简单地增加精饲料和饲料粮的投入，就可以实际性地解决增加大规模奶牛饲养全要素生产率问题。

（4）我国奶牛饲养全要素生产率表现出明显的区域差异。具体来说，有些地区奶牛饲养全要素生产率呈增长趋势，有些地区奶牛饲养全要素生产率呈下降趋势，而有些地区奶牛饲养全要素生产率呈现徘徊状态。有些地区奶牛饲养全要素生产率是效率改进型的，有些地区奶牛饲养全要素生产率是技术驱动型的，而有些地区奶牛饲养全要素生产率是技术和效率共同作用的结果。从这些结论，我们还可以进一步发现，各地区奶牛饲养技术方向和生产实践也存在显著差异，具体要根据当地生产的实际情况，在我国不存在绝对统一的技术政策问题。

1.5　奶牛饲养技术效率

（1）我国奶牛饲养的技术效率水平较高。2008 年，农户散养奶牛的总体技术效率水平为 96.5%，小规模奶牛饲养的总体技术效率水平为 94.6%，中规模和大规模奶牛饲养的总体技术效率水平为 95.3%。我国奶牛饲养的技术水平，基本上接近生产技术边界。因此，通过提高和改进技术效率来提高奶牛饲养的全要素生产率的空间不大。

（2）我国奶牛饲养规模迅速膨胀，但是经过近十年来我国奶牛饲养的生产实践和科学研究，特别是伴随我国奶牛饲养的饲料科学技术的迅速发展，我国奶牛饲养技术效率仍然呈现一种上升态势。然而，不容乐观的是，也有个别地区在某种奶牛饲养方式上，技术效率仍然有明显恶化的趋势，如陕西的农户散养奶牛、内蒙古和河南的小规模奶牛饲养、天津的中规模和大规模奶牛饲养等。

1.6　要素产出弹性和规模报酬

（1）我国奶牛饲养的要素投入结构不合理。从我国奶牛饲养要素产出弹性估计看出，精饲料产出弹性较大，劳动力产出弹性小于零，固定资本和粗饲料的产出弹性很小。这些显著要素弹性差异预示着，我国目前奶牛饲养的要素投入结构不合理。或者说，有些要素投入过多，有些要素投入过少，结果有些要素投入得不到有效地利用，甚至出现资源浪费现象。具体来说，精饲料投入量过低，劳动力投入量过高，固定资本和粗饲料投入没有影响。

（2）我国奶牛饲养的规模报酬处在递增阶段。从规模报酬指数变化趋势看，从总体上讲，我国奶牛饲养的规模报酬率处在递增阶段，因为，规模报酬指数大于 1，说明产出增加的速度要快于投入增加的速度。同时还发现，随着奶牛饲养规模的扩大，规模报酬指数呈增加趋势，较大规模的奶牛饲养更应当提高要素整体投入水平。具体来说，我国大规模奶牛饲养企业，更应当注意提高要素投入的整体水平。这可能与大规模奶牛饲养的奶牛品种和技术设施先进程度有密切关系。

(3) 不同奶牛饲养方式的要素弹性和规模报酬指数相似，但是绝对水平和变化幅度差异明显。相似之处是各种奶牛饲养方式均表现出：对精饲料投入的明显需求、对劳动力投入的负面效果、对固定资本和粗饲料投入的反应迟钝。不同之处是：随着奶牛饲养规模的扩大，精饲料的产出弹性有增大趋势，或者说，随着奶牛饲养规模的扩大，精饲料的要素产出弹性有增加趋势；大规模奶牛饲养方式的固定资本投入效果已经表现出负面作用，继续增加大规模奶牛饲养的固定资本投入，不能增加边际产出，反而会降低大规模饲养奶牛的生产水平。

(4) 要素产出弹性变化趋势相同，但地区间变化幅度差异很大。内蒙古农户散养奶牛的精饲料产出弹性增长最快，黑龙江农户散养奶牛的精饲料产出弹性增长最慢，新疆农户散养奶牛的精饲料产出弹性增长介于二者之间；内蒙古小规模奶牛饲养的精饲料产出弹性增加最快，河北小规模奶牛饲养的精饲料产出弹性变化居中，黑龙江小规模奶牛饲养的精饲料产出弹性变化最慢；而内蒙古、黑龙江、陕西和新疆等地中规模奶牛饲养的精饲料产出弹性变化相似；新疆大规模奶牛饲养的精饲料产出弹性增长较快，黑龙江大规模奶牛饲养的精饲料产出弹性增长较慢。

(5) 尽管规模报酬指数变化趋势相似，但是地区间规模报酬指数变化幅度不同。新疆农户散养奶牛的规模报酬指数增长最大，内蒙古农户散养奶牛的规模报酬指数变化居中，黑龙江农户散养奶牛的规模报酬指数变化最慢；山东小规模奶牛饲养的规模报酬指数增长最快，而河北、内蒙古和黑龙江小规模奶牛饲养的规模报酬指数增长幅度类似；内蒙古中规模奶牛饲养的规模报酬指数增长较快，黑龙江中规模奶牛饲养的规模报酬指数增长次之，新疆中规模奶牛饲养的规模报酬指数增长较慢；新疆大规模奶牛饲养的规模报酬指数增长较快，而黑龙江大规模奶牛饲养的规模报酬指数增长较慢。

2 主要政策建议

根据以上研究发现，我们对如何提高我国奶牛饲养的全要素生产率，提出如下政策建议：

（1）改善我国奶牛饲养的全要素生产率仍有较大空间，但要根据具体的饲养方式采取不同的技术路线。从前面分析看出，由于不同奶牛饲养方式的技术效率改进速度均在 1%以下，因此，加强现有科技推广和应用，保持提高现有技术的使用效率，增加全要素生产率，仍然具有普遍意义，特别对于农户散养模式更是如此。由于中规模和大规模奶牛饲养的技术进步呈现负增长，因此，加强中规模和大规模奶牛饲养的技术进步，是提高其全要素生产率的首要政策取向，特别是加强大规模奶牛饲养的技术进步更加重要。

（2）要加强奶牛饲养生产决策，合理确定饲料投入结构，充分发挥现有饲养技术增产潜力。根据上面的研究结论，中规模和大规模奶牛饲养方式的饲料投入水平和投入结构明显不同于农户散养和小规模奶牛饲养方式的饲料投入水平和投入结构。中规模和大规模奶牛饲养方式的精饲料和饲料粮的投入水平明显偏低，造成中规模和大规模奶牛饲养方式的技术水平得不到充分利用，结果使得生产中的实际技术水平在下降。因此，加大中规模和大规模奶牛饲养方式的精饲料和饲料粮的投入水平，是充分发挥中规模和大规模先进生产技术的前提条件。具体来说，按照小规模的平均饲料投入比例，中规模奶牛饲养的精饲料和饲料粮应分别增加 2 000 千克和 1 450 千克，即在原有投入水平的基础上，大致要增加 70%；大规模奶牛饲养的精饲料和饲料粮应分别增加 3 200 千克和 2 300 千克，即在原有投入水平的基础上，大致要增加一倍。

（3）由于地区间全要素生产率增长方式存在较大差异，因此，各地区加强奶牛饲养全要素生产率的技术路线明显不同。以主产区奶牛饲养为例，对农户散养奶牛来说，内蒙古、山东和新疆要加强技术推广，提高技术效率。对小规模奶牛饲养来说，内蒙古、河南和新疆要加强技术推广，提高技术效率；黑龙江要加强技术进步速度。对中规模奶牛饲养来说，内蒙古、河南和新疆要加强技术推广，提高技术效率；黑龙江、河南和新疆要加强技术进步速度。对大规模奶牛饲养来说，山东和新疆要更加注重技术进步速度；河南既要提高技术效率，又要加强技术进步速度。

（4）根据奶牛饲养发展需要，选择不同的奶牛饲养模式。各种奶牛饲养方式优势不同，实际生产政策要按需发展。小规模的饲料转化率较高，但劳动生产率较低、不可能充分满足社会对奶制品的需要。大规模的饲料转化率较低，但劳动生产率较高，能为社会提供更多的奶产品。因此，讲饲料转化率，要发展小规模奶牛饲养；提高劳动生产率和增加奶源，可发展大规模奶牛饲养。

（5）目前我国奶牛饲养的要素配置原则应当是：增加精饲料投入量，减少劳动力投入量，稳定固定资本和粗饲料投入量。我国奶牛饲养精饲料投入水平较低，主要受我国精饲料供给不足和食物需求较大两方面制约。我国现阶段的饲料原料产量仅能满足畜禽实际需求量的30%左右，只有14%反刍动物饲养采用商品饲料，大部分依靠传统饲料喂养。大力开发饲料资源，加大饲料工业投资，扩大饲料粮进口，减少耕地压力，增加精饲料资源供给，是增加奶牛饲养精饲料投入量的物质基础。

（6）在要素投入优化的基础上，提高要素投入的整体水平。受传统农业生产方式影响，我国奶牛饲养要素投入结构没有得到很好的优化。从饲养成本考虑，青粗饲料在我国大部分地区可以进行自行种植和加工，而且成本很低。精饲料需要从市场上购买，而且市场价格较高、饲料投入成本较大。为了节约奶牛饲养成本，往往减少精饲料投入，造成要素投入比例失调，很难提高奶牛饲养的技术效率。因此，随着我国过渡时期市场经济的发展，我们要优化要素投入结构，并要处理好几个关系：精饲料和粗饲料的投入比率、优良高产奶牛品种同饲料投入水平配套、先进技术设施与饲养管理水平配套。

（7）要因事制宜，确定不同饲养方式的要素组合和要素水平。尽管模型结果显示，不同奶牛饲养方式的要素产出弹性和规模报酬变化相似，但不同奶牛饲养方式的要素投入弹性和规模报酬还是有明显差异的。其原因是，不同奶牛饲养方式的精饲料和粗饲料的投入比率不同、劳动力的投入水平不同、固定资本投入和技术设施水平不同。例如，大规模饲养的技术设施投入较大和乳牛品种较好等，特别近年来我国新增加的奶牛饲养企业，许多都是采用国外进口一流技术装备。鉴于不同奶牛饲养方式存在的这些具体差异，就决定了具体的要素优化方案以及要素投入整体水平的不同。因此，要区别不同奶牛饲养方式，正确理解要素产出弹性和规模报酬指数的含义。

（8）要因地制宜，确定不同地区要素组合和要素水平。尽管模型估计结果显示，不同地区奶牛饲养的要素产出弹性和规模报酬指数动态相似，但不同地区奶牛饲养的要素产出弹性和规模报酬指数变化幅度差异明显。其主要原因是，不同地区奶牛饲养的自然条件、农作物生产结构、乳牛品种以及其他因素等不尽相同，这就决定了不同地区奶牛饲养的具体要素优化方案以及要素投入整体水平不同。同样，要区别地区间奶牛饲养的区域特点，正确理解要素产出弹性和规模报酬指数的意义。

（9）经过近十年的生产实践和科学研究，我国的奶牛饲养技术应用和技术效率已经达到了一个较高水平，此时的生产技术得到了充分的应用。亦即，现有的奶牛饲养生产水平，已经逼近生产技术边界，进一步依靠技术效率来提高全要素生产率的空间非常有限。因此，未来我国奶牛饲养的技术投资方向，应当是在保持稳定技术效率的前提下，大力开展奶牛饲养新技术的研发。

最后，应当指出，全要素生产率估计存在一定局限性。从理论上讲，有许多因素影响奶牛饲养的全要素生产率增长，可能影响技术进步和技术效率估计，但是，实际应用过程中，不可能把它们很明确地引入到模型估计当中。这些因素包括：奶牛群体的品种结构、行业政策对信贷和投资的影响、当地的气候条件以及可利用的粗饲料资源状况等。如果我们有数据去构建合适的变量，这些信息应该包括在我们的无效率模型分析中。还需要提醒的是，如果模型中遗漏气候变量，可能造成技术效率估计偏低。因此，以上提出的政策建议，在奶牛饲养生产实践中，还要采取有针对性的具体措施。

图书在版编目（CIP）数据

中国牛奶生产全要素生产率及科技政策研究 / 马恒运等著 . —北京：中国农业出版社，2011.7
ISBN 978-7-109-15850-4

Ⅰ.①中… Ⅱ.①马… Ⅲ.①牛奶-乳品工业-经济发展-研究-中国 Ⅳ.①F426.82

中国版本图书馆 CIP 数据核字（2011）第 144737 号

中国农业出版社出版
（北京市朝阳区农展馆北路 2 号）
（邮政编码 100125）
责任编辑 赵 刚

中国农业出版社印刷厂印刷 新华书店北京发行所发行
2011 年 8 月第 1 版 2011 年 8 月北京第 1 次印刷

开本：720mm×960mm 1/16 印张：16.25
字数：235 千字
定价：30.00 元